Alguns elogios a
Que saco! As dores da adolescência

"O livro maravilhoso e profundamente comovente de Lucy Foulkes **nos mostra os aspectos potencialmente positivos das experiências adolescentes**, tão frequentemente vistas como negativas. Você certamente se verá reavaliando sua própria adolescência."

Mark Haddon,
autor de *O estranho caso do cachorro morto*

"Sábia e compassiva, bem pesquisada e direta: Lucy Foulkes mostra com histórias e ciência por que a adolescência é tão intensa e como **ajudar os adolescentes de hoje a florescer na vida**."

Dr. Gavin Francis,
autor de *Da cabeça aos pés: histórias do corpo humano*

"Esperançoso e inspirador. Traz uma **maior compreensão de nossa própria adolescência** e maior compaixão por aqueles que atualmente estão passando por isso."

Dra. Camilla Nord,
autora de *The Balanced Brain*

"Cativante e inovador, fornece **insights valiosos sobre as mudanças físicas, psicológicas e emocionais que os adolescentes enfrentam**."

Sarah-Jayne Blakemore,
autora de *Inventing Ourselves: The Secret Life of the Teenage Brain*

"Abrangente, acessível e **super útil!**"

Dra. Tara Porter,
autora de *You Don't Understand Me*

"Desmistificador! **Um guia revelador para a psicologia da adolescência**, oferecendo muitos insights contraintuitivos."

David Shariatmadari,
The Guardian

"Graças a Deus... por este livro oportuno... e eminentemente sensato... **Você vai ler este livro e suspirar ao se reconhecer**... apenas saber que tudo com que eles – e nós – lutam é normal e necessário, é útil."

Lucy Denyer,
The Telegraph

"Excelente e perspicaz... Como psicóloga acadêmica na Universidade de Oxford que estuda a cognição adolescente há mais de uma década, Lucy Foulkes é rica em conhecimento e respeito pela vida adolescente. Ela habilmente organiza pesquisas clínicas, tanto textos clássicos quanto descobertas recentes, entrelaçadas com relatos comoventes de pessoas que se abrem sobre seus anos de formação. **Vale a pena entender a adolescência porque ela nunca vai embora.**"

Kate Womersley,
The Observer

"Depurando habilmente a pesquisa acadêmica em insights acessíveis, salpicados com estudos de caso fascinantes e comoventes, **Lucy Foulkes oferece uma pesquisa clara**, infalivelmente sensata e simpática sobre a adolescência. Há inspirações e gentileza em todo este livro."

Patricia Nicol,
Daily Mail

"Um livro sábio e compassivo, e comovente também... Imagino que eu vá reler este livro quando meus filhos se tornarem adolescentes. Mas, por enquanto, descobri que **me ajudou a entender melhor minha própria adolescência estranha**. Uma vez que entendemos melhor a psicologia desses anos estranhos e de transição, podemos começar a ser um pouco mais gentis com nossos eus estranhos e transicionais. E quem não gostaria disso?"

Sophie McBain,
New Statesman

"Uma descrição refrescantemente clara das forças que moldam o comportamento e as emoções dos adolescentes. Os adolescentes são frequentemente vistos através de uma lente de julgamento ou moralidade, mas você não encontrará nada disso aqui. Cada capítulo curto é habilmente pontuado por entrevistas muitas vezes comoventes. Lucy Foulkes transmite uma mensagem positiva. **Uma leitura reveladora para qualquer um que conheça um adolescente, ou que tenha sido um.**"

Catherine de Lange,
New Scientist

"Esta é uma leitura obrigatória para todos os interessados no que está acontecendo com os adolescentes. Descobertas científicas são discutidas incisivamente e enriquecidas com **relatos da vida real de alegrias e tristezas adolescentes**. Este livro é cheio de percepção e compaixão."

Essi Viding,
professora de psicologia do desenvolvimento,
University College London

"Esta é uma leitura cativante, que utiliza uma combinação envolvente de narrativa e ciência para **explicar pontos importantes sobre uma faixa etária muito incompreendida e difamada**."

Tasmin Ford,
professora de psiquiatria infantil
e adolescente, Universidade Cambridge

"Os anos da adolescência são provavelmente o período mais dramático da vida humana, e ainda assim são os menos estudados. **Lucy Foulkes é uma guia compassiva e ideal para desvendar esse mundo secreto**."

Uta Frith,
professora emérita de desenvolvimento cognitivo,
University College London

"Oferece **um novo ponto de vista sobre a adolescência** como um período de desenvolvimento profundo que molda o que nos tornamos e como entendemos quem somos. Uma leitura essencial para pesquisadores, pais, profissionais e qualquer pessoa que busque entender melhor a si mesma."

Ola Demkowicz,
Professora Sênior em Psicologia da Educação,
Universidade de Manchester

"Convincente, útil e fascinante. **Revela as regras não escritas** e alguns insights realmente vitais."

Jo Brand,
atriz

Dra. Lucy Foulkes

QUE SACO!
AS DORES DA ADOLESCÊNCIA

Um olhar científico e amoroso ~~🖤🖤~~ para o período mais complexo da ~~🖤🖤~~ nossa vida

TRADUÇÃO
Renato Marques

VESTÍGIO

Copyright © 2024 Foulkes Francis Limited
Copyright desta edição © 2025 Editora Vestígio

Primeiramente publicado como *Coming of Age* em 2024 pela Bodley Head, um selo da Vintage. A Vintage faz parte do grupo de empresas Penguin Random House.

Título original: *Coming of Age: How Adolescence Shapes Us*

Todos os direitos reservados pela Editora Vestígio. Nenhuma parte desta publicação poderá ser reproduzida, seja por meios mecânicos, eletrônicos, seja via cópia xerográfica, sem autorização prévia da Editora. Proibida a venda em Portugal.

DIREÇÃO EDITORIAL
Arnaud Vin

REVISÃO
Natália Chagas Máximo

EDITORA RESPONSÁVEL
Bia Nunes de Sousa

CAPA
Diogo Droschi

PREPARAÇÃO DE TEXTO
Claudia Vilas Gomes

DIAGRAMAÇÃO
Guilherme Fagundes

Dados Internacionais de Catalogação na Publicação (CIP)
Câmara Brasileira do Livro, SP, Brasil

Foulkes, Lucy
  Que saco! As dores da adolescência : um olhar científico e amoroso para o período mais complexo da nossa vida / Lucy Foulkes ; tradução Renato Marques. -- 1. ed. -- São Paulo : Vestígio, 2025.

  Título original: Coming of Age : How Adolescence Shapes Us

  ISBN 978-65-6002-089-4

  1. Adolescência 2. Desenvolvimento pessoal 3. Educação emocional 4. Identidade social 5. Relações familiares 6. Saúde mental I. Título.

25-248757   CDD-155.5

Índices para catálogo sistemático:

1. Adolescência : Psicologia 155.5

Eliete Marques da Silva - Bibliotecária - CRB-8/9380

A **VESTÍGIO** É UMA EDITORA DO **GRUPO AUTÊNTICA**

São Paulo
Av. Paulista, 2.073 . Conjunto Nacional
Horsa I . Salas 404-406 . Bela Vista
01311-940 . São Paulo . SP
Tel.: (55 11) 3034 4468

Belo Horizonte
Rua Carlos Turner, 420
Silveira . 31140-520
Belo Horizonte . MG
Tel.: (55 31) 3465 4500

www.editoravestigio.com.br
SAC: atendimentoleitor@grupoautentica.com.br

"Vou resgatá-la do inferno adolescente. Você sabia que as feridas da adolescência podem levar anos para cicatrizar?"

Cher Horowitz, no filme
As patricinhas de Beverly Hills

Introdução: O poder da adolescência ... 11

Capítulo 1. O paradoxo da popularidade ... 31

Capítulo 2. Imagem é tudo ... 57

Capítulo 3. Em defesa da exposição a riscos ... 83

Capítulo 4. A psicologia do bullying ... 111

Capítulo 5. Primeiro amor ... 129

Capítulo 6. Educação sexual ... 159

Capítulo 7. Perda ... 195

Capítulo 8. O fim da história ... 215

Agradecimentos ... 235

Notas ... 237

NOTA DA AUTORA

Embora todas as histórias neste livro sejam verdadeiras, alguns nomes e detalhes de identificação foram alterados a fim de proteger a privacidade das pessoas envolvidas.

Introdução

O poder da adolescência

Imagine que você concordou em participar de um estudo de pesquisa sobre a memória humana. A caminho do departamento de psicologia da universidade, você antevê que algum pesquisador lhe pedirá para memorizar uma série de formas exibidas numa tela de computador, ou talvez lembrar de uma lista de palavras – o tipo de exercício costumeiro. Mas, quando você chega lá, a pesquisadora o conduz a uma saleta de testes sem janelas, e você repara que sobre a mesa não há nada além de uma caneta esferográfica e algumas folhas de papel em branco. A pesquisadora paira atrás de você – essas salas são sempre pequenas demais para uma conversa cara a cara – e lhe dá as instruções. É bem simples, na verdade, ela diz. Você precisa apenas escrever as dez lembranças mais importantes da sua vida até o momento.

Sempre que se pede a adultos que façam isso, acontece algo consistente. As lembranças que as pessoas relatam com mais frequência são recordações da adolescência e do início da idade adulta – dos 10 aos 30 anos.[1] Verifica-se esse efeito independentemente da idade do participante que faz o teste: ele se aplica tanto a octogenários quanto a pessoas de 35 anos. A isso se chama "lombada de reminiscências"* e é uma das

---

* Do inglês *reminiscence bump*, visto que as curvas de distribuição de memórias ao longo do tempo apresentam um padrão de elevação ou aumento, tal qual uma lombada. Em Portugal já se propôs a tradução "explosão mnésica". [N.T.]

descobertas mais robustas nas pesquisas acerca da memória humana. É um fenômeno surpreendente, porque tudo o que sabemos sobre a memória sugere que, em tese, os eventos pessoais mais recentes deveriam ser os que figuram com maior nitidez na lembrança, ao passo que detalhes sobre memórias anteriores tenderiam a desaparecer. Porém, no que diz respeito aos momentos da vida realmente importantes para nós, a adolescência e o período dos 20 e poucos são os que de fato contam.

Existem algumas explicações bastante banais para esse aumento do potencial de recordação. Uma delas é que durante esses anos o cérebro funciona no auge de sua capacidade; portanto, qualquer coisa que aconteça nesse período é armazenada em nossa memória de uma forma especialmente eficaz e duradoura. Outra é que essa fase envolve muitas estreias e muitas experiências inéditas – o primeiro amor, a primeira vez dirigindo um carro, a primeira vez morando longe da casa do pai e da mãe –, e que, simplesmente por causa de seu caráter de novidade, tais eventos deixam uma marca mais profunda na mente. Tudo isso é verdade, mas há outra explicação: o período da vida abarcado pela lombada de reminiscências, sobretudo no intervalo dos 10 aos 20 anos, está fundamentalmente vinculado à descoberta da identidade. Trocando em miúdos, temos a lembrança de acontecimentos desses anos porque eles fazem de nós a pessoa que somos.

Estou falando aqui sobre a *adolescência*: o período de desenvolvimento que começa com a puberdade, quando uma enxurrada de hormônios desencadeia significativas mudanças psicológicas, físicas e neurológicas na mente e no corpo, e termina quando a pessoa faz a transição para longe da unidade familiar e assume seus próprios papéis e responsabilidades da vida adulta. Logicamente, acontecimentos e relacionamentos que definem a identidade acontecem desde o momento em que nascemos e continuam a acontecer idade adulta afora. Mas a adolescência tem importância destacada por uma série de razões. Para começo de conversa, graças ao vasto desenvolvimento neurológico e cognitivo deflagrado pela puberdade, os adolescentes são biologicamente impulsionados para buscar o tipo de experiências definidoras de identidade que são mais propensas a se conservar na memória.

Muitas de nossas lembranças adolescentes envolvem, por exemplo, nossos amigos. Por quê? Como veremos nas páginas a seguir, os adolescentes se importam muito com o que seus pares pensam deles, o que em larga medida impulsiona o comportamento adolescente clichê com o qual estamos tão familiarizados: a inibição, o constrangimento, as panelinhas de amigos, os romances intensos. Volta e meia os adolescentes são ridicularizados por isso, mas na verdade faz muito sentido biológico: para sobreviver além da família e se integrar a um novo grupo social, é sensato que um adolescente passe um bocado de tempo refletindo sobre se as pessoas o aprovam e se ele se encaixa ou não. Os adolescentes ajustam seu próprio comportamento e até mesmo seus pensamentos para se alinharem com os de seus pares, porque isso é necessário para alcançar a segurança e o senso de pertencimento que vêm a reboque de fazer parte de um grupo. Como resultado, nessa idade as experiências com os pares são especialmente notáveis e potentes, engendrando memórias formativas.

    O processo de crescer e deixar a unidade familiar não se resume apenas a encontrar amigos, mas gira em torno também de encontrar um companheiro ou companheira, o que significa que os adolescentes são de maneira geral bastante estimulados a engatar relacionamentos românticos e viver experiências sexuais. É provável que esse seja o sentido da adolescência. De novo, tal imperativo biológico significa que os adolescentes acabam tendo algumas intensas experiências de sexo e amor que definem sua identidade – amiúde, como veremos, em tenra idade. Por fim, os adolescentes são biologicamente instigados a correr riscos, porque isso lhes permite explorar o mundo e estabelecer sua independência, e mais uma vez construir relacionamentos além de sua família imediata. Assim, podemos constatar que todos esses impulsos lógicos, necessários e primitivos significam que, na adolescência, acabamos às voltas com os tipos de situações que criam memórias poderosas e automoldantes, aquelas de que todos nós lembramos em detalhes, mesmo muitos anos depois.

    Não se trata apenas de biologia. Para adicionar lenha à fogueira, os impulsos biológicos da adolescência entram em ação no exato momento em que uma mudança monumental ocorre também no mundo exterior. Em muitos casos ao redor do mundo, é por volta da época da puberdade que as crianças deixam a aconchegante segurança da pré-escola ou do ensino fundamental I e II (o antigo primeiro grau, ou escola primária e ginásio) e iniciam a escola de ensino médio (o antigo ensino secundário, segundo grau ou colegial), o que acarreta uma mudança completa em seu mundo social: um grupo totalmente novo de colegas, e muito menos tempo com adultos. Em 1961, o sociólogo James Coleman escreveu que, com a mudança para o ensino médio, os adolescentes são "despejados em uma sociedade de pares",[2] e isso continua sendo tão verdadeiro hoje quanto naquele momento histórico. Nos primeiros anos de escola, o mundo social de uma criança é limitado e previsível: as crianças passam a maior parte do tempo em um pequeno grupo familiar de colegas. São monitoradas de perto pelos professores – e muitas vezes, durante a maior parte do dia, por um único professor, que conhece bem a dinâmica social da classe. Fora do ambiente escolar, qualquer socialização entre os pares é normalmente organizada e supervisionada pelos pais e mães ou outros adultos, e em geral as atividades são estruturadas, a exemplo de jogos ou esportes. Os pais e mães tendem a saber os nomes dos amiguinhos de seus filhos e filhas e muitas vezes também conhecem os pais e mães dos amiguinhos.

Com a mudança para o ensino médio, tudo se modifica. O grupo de colegas de repente fica enorme e desconhecido, e muito rapidamente a socialização passa a ser organizada pelas próprias crianças, não pelos adultos. A socialização fora da escola se altera e adquire uma feição desestruturada e desprovida de supervisão. Essa é a fase das festas, dos encontros em diferentes lugares da cidade, de ficar de bobeira em "rolês" no parque até tarde da noite. Os pais e mães já não sabem os nomes de todos os amigos dos filhos, ou mesmo de nenhum deles, e muitas vezes não sabem com quem seus filhos estão em um determinado momento. Cerca de um ano após o início do ensino médio, a restrição e o controle protegidos por muros da socialização infantil foram completamente destruídos. Em seu novo contexto social, os adolescentes não apenas desenvolvem um profundo interesse biológico por amigos, sexo e riscos, como também se veem em um cenário perfeito para agir de acordo com esses interesses. Tais quais jornalistas jogados em uma zona de guerra, os adolescentes se encontram no lugar em que coisas interessantes vão acontecer. Na verdade, não seria possível conceber uma melhor combinação de fatores capazes de permitir a ocorrência de eventos memoráveis e de grande impacto.

As histórias que contamos

Ainda assim, isso não é suficiente para chegarmos ao cerne do motivo pelo qual as lembranças da adolescência podem se enraizar e se consolidar de forma tão profunda em nossa mente. Para compreender por A mais B esse processo, precisamos reconhecer que a adolescência é a primeira vez em que as pessoas conseguem contar *histórias* sobre o que aconteceu com elas. Não estou falando tanto sobre as histórias que as pessoas contam aos outros – os relatos que elas podem compartilhar no bar ou no local de trabalho, por exemplo –, embora também sejam histórias, claro está. Estou falando sobre as histórias que as pessoas contam *a si mesmas*, as narrativas internas que todos nós temos acerca de quem somos, o que aconteceu conosco e por quê. Muitos psicólogos se debruçam, intrigados, sobre o modo como criamos uma identidade estável – como respondemos à incômoda questão de quem somos, sobretudo levando em consideração que podemos nos comportar de maneiras tão diferentes ao longo do tempo e em diferentes contextos. De alguma forma, precisamos criar uma noção do que o psicanalista teuto-americano Erik Erikson chamou de "mesmice" – algum senso de que, a despeito das potenciais diferenças de comportamentos e sentimentos, a pessoa que somos agora é essencialmente a mesma pessoa que éramos ontem, um mês atrás, anos atrás, e a mesma pessoa que continuaremos a ser no futuro.[3] E a resposta, pelo menos em parte, é o fato de que criamos histórias sobre nós mesmos.

Isso significa que, de maneira consciente ou inconsciente, tendemos a reorganizar nossas experiências e memórias em narrativas lógicas. Embora a realidade da experiência seja barulhenta e repleta de aleatoriedade, essas narrativas têm um começo nítido e um fim definido, e tudo o que há no meio tem uma ordem coerente e algum tipo de relevância ou significado. Por exemplo, ao refletirmos sobre a razão de termos sido demitidos de um emprego, podemos começar a história em nossa mente não com nosso primeiro dia no escritório, mas com a ocasião em que tivemos aquele primeiro pequeno desentendimento com nosso chefe. Da mesma forma, ao relembrarmos um relacionamento romântico fracassado, o começo pode ser o primeiro momento de conexão significativa – uma conversa tarde da noite, um primeiro beijo. Seja qual for o começo, as histórias que contamos enfocam os personagens que fazem coisas dignas de nota em vez das inúmeras pessoas cujos caminhos talvez tenham cruzado o nosso. Nós nos concentramos nos momentos que são significativos para o resultado que temos em mente, ao passo que os infinitos momentos triviais tendem a ser filtrados. O fim também é sempre um ponto significativo, um lugar lógico para terminar a história: o dia em que teve a reunião sobre o aviso da sua demissão ou o dia em que seu parceiro ou parceira foi embora, e o impacto que isso teve sobre você, tornando-o a pessoa que você é hoje.

As histórias são importantes porque nos permitem atribuir sentido a nós mesmos, tecer um fio entre coisas que aconteceram no passado e no presente, e prever o que poderá acontecer conosco no futuro. As histórias tornam as ações e eventos *significativos* e nos salvam de pensar que as coisas que acontecem conosco são apenas uma série de acidentes aleatórios e desconexos entre si. Nesse sentido, as histórias não são simplesmente ferramentas que empregamos para entender a nós mesmos – elas se tornam nossa própria essência. O psicólogo Dan McAdams, cuja pesquisa tem como objeto a maneira como formamos e mantemos um senso de identidade pessoal, argumenta que nosso senso de identidade é, em sua inteireza, uma história que contamos a nós mesmos e aos outros: "Nós todos somos contadores de histórias e somos as histórias que contamos".[4]

Em suas primeiras obras, McAdams recorreu à analogia de um romance. Ele afirmou que a identidade de uma pessoa era "uma grande história, um projeto autobiográfico integrativo, um mito pessoal... Se você pudesse literalmente ver (e ler), teria a aparência de um romance de capa dura. Você veria ou leria os capítulos e provavelmente se concentraria em cenas especialmente importantes e autodefinidoras... como pontos altos, pontos baixos e momentos decisivos".[5] Mais tarde ele refinou seu pensamento, afirmando que as histórias-chave da vida de uma pessoa não são capítulos ordenados que progridem de forma direta tal qual em um romance e que uma metáfora melhor e mais realista de nossa identidade poderia ser uma antologia de histórias inter-relacionadas – semelhante a uma coletânea de contos de um único autor. O arrazoado de McAdams é o de que, assim como um livro de contos, nossa narrativa de vida é composta de histórias individuais, cada uma com suas próprias minilinhas de enredo – mas que, juntas, compartilham temas abrangentes, um tom geral correlato. E, logicamente, todas elas compartilham um personagem principal: você. Ao longo dos capítulos aparecem outras pessoas, pais, mães, amigos e amores que são vitais para a história, mas são relevantes apenas por causa do impacto que causam em você. Eles são atores coadjuvantes; você é o protagonista.

Mas fazemos isso no decorrer da nossa vida inteira, o que talvez suscite a seguinte pergunta: *Então por que as histórias sobre a adolescência são especiais?* Afinal, as coisas que geram poderosas lembranças da adolescência continuam a nos impulsionar por toda a nossa vida: continuamos a dar profunda importância ao que as outras pessoas pensam e sentem sobre nós, continuamos motivados por sexo e interessados em correr riscos – em graus variados, dependendo de quem somos. Parte da explicação é que contar histórias é algo exigente do ponto de vista cognitivo – por exemplo: para contar uma história sobre si mesmo, o indivíduo precisa ser capaz de se lembrar de vários eventos diferentes e da ordem em que ocorreram, entender as motivações das outras pessoas e refletir sobre os padrões e pontos em comum entre diferentes experiências. Um indivíduo consegue fazer todas essas coisas até certa medida na infância, mas é na adolescência que essas habilidades realmente entram em ação – pois é quando dispomos do maquinário cognitivo, por assim dizer, para registrar tudo por escrito no livro de histórias de nossa mente.

A segunda parte da explicação é que muitas das coisas da adolescência acontecem *primeiro*, em relação à idade adulta, e isso é importante. Na adolescência, boa parte do que vivenciamos ainda é completamente novo, e você ainda não sabe quem é. É a primeira vez que começa a se perguntar: "Quem sou eu?", e olha ao redor em busca de evidências: a partir das coisas que você faz, da maneira como as pessoas tratam você, dos relacionamentos que você tem com os outros. Como seu cérebro não dispõe de outras fontes de informação, ele se apodera dessas evidências e *nunca mais se desvencilha delas*. Como se fossem tatuagens cauterizadas na pele tenra, os relacionamentos, erros e eventos pelos quais passamos na adolescência deixam marcas que perduram.

Assim, as lembranças da adolescência dão uma cor especial à maneira como interpretamos todas as outras coisas que nos acontecem depois. Assim como os primeiros capítulos de um livro moldarão o modo como o leitor percebe os personagens principais pelo resto da história, nossos próprios primeiros capítulos definem a maneira como entenderemos mais tarde as versões mais velhas de nós mesmos. Por exemplo, conforme veremos neste livro, se na adolescência sofremos bullying, isso molda a forma como interpretaremos o comportamento de outras pessoas em relação à nossa versão adulta. Se éramos populares na escola, isso molda o grau de nossa confiança de que as pessoas gostarão de nós. Se na adolescência fomos inesperadamente abandonados, isso pode afetar, às vezes para sempre, nossa capacidade de confiar nos parceiros em relacionamentos românticos. As memórias da adolescência são como pegadas no cimento molhado, moldando de forma indelével o adulto que ao fim e ao cabo nos tornamos. É o cerne deste livro: entender por que os adolescentes se comportam da maneira como se comportam e por que as lembranças resultantes continuam a nos afetar mesmo décadas depois.

Puberdade

É importante ressaltar que este não é um livro sobre o processo biológico da adolescência – mas a biologia é uma parte essencial da história, então é fundamental entender o que está acontecendo nessa seara. No início da puberdade – o evento biológico que marca o início da adolescência –, um hormônio chamado hormônio liberador de gonadotrofina (GnRH) é sintetizado no hipotálamo, nas profundezas do cérebro. Durante a infância, o GnRH sofre forte supressão e sua atividade é baixíssima e praticamente irrelevante, mas a puberdade elimina esses freios e reativa a liberação do hormônio.[6] De repente, altos níveis de GnRH viajam do hipotálamo para a glândula pituitária, que então secreta seu próprio conjunto de hormônios. Por sua vez, esses hormônios viajam para os testículos e ovários (as gônadas), desencadeando um processo de crescimento e desenvolvimento que envolve a testosterona e o estrogênio; em condições normais, esse processo prepara o indivíduo para ser capaz de reprodução sexual. Paralelamente a tudo isso, as glândulas suprarrenais também liberam hormônios, que desencadeiam muitas das mudanças físicas associadas à puberdade, a exemplo do crescimento de pelos pubianos e faciais. Esses hormônios também fazem com que as glândulas da pele produzam uma quantidade maior de óleo, o que pode ocasionar manchas e acne e mais suor, que muitas vezes resulta em fedor corporal, o cê-cê.

À medida que o corpo se transforma, o cérebro também se transforma. Por exemplo, os hormônios da puberdade afetam o ritmo circadiano do corpo – o relógio biológico interno do cérebro –, causando uma "síndrome da fase atrasada do sono".[7] Isso significa que o horário em que os adolescentes ficam sonolentos à noite (e, portanto, o horário em que querem acordar de manhã) é deslocado para algumas horas mais tarde em relação às crianças ou adultos. O mundo ao redor deles não leva isso em consideração: os adolescentes ainda precisam começar o dia no mesmo horário que as crianças e os adultos, o que significa que há uma problemática incompatibilidade entre as horas de sono de que os adolescentes precisam e as horas de sono que conseguem ter. (Observe o padrão de sono de um adolescente nos fins de semana ou durante os feriados para ver do que o corpo dele realmente precisa.) O fato de que a maioria dos adolescentes sofre de privação crônica de sono é um grave problema de saúde pública, tendo em vista os substanciais efeitos que a privação de sono pode ter na saúde física e mental de uma pessoa.[8]

O relógio biológico interno é apenas um minúsculo sistema cerebral impactado pela puberdade e adolescência. Outras mudanças de grandes proporções acontecem em partes do cérebro envolvidas em emoções, recompensas e tarefas de pensamento de nível superior, como tomada de decisão, reflexão sobre relacionamentos sociais e autocompreensão.[9] Na adolescência, não há muitas mudanças em algumas regiões do cérebro, como aquelas envolvidas no processamento visual ou auditivo; o desenvolvimento ocorre em regiões que permitirão ao indivíduo buscar todas as experiências de que precisa para amadurecer e se tornar adulto. Em outras palavras, mudanças na estrutura e função do cérebro impulsionam o desejo dos adolescentes por amizades próximas, relacionamentos sexuais, autocompreensão e comportamentos empolgantes e arriscados.

Esse aspecto biológico dá sustentação a tudo o que veremos neste livro, mas investigaremos a fundo a forma como todas essas mudanças biológicas se manifestam no nível da *psicologia*: como as mudanças puberais no cérebro e no corpo afetam a maneira como os adolescentes pensam, sentem e se comportam. Sou psicóloga acadêmica e passei muito tempo realizando este tipo de pesquisa: medindo e aprendendo sobre o comportamento dos adolescentes em um laboratório científico, utilizando questionários e tarefas computadorizadas a fim de verificar de que forma essa faixa etária difere de crianças e adultos. Olhar para a adolescência através das lentes da psicologia é a melhor maneira de entender por que os anos da adolescência são tão importantes para nós e por que essas memórias fincam raízes tão firmes em nossa alma – em outras palavras, como a adolescência molda os adultos que nos tornamos.

Entendendo a nós mesmos

Em seu cerne, este é um livro sobre histórias. Juntamente com a pesquisa científica, contém lembranças de pessoas reais sobre os próprios anos de adolescência, memórias expressas por elas mesmas em suas próprias palavras. Esses relatos servem para ilustrar as questões mais amplas que vão sendo levantadas, mas sua presença é mais importante do que isso sugere. Não é exagero dizer que as entrevistas que realizei, das quais os excertos foram extraídos, transformaram minha compreensão acerca do meu próprio tema de pesquisa. Foi somente depois de ouvir as reflexões de outras pessoas sobre suas próprias memórias da adolescência que eu aprendi de fato o que é a adolescência e por que ela é tão importante.

Uma das minhas entrevistadas foi Georgia, que hoje tem 25 anos. Georgia cresceu com dois irmãos mais velhos em um vilarejo nos arredores de Bournemouth e foi para uma escola de ensino médio mista[*] com uma ampla abrangência no corpo discente – "havia pessoas

---

[*] No original, *mixed comprehensive school*; criadas na Inglaterra na década de 1960 pelo governo trabalhista da época, as *comprehensive schools* (ou "escolas secundárias de amplo programa") são estabelecimentos de ensino médio públicos com

que vinham de áreas mais rurais, áreas carentes, áreas ricas; era uma mistura muito grande". Ela respondeu ao meu anúncio, postado nas redes sociais, no qual eu pedia às pessoas que compartilhassem comigo suas lembranças da adolescência, e na ocasião me contou sobre uma decisão que ela tomou quando tinha 14 anos e acabou mudando sua vida. Como é o caso de muitas histórias neste livro, o relato de Georgia girava em torno de um grupo específico de amigas:

> Originalmente eu fiz amizade com elas porque estávamos todas no mesmo ano na escola e acho que nos demos bem em algum nível desde o primeiro dia. Todas nós estávamos lidando com coisas acontecendo em casa, e acho que isso solidificou nossa amizade, porque uma conseguia se identificar com a outra. No caso de algumas das meninas, a questão era a convivência com pais divorciados e mães que trabalhavam em tempo integral. O pai de uma delas foi embora quando ela ainda era bem pequena. No caso de outra o problema era a mãe com câncer, que estava muito, muito doente, e o pai dela não estava por perto. Eram coisas assim. Quanto a mim, minha mãe está em recuperação agora, mas na época ela era uma alcoólatra barra-pesada. Durante a minha adolescência ela foi internada na reabilitação duas vezes, e meu pai era do exército, então ele trabalhava fora e não ficava em casa com muita frequência. Assim, obviamente faltava supervisão, e eu ficava confusa sobre o porquê de estar passando por coisas negativas em casa e como isso se refletia em mim, eu acho. A falta de supervisão era provavelmente o principal tema em comum para todas nós como um grupo.
>
> A falta de supervisão afetava muito as coisas. E muitas de nós tínhamos irmãos e irmãs mais velhos, então sem dúvida havia essa influência também. Eu ia à casa de algumas das meninas e lá eu via os irmãos mais velhos delas fumando e bebendo. Não havia pais e mães por perto, e os irmãos mais velhos eram encarregados de cuidar de nós. Quando começamos a chegar ao meio

---

programas de ensino abrangentes e concebidos para acolher todos os tipos de alunos, sem distinção por mérito acadêmico, em oposição ao sistema seletivo das *grammar schools*. [N.T.]

do ensino médio, aos 14 ou 15 anos, para algumas das meninas [passar tempo com irmãos mais velhos] se tornou realmente problemático. A convivência com meninos mais velhos, você sabe, conforme estávamos amadurecendo... havia coisas lá com as quais eu não me sentia confortável de forma alguma. Ainda hoje eu acho que é cedo demais [para fazer sexo], assim como eu achava na época. Mas o que elas estavam fazendo era dar às outras pessoas motivos para falarem a respeito. Outras pessoas na escola... elas não respeitavam isso, mas era tipo, "Meu Deus, sim, olha só o que elas estão fazendo nessa idade". Era algo digno de nota. Então, você sabe, mesmo que não fossem coisas boas o que estávamos fazendo, o comportamento do grupo chamava a atenção, e as pessoas ficavam intrigadas. Era tudo novidade. Acho que era só uma coisa pras pessoas comentarem.

Até esse ponto da nossa entrevista, Georgia estava descrevendo alguns fenômenos adolescentes muito comuns, que examinaremos ao longo deste livro: o fato de que adolescentes semelhantes se agrupam; o fato de que meninas adolescentes fazem sexo com garotos e homens mais velhos; o fato de que adolescentes que fazem coisas arriscadas e "coisas de adultos" podem se tornar "famosos" no microcosmo da escola. Contudo, o que tornou a história de Georgia distinta e realmente extraordinária foi o que ela fez em seguida.

Ela se deu conta de que se sentia cada vez mais distante de suas amigas e incomodada com o que elas estavam fazendo. Em particular, o grupo começou a acossar e intimidar outros alunos e praticar bullying. "Eu percebi que estava me envolvendo em coisas que realmente não eram do meu feitio e não pareciam aceitáveis em termos morais", ela me disse. "Apesar do fato de que todas nós tínhamos o que se poderia chamar de justificativas ou razões pro nosso comportamento, ainda assim nosso comportamento era detestável." De novo, essa situação não é incomum: muitos adolescentes se veem em grupos de amigos que os deixam infelizes ou desconfortáveis. Mas poucos ousam sair. Os custos envolvidos em se afastar da proteção de um grupo – mesmo que seja um grupo imperfeito e desagradável – são muito altos. Georgia decidiu correr o risco:

Eu não me lembro exatamente da conversa em que contei a elas que estava saindo do grupo. Mas me lembro de que tudo aconteceu em uma semana, ou questão de dias, em que eu simplesmente tive que dizer a elas de forma explícita que não seria mais amiga delas.

De certa forma, tive muita sorte, porque coincidiu com a segunda vez que minha mãe foi para a reabilitação. Quando ela saiu, foi diferente da primeira vez. Senti que o processo tinha sido diferente para ela, e que parecia ter funcionado – e funcionou, porque desde então a minha mãe não bebeu nunca mais. E acho que ela foi meio que um modelo para mim. A coragem dela de fazer isso [ir para a clínica de reabilitação] me fez pensar que você pode passar por coisas difíceis, e não será fácil, mas o que está do outro lado valerá muito mais a pena. Então eu acho que sim, que ao fazer isso a minha mãe me deu um exemplo a ser seguido de como ser corajosa. E também eliminou um pouco da negatividade ou do combustível que me instigava a ficar zangada, eu acho. Não foi fácil reparar o relacionamento com minha mãe. Mas sem dúvida abriu espaço na minha mente para consertar as coisas [na escola].

Porém, depois que saí daquele grupo, não havia absolutamente ninguém. Eu me lembro que, depois que fiz isso, eu não tinha absolutamente ninguém na escola, porque é óbvio que todo mundo antipatizava comigo por ser amiga daquele grupo. E então [aquelas meninas] começaram a fazer bullying comigo. Eu me lembro, por exemplo, de que ia ao banheiro e elas me seguiam até dentro do reservado, e batiam nas portas e faziam coisas do tipo. Ou, se me vissem no corredor, me empurravam contra as paredes, jogavam coisas em mim nas aulas. Por um longo tempo eu mantive a cabeça abaixada. Descobri que a biblioteca era o único lugar aonde eu podia ir. E, se tentassem aprontar algo assim lá, a bibliotecária estaria lá e realmente faria alguma coisa. Então foi assim que eu acabei estudando e trabalhando duro, porque eu me escondia na biblioteca.

Ao longo deste livro, examinaremos por que ser diferente ou se defender é muito mais arriscado quando se é adolescente e por que os custos para a segurança física e psicológica na adolescência podem ter consequências para o resto da vida. Para Georgia, no entanto, o risco acabou valendo a pena. Depois de cerca de seis meses de bullying e ostracismo, aconteceu algo que, segundo ela, mudou sua vida para sempre:

> Consegui ser acolhida por um grupo de meninas que perceberam que a situação estava ficando bem horrível. Nos intervalos entre as aulas, me convidavam para me sentar com elas, e só de poder ter a segurança de ficar ali com elas… Isso me permitiu conhecer pessoas, e permitiu às pessoas saberem quem eu realmente era, e tudo meio que melhorou a partir daí, de verdade. Eu sinceramente confiava nelas. Se, por exemplo, uma das garotas horríveis passasse por nós e dissesse algo como: "Ai, credo, por que estão sentadas com ela?", a nova garota diria algo do tipo: "Oh, na verdade ela é muito legal". Elas realmente me defendiam e me apoiavam de forma proativa. Então nesse ponto eu me sentia segura… E então os comentários das meninas não doíam tanto. E acho que porque eu estava colhendo as recompensas e indo melhor na escola, minhas notas aumentaram. Tendo amigas que são legais e boas de verdade, e vendo meu desempenho escolar melhorar tanto… começou a ficar muito mais claro que [sair do primeiro grupo] foi uma boa decisão. Sempre reflito sobre isso, honestamente, como a melhor decisão que já tomei. Acho que minha vida teria tomado um caminho muito diferente se tivesse continuado com as outras.

Assim como no caso de Georgia, muitas das histórias neste livro envolverão experiências dolorosas, relacionamentos complicados e sentimentos de medo, insegurança e solidão. Na adolescência essas emoções são abundantes. Mas um tema que talvez seja menos discutido, e que eu espero demonstrar, é que a adolescência também é repleta de coragem e conexão, uma fase de amizade, afeição e amor extraordinários. A história de Georgia contém tudo isso, mas a verdadeira razão pela qual a compartilho aqui é ilustrar algo mais fundamental.

Observe que a história de Georgia tem um começo definido – as meninas sendo colocadas na mesma turma na escola – e um final definido, quando Georgia se estabelece com suas novas amigas. Ao longo do caminho, há dois pontos de inflexão distintos: o momento em que ela resolveu que precisava deixar o antigo grupo, decisão desencadeada pela bravura de sua própria mãe, e o momento em que ela foi acolhida por suas novas amigas. Georgia está contando os fatos de seu passado, mas ao mesmo tempo os organiza na forma de uma narrativa. Em outras palavras, trata-se de uma história – neste caso, que resulta em redenção, de algo ruim que no fim das contas leva a algo bom – que de alguma forma explica quem ela é hoje. Como veremos, muitas das histórias que contamos a nós mesmos sobre nossa adolescência são divisores de águas ou momentos cruciais de descortino e lucidez, histórias que de alguma forma explicam quem somos ao descrever a maneira como, por meio de uma experiência específica, viemos a ser quem somos. Em outras palavras, são histórias de origem, e as contamos em parte porque nos ajudam a fazer as pazes com eventos difíceis em nossa vida, e em parte apenas para entender quem somos. Neste caso específico, todos os elementos estavam lá: ao compartilhar comigo o que aconteceu em sua adolescência, Georgia me relatou uma exemplar história de definição de identidade.

Georgia é típica dos meus entrevistados em outro sentido. Assim como ela, todos cresceram no mundo ocidental, a maioria no Reino Unido. Consequentemente, a pesquisa que descrevo se concentra sobretudo em populações ocidentais, e os participantes são adolescentes em grande parte do Reino Unido, Europa, Austrália e EUA. Em meu próprio trabalho como acadêmica no Reino Unido, também me concentrei em adolescentes criados nesse contexto. Isso significa que a adolescência que investigaremos neste livro é ocidental, fator que é importante apontar, porque a adolescência é, até certo ponto, um fenômeno vinculado à cultura. Isso não quer dizer que não exista em outros lugares. No mundo inteiro acontece a puberdade: ocorre nos corpos e mentes dos jovens uma transformação biológica que começa em algum lugar no final da infância ou no início da adolescência. E, mesmo em culturas muito díspares, incluindo as comunidades mais remotas, em geral há pelo menos algum período bastante nítido de transição social entre ser criança e ser adulto.[10] No entanto, a adolescência de qualquer indivíduo é em larga medida moldada por toda sorte de aspectos da sociedade em que ele vive: perfil demográfico, geografia, economia, política, religião e cultura. Por exemplo, entre os adolescentes ao redor do mundo é imensa a variedade em termos de quando se espera que comecem a ganhar sua própria renda, como e quando devem encontrar um cônjuge e o nível de liberdade de que dispõem para expressar suas opiniões políticas. Isso significa que, embora muitos aspectos do desenvolvimento abordados neste livro sejam universais – em quase todos os lugares, por exemplo, os adolescentes têm uma propensão a correr mais riscos[11] –, também é verdade que a adolescência ocidental moderna é apenas uma versão da adolescência, apenas um dos caminhos que os humanos podem seguir na transição da criança para o adulto.

Uma verdade universal, porém, é que os humanos são contadores de histórias. Seja qual for a época em que nasceram e onde quer que tenham crescido, as pessoas gravitam em torno de histórias como uma forma de dar sentido a quem elas são e ao que aconteceu com elas. E, em muitas culturas diferentes, quando se pede às pessoas que compartilhem memórias importantes sobre si mesmas, algo consistente vem à tona: a lombada de reminiscências. Existem algumas variações em termos das idades exatas e certas variações no conteúdo das lembranças – por exemplo, um estudo constatou que os estadunidenses brancos são mais propensos a relatar memórias que os colocam como um personagem central, enfocando suas próprias necessidades e perspectivas, ao passo que os participantes chineses eram mais propensos a comunicar lembranças que os colocavam em um contexto de grupo mais amplo.[12] Entretanto, falando de modo mais abrangente, as pesquisas demonstram que em muitas culturas as pessoas mostram o mesmo padrão: eventos que acontecem na adolescência e no início da vida adulta parecem ser universalmente importantes para o senso de identidade de um indivíduo.

Para alguns indivíduos, a descomunal e definidora importância da adolescência não é grande coisa. É muito provável que essas pessoas tenham desfrutado de uma adolescência relativamente confortável, após uma infância amorosa e segura. Os adolescentes com pais e mães solidários, na maior parte do tempo disponíveis para lhes ouvir e que lhes propiciavam um lar seguro e estável. Os adolescentes que se divertiam com os amigos e eram respeitados pelos colegas de classe; que se apaixonavam por alguém que retribuía seu amor; que conseguiam contornar as minas terrestres do bullying ou outros maus-tratos. Em suma, o fato de que os anos de adolescência podem permanecer na mente não será muito preocupante para as pessoas que *desfrutaram* dessa fase da vida. Para essa minoria – e ela existe –, aprender sobre a psicologia do período da adolescência deve ser um nutritivo e proveitoso exercício de autocompreensão.

Mas uma adolescência tão saudável e benéfica é rara. Muitas pessoas, a exemplo de Georgia, guardam lembranças de experiências adolescentes que acabaram bem, mas que, não obstante, deixaram uma cicatriz dolorosa. Mesmo as pessoas que tiveram relativa sorte na adolescência descobrirão que lembranças felizes são intercaladas com aquelas que elas prefeririam esquecer: episódios que até hoje as deixam confusas, aborrecidas, frustradas ou envergonhadas. Quase todo mundo tem lembranças da adolescência que preferem não compartilhar, e algumas pessoas têm armários atulhados delas. Muitos adultos têm dificuldades para aceitar a forma como se comportaram ou foram tratados em seus anos de formação. Para esses indivíduos, entender a psicologia da adolescência é um exercício mais essencial e mais terapêutico. Ter consciência de *por que* os adolescentes fazem as coisas que fazem pode ajudar as pessoas a entender os jovens com quem convivem hoje em sua vida – contudo, e talvez o aspecto mais importante, também pode ajudar as pessoas a entenderem a si mesmas.

Essa compreensão é o caminho para a compaixão, pelos outros e por nós mesmos, e de fato para o perdão. Isso é importante, porque os adolescentes são amiúde ridicularizados e estereotipados. A narrativa comum sobre os adolescentes é que, de forma constante, eles se comportam de todos os tipos de maneiras estúpidas, egoístas e míopes. São rudes e mal-humorados porque não têm respeito pelos outros; as meninas adolescentes engravidam porque não dão a mínima para as consequências tampouco pensam no futuro; os adolescentes bebem demais e usam drogas perigosas porque acham que se divertir e impressionar os amigos vale mais do que permanecerem vivos, e também porque não entendem que as regras da sociedade podem existir para seu próprio benefício. Para os adolescentes na última década ou pouco mais, adicionaram-se duas novas narrativas: eles são definidos por uma epidemia de problemas de saúde mental e, aspecto relacionado a isso, são todos viciados em seus telefones celulares, as mídias sociais propiciando um novo conjunto de comportamentos desconcertantes e problemáticos. Agora, nos dizem, os adolescentes são obcecados por sua popularidade online, enviam *nudes* (fotos ou vídeos de pessoas nuas ou seminuas) uns aos outros e passam cada momento livre do dia e da noite jogando videogames nocivos ou assistindo a conteúdo pornográfico.

Todos esses estereótipos têm raízes em uma versão da verdade. Os adolescentes correm mais riscos do que outras faixas etárias, os adolescentes de hoje relatam mais problemas de saúde mental do que as gerações anteriores, e os smartphones permitiram versões de socialização e recompensa que podem efetivamente causar problemas. Entretanto, permanecer apenas no reino dos estereótipos e pânicos morais é uma completa incompreensão de *por que* os adolescentes se comportam da maneira como se comportam. As mídias sociais são simplesmente uma nova via para a expressão e manifestação do comportamento adolescente antigo, e os adolescentes de hoje não são exclusivamente vulneráveis a problemas de saúde mental – essa fase da vida sempre foi um período de riscos; a melhor forma de compreender os sintomas desses transtornos é considerá-los como manifestações extremas de fenômenos psicológicos que os adolescentes sempre vivenciaram. Assim, para entender por que os adolescentes de hoje usam as mídias sociais ou desenvolvem problemas de saúde mental, a bem da verdade precisamos falar um pouco menos sobre esta geração específica e um pouco mais sobre o que sempre aconteceu por debaixo da superfície nessa idade. Quando nos aprofundamos na psicologia fundamental desse período – as mudanças pelas quais todos os adolescentes estão passando e os percalços que enfrentam –, fica claro por que os adolescentes usam as mídias sociais da maneira como usam e por que os problemas de saúde mental podem se desenvolver nos extremos.

Quando vamos além das manchetes e dos estereótipos, também podemos começar a respeitar mais os adolescentes. Até mesmo comportamentos que à primeira vista parecem tolos ou egoístas são, via de regra, apenas a manifestação superficial de uma verdade muito mais complicada, e isso se aplica a um adolescente de trinta anos atrás ou de cem anos atrás ou de hoje. Os adolescentes sempre foram totalmente subestimados, e relegá-los a caricaturas é menosprezar o relevante significado e as nuances de seu comportamento. Talvez o mais importante a salientar é que, quando usamos as mesmas caricaturas como uma lente para entender nosso próprio passado, depreciamos a nós mesmos e nos compreendemos muito mal. Este livro, então, é um chamado para levar mais a sério os adolescentes, e isso inclui os adolescentes que nós fomos um dia.

Embora seja um período breve comparado à duração total de uma vida humana, a adolescência pode figurar com maior centralidade e presença em nossas lembranças e ser mais importante, para o bem ou para o mal, do que qualquer outra fase. O objetivo deste livro é explicar o porquê e, assim, fornecer clareza e segurança: para qualquer um que esteja tentando apoiar um adolescente hoje, mas, em igual medida, para qualquer um que esteja tentando entender a si mesmo. Em última análise, refletir sobre nossa adolescência e como ela afeta nossa vida adulta significa também celebrar nossos antigos eus: a pessoa indômita e frágil que nos ajudou a nos tornar quem somos hoje.

Capítulo 1
O paradoxo da popularidade

Era um pouco como *Senhor das moscas*, o livro de William Golding. Ficou um pouco assim, em termos do bullying, da estrutura social hierárquica de sobrevivência do mais apto. Se você mostrasse qualquer vulnerabilidade, tornava-se um alvo. Parecia que a cultura na escola – e eu tenho certeza de que é assim também na maioria das escolas no mundo – era estratificada de forma que a turma descolada ocupava o topo, depois vinham os intermediários ou o que quer que fosse, e mais abaixo ficavam os mais CDFs, os nerds. E se você fosse nerd e se talvez não tivesse também habilidades sociais, e se não fosse fisicamente grande e bom em esportes e mais robusto... então você era visto como alguém que ocupava um degrau mais baixo nos estratos sociais. Era uma coisa bem primitiva, na verdade, bem parecida com chimpanzés, de certa forma.

Alex, que hoje tem 48 anos, me contou sobre sua adolescência em uma escola independente só para meninos nos arredores de Londres. E ele está absolutamente certo: a rigorosa hierarquia social que ele descreve é de fato a mesma para a maioria das escolas, sem dúvida em todo o Ocidente. Muitos dos entrevistados para este livro mencionaram por livre e espontânea vontade essa hierarquia e me detalharam a posição que nela ocupavam. Uma entrevistada, por exemplo, descreveu a si mesma e a seu grupo de amigos como "nerds com habilidades sociais – não eram populares, mas também não eram relegados ao nível mais baixo". Isso é uma prova do fato de que, de todas as coisas que nos moldam na adolescência, o status social é uma das mais importantes. E o status social é decidido e definido dentro do contexto da escola.

No que diz respeito aos ecossistemas sociais, a escola durante a adolescência é singularmente exaustiva e dominante. As crianças mais novas passam mais tempo com o pai e a mãe; os adultos têm vários grupos de amigos, familiares e colegas em diferentes ambientes sociais. Mas, para os adolescentes, a escola é o cenário de quase todos os relacionamentos e interações sociais com os quais eles de fato se importam. Nosso lugar na hierarquia é o contexto de muitas das coisas que acontecem conosco na adolescência, para o bem ou para o mal, e, portanto, afeta profundamente a pessoa que nos tornamos. E é categoricamente diferente do mundo adulto. O psicólogo James Youniss e seus colegas escrevem que a cultura de pares adolescente não é "uma versão imatura e distorcida da sociedade adulta", mas "precisa ser estudada como uma organização social complexa" em seus próprios termos.[1]

A estrutura social da escola e os papéis e relacionamentos que os alunos mantêm dentro dela são extraordinariamente consistentes e previsíveis e sem dúvida serão reconhecíveis para a maioria de nós. Em geral os adolescentes não costumam transitar sem amarras fora de sua faixa etária de modo a conviver com pessoas diferentes a seu bel-prazer. Em vez disso, eles se reúnem em *panelinhas*: pequenos e íntimos grupos fechados de amigos com interesses em comum, via de regra com cerca de três a dez adolescentes, em que cada membro conscientemente se consideraria e se descreveria como parte integrante do grupo e seria reconhecido como tal por um observador externo.[2] As panelinhas surgem nos primeiros meses do ensino médio. Para dizer o óbvio, os membros do grupo tendem a ser de alguma forma semelhantes, como vimos com as amigas iniciais de Georgia no capítulo anterior, e passam tempo juntos: eles se sentam juntos no intervalo do almoço, andam juntos fora do ambiente escolar e, atualmente, compartilham interações exclusivas nas mídias sociais, por exemplo em grupos de bate-papo no WhatsApp. Claro, sempre há algumas exceções: alguns adolescentes não pertencem a nenhuma panelinha; alguns conseguem se revezar com sucesso entre vários grupos desde os primeiros anos de escola – mas, de modo geral, essa é a configuração social de muitos adolescentes em todo o país e, a bem da verdade, em todo o mundo.

Essa descrição simplificada sintetiza o que são as panelinhas em termos gerais, mas não seu significado real: o que elas fazem e o poder que exercem. Nas palavras dos psicólogos B. Bradford Brown e Christa Klute, as panelinhas são "instrumentos de socialização e controle social, às vezes fornecendo apoio social e outras vezes encetando ostracismo e ridicularização".[3] Quando adolescentes deixam uma panelinha, raras vezes é um processo direto. Eles saem voluntariamente e enfrentam consequências severas, como vimos no caso de Georgia no capítulo anterior, ou são intencionalmente expulsos por outros membros – em um processo conhecido na literatura acadêmica como "desseleção" ou "poda pelo grupo de pares".[4] Da mesma forma, novos membros ingressam apenas porque *têm permissão* para ingressar, em um processo geralmente supervisionado pelos membros principais ou líderes do grupo. Não existe nenhum registro em papel, é claro, mas o processo de pertencer a um grupo de amigos adolescentes não é menos formal do que a burocracia da contratação para começar a trabalhar em um emprego ou do trâmite da demissão para ser dispensado do local de trabalho.

Ao longo do primeiro ou segundo ano do ensino médio, e às vezes em questão de semanas, as panelinhas começam a se reunir em diferentes níveis de uma hierarquia social, exatamente como Alex descreveu. As panelinhas que sobem ao topo são, como era de se esperar, aquelas cujos membros, mesmo ainda aos 11 ou 12 anos, têm certos marcadores específicos de status social: eles são dotados de habilidades sociais e, de forma geral, das qualidades gerais que compõem a beleza convencional (tratarei mais a esse respeito no próximo capítulo). São os adolescentes que, ao longo os anos, se envolvem em comportamentos mais arriscados, como consumir álcool e fazer sexo, e exercem grande influência, tanto na sala de aula como fora dela. O fator decisivo é que esses adolescentes têm *visibilidade*, conforme Georgia destacou no capítulo anterior. Os que ocupam uma posição mais baixa na hierarquia social sabem o que os alunos de status elevado estão fazendo, o que estão vestindo, com quem estão saindo.

Até aqui, tudo óbvio. Mas o interessante acerca desses adolescentes de status elevado é que, embora sejam os "mais populares" na escola, eles são também sistematicamente odiados. Pesquisadores interessados em identificar quais alunos se encaixam nessa camada superior descobrem de maneira consistente quem são eles ao perguntar (reservadamente) aos adolescentes: *Quem é popular na sua classe?* Em geral há um alto nível de consenso entre os pares acerca de quem são esses adolescentes. Mas quando os pesquisadores perguntam (também de modo privado): *De quem você mais gosta?*, acabam com uma lista de alunos bastante diferente. A bem da verdade, essas duas categorias são tão distintas que os pesquisadores criaram dois termos diferentes: ser benquisto é conhecido como ter "popularidade sociométrica"; o fenômeno contraintuitivo, do "popular-mas-detestado", é conhecido como "popularidade percebida".

É muito fácil identificar quais adolescentes são populares em termos de status sociométrico, porque eles se comportam da mesma maneira como qualquer pessoa que é objeto de bem-querer se comporta: ajudam e apoiam os outros, cuidam de seus pares. Eles são simpáticos e divertidos. Não fazem bullying nem intimidação, não agem como valentões briguentos. São respeitados, e muitas pessoas querem conviver com eles. O grupo mais interessante – do ponto de vista psicológico – são os tidos e havidos como populares, os que são percebidos como populares. Estudos mostram que esses adolescentes tendem não apenas a correr riscos, tendem também a ser muito estratégicos em termos sociais, às vezes de uma forma cruel: aliando-se a outros colegas populares e rejeitando aqueles que podem prejudicar seu próprio status social. Contudo, de acordo com uma teoria, os adolescentes percebidos como populares têm uma característica em comum acima de todas as outras: eles se ajustam à aparência e aos comportamentos estereotipados associados ao seu gênero.

Conformidade de gênero

O grau com que a pessoa se sujeita aos estereótipos de gênero é um dos principais fatores na definição de sua experiência social na escola e, portanto, de toda a sua adolescência. A teoria de como isso se relaciona com a popularidade foi elaborada pelas psicólogas Lara Mayeux e Margaret Kleiser e se concentra exclusivamente em meninos e meninas cisgênero – ou seja, pessoas cuja identidade de gênero, cujo senso mais profundo acerca de a qual gênero pertencem, corresponde ao sexo biológico que lhes foi atribuído ao nascer –, mas tem óbvias implicações para adolescentes transgênero e não binários (assunto ao qual retornaremos mais tarde). Em termos gerais, as pesquisadoras argumentam, os meninos cuja aparência e comportamento são o que se espera de meninos tendem a ter mais popularidade percebida do que meninos que não se parecem nem se comportam como tais, e o mesmo se aplica a meninas cuja aparência e comportamento são o que se espera de meninas. As pesquisadoras chamam isso de "teoria da prototipicidade de gênero da popularidade entre pares adolescentes", elaborada em 2020 – portanto, trata-se de algo recente, não de uma relíquia do passado ancestral.[5]

Qualquer pessoa familiarizada com o subgênero "filmes sobre o ensino médio", típico da produção cinematográfica estadunidense, reconhecerá o fenômeno. Podemos chamá-lo de "teoria da popularidade percebida com base nos atletas e nas animadoras de torcida da escola". O que é interessante – senão deprimente – é que a pesquisa acadêmica dá completo respaldo a essa teoria. Para os meninos, a prototipicidade de gênero tem a ver, em parte, com atitude: certa indiferença, dureza emocional (infelizmente, uma das coisas mais prejudiciais em termos sociais que um adolescente pode fazer é chorar na frente de seus colegas). Mas também tem a ver com façanhas físicas, tamanho e força, e é por isso que Mayeux e Kleiser afirmam que "a habilidade atlética talvez seja o atributo mais consistente de meninos populares em pesquisas publicadas, e aparece com vigoroso destaque em praticamente todos os estudos de popularidade realizados até hoje".[6]

O talento esportivo como parte fundamental da popularidade foi mencionado muitas vezes em entrevistas para este livro. Tenhamos em mente o caso de Alex, citado no início deste capítulo, que reconheceu que sua habilidade atlética serviu como uma forma de proteção para ele:

> Parece que ser realmente bom em esportes me ajudou. Eu tive sorte. Eu sou uma pessoa sensível, então qualquer um pensaria que eu era um alvo natural, sabe? Porque eu não era do tipo brutamontes. Mas tive sorte. Acho que fui salvo pelo fato de ser

muito bom em esportes. Por alguma razão, ser bom em esportes parecia significar que você era respeitado.

Talvez seja óbvio por que razão, sobretudo para os meninos adolescentes, ser um esportista proporciona todos os tipos de benefícios. Normalmente envolve a entrada em um círculo social exclusivo, um time, o que oferece toda sorte de oportunidades para vínculo, integração social e status. Com efeito, pesquisas mostram que as expectativas em torno da prototipicidade de gênero tornam mais difícil para os meninos formarem laços emocionais entre si, o que é a base de tantas amizades entre meninas; equipes esportivas, portanto, propiciam um contexto aceitável e útil no qual os meninos podem fazer amigos.[7] Ser esportista também tende a significar estar em boa forma física, um marcador-chave da beleza e atratividade convencionais, e muitas vezes significa ser fisicamente maior e mais forte, um antiquíssimo sinal de status social – e uma excepcional vantagem em escolas onde disputas entre meninos facilmente descambam em brigas físicas (ou ameaças delas). Ser esportista é essencialmente um atalho para dizer "eu sou masculino", e isso, por si só, de acordo com a teoria, é o que ajuda a conferir status social e popularidade. Adicione aí as características da beleza convencional e você tem a receita de como ser um adolescente "popular".

Pesquisas mostram que adolescentes que não se encaixam nas normas típicas de gênero são mais suscetíveis a receber a pecha de impopulares e sofrer bullying, em especial no caso dos meninos. Os meninos que não demonstram resistência física ou emocional "suficiente" são mais propensos a sofrer bullying e condenados ao ostracismo por seus pares. Em um estudo de 2007, pesquisadores pediram a jovens de 14 a 17 anos que lessem breves descrições de personagens fictícios e atribuíssem notas para classificar seu nível de "aceitabilidade" (ou seja, até que ponto o participante achava que gostaria dessa pessoa e a acolheria de bom grado).[8] As descrições eram de meninos ou meninas, e os pesquisadores ajustavam sistematicamente até que ponto cada personagem seguia as normas de gênero, fosse na forma como se vestia ou as atividades em que se envolvia. Por exemplo, na descrição de um menino "não conforme de gênero" dizia-se que ele era membro da companhia de balé local ou usava esmalte e delineador; na descrição de uma menina "não conforme de gênero" informava-se que ela era jogadora do time de futebol e nunca usava maquiagem nem vestidos (sim, são clichês, mas esse era o xis da questão). Acrescentava-se também a orientação sexual de cada personagem. Pediu-se aos participantes que avaliassem o nível de aceitabilidade apenas dos personagens do mesmo gênero que eles.

Os pesquisadores descobriram que era a extensão em que os personagens se enquadravam nas normas de gênero, e não a orientação sexual, o fator que parecia importar. Fossem heterossexuais ou gays, os indivíduos que não eram convencionais em sua aparência e maneirismos foram classificados como menos aceitáveis do que os indivíduos que se ajustavam às convenções de gênero. É interessante notar que os autores constataram que os personagens masculinos que se apresentavam de maneiras mais femininas recebiam uma classificação muito mais severa se fossem heterossexuais em vez de gays. Em outras palavras, os adolescentes são relativamente mais receptivos a um adolescente gay que usa esmalte nas unhas do que a um adolescente hétero que pinta as unhas, porque isso se encaixa em uma rubrica simplificada do que pessoas diferentes podem fazer e da aparência que estão autorizadas a ter.

Na teoria da prototipicidade de gênero, as regras para meninas são um pouco diferentes. Os esportes têm importância até certo ponto – a popularidade geralmente anda de mãos dadas com jogar netball ou hóquei (e nos EUA, ser animadora de torcida) –, mas para elas a prototipicidade de gênero inevitavelmente tem a ver mais com a aparência. A menina que é percebida como popular pode até se safar sendo péssima nos esportes, contanto que tenha os traços da beleza convencional e o que é considerado o corpo certo, o que de costume envolve ser magra. Recentemente, contribuí para um estudo que recorreu a grupos focais com meninas de 16 a 18 anos para lhes perguntar sobre as diferentes pressões que estavam enfrentando na escola e outros contextos.[9] Muitas delas falaram sobre a pressão que sofriam para ter determinada aparência, o que significava essencialmente ser "bonita e magra", mas também manter e apresentar seu corpo de certa maneira – por exemplo, usar maquiagem e remover os pelos –, e isso era agravado por ideais promovidos nas mídias sociais. Apesar de todas as nossas tentativas de diversificar os tipos de corpos que são aceitos e celebrados na sociedade, parece que durante décadas nada mudou entre os adolescentes.

As meninas adolescentes priorizam sua aparência e investem tempo nisso de maneiras estereotipadas: estilizam e tingem os cabelos, usam maquiagem, compram roupas e acessórios considerados "da moda" e "descolados". Esse tipo de investimento na aparência é estereotipicamente feminino, por isso entra na teoria da prototipicidade de gênero. Ademais, ter sofisticação social é importante para as meninas, mais do que para os meninos. Tanto as meninas populares do ponto de vista sociométrico quanto as que são percebidas como populares tendem a ser simpáticas e solícitas, embora, como sabemos, no caso de algumas meninas esses comportamentos estejam entrelaçados a (ou foram totalmente substituídos por) estratégias sociais táticas e mais agressivas, como exclusão social e fofoca. Algumas das meninas que são realmente boas em manter seu elevado status social apresentam uma mistura de traços pró-sociais e antissociais e habilidade suficiente para empregar sutilmente táticas de agressão relacional de modo que muitas pessoas ainda as considerem generosas e cooperativas ao mesmo tempo.[10]

Mais uma vez, tenho a suspeita de que grande parte disso – para não dizer tudo isso – é (infelizmente) conhecido para a maioria dos leitores. A questão é *por que* comportar-se de maneiras típicas de gênero tem uma associação tão vigorosa com a popularidade. Por que motivo sujeitar-se a essas convenções é tão admirado e reverenciado por tantos adolescentes? A resposta provavelmente se resume à biologia. Até agora discutimos que a adolescência tem tudo a ver com estabelecer uma identidade e se encaixar, mas, falando em termos evolutivos, também tem a ver com encontrar um parceiro. A função fundamental da puberdade é desenvolver o corpo de uma criança de modo a que se torne um adulto capaz de fazer sexo e ter filhos. De acordo com Mayeux e Kleiser, o pensamento é que, em parte, os adolescentes atribuem popularidade a adolescentes prototípicos de gênero porque são eles os que supostamente atraem mais parceiros sexuais – o que, graças ao desenvolvimento do cérebro e aos hormônios, é algo que a maioria dos adolescentes deseja de fato.[11]

É por isso que os adolescentes conferem status social aos adolescentes mais propensos a serem objeto de desejo.

Porém, isso envolve mais do que sexo. Também gira em torno de seguir regras. Podemos pensar na adolescência como uma época em que as pessoas afrontam a autoridade e a convenção, mas a realidade é que os adolescentes são fundamentalmente conservadores. Quando se trata de ser popular nos primeiros anos do ensino médio, os adolescentes com status emergente veem o que funcionou para os alunos mais velhos, ou seus irmãos e irmãs mais velhos, e ajustam o próprio comportamento a fim de seguir o exemplo. Os de status social mais precário observam os colegas de classe populares recém-ungidos e fazem o melhor que podem para imitar o exemplo que está sendo dado a eles. É assim que qualquer cultura é passada adiante e se perpetua: por meio do estabelecimento de normas sociais e de um comportamento – no sentido literal da palavra – conservador.

Quando você não consegue seguir as regras

O problema é que alguns adolescentes não conseguem jogar pelas regras do jogo. Há grandes variações na aparência física, na capacidade de proezas esportivas e na disposição de se envolver em comportamentos estereotipados de gênero. Alguns adolescentes podem escolher ativamente definir-se contra as normas – podem *não querer* alcançar popularidade em massa. Mas há os que anseiam por popularidade ou aceitação social na escola e julgam que isso é eternamente inalcançável. Por definição, apenas uma minoria pode desfrutar de status social de elite, então provavelmente a norma seja a sensação de se esforçar e jamais conseguir alcançar a almejada popularidade. (No longo prazo, porém, isso pode ser menos infeliz do que parece à primeira vista, como veremos em breve.)

Uma experiência mais atribulada é a dos jovens que lutam para seguir as regras sociais porque em primeiro lugar não as reconhecem tampouco as compreendem por completo – ou as entendem em um sentido literal, mas as consideram imensamente difíceis de implementar. Um grupo que é especialmente vulnerável a esse problema é o dos adolescentes autistas. O autismo é uma forma de neurodivergência que tem um impacto abrangente na forma como uma pessoa pensa, sente e se comporta, sobretudo no que diz respeito à interação social e à comunicação. Pessoas com TEA (transtorno do espectro autista) tendem também a mostrar comportamentos repetitivos e restritos, como interesses muito intensos e concentrados e um desejo de mesmice, e hipo ou hipersensibilidade específica ao ruído e outros estímulos sensoriais.[12] É enorme a variação de pessoa para pessoa em termos de como o transtorno afeta o indivíduo, mas em meio a essa variabilidade verifica-se algo consistente: se o ambiente de vale-tudo do Velho Oeste da escola de ensino médio é difícil para quase todos, é ainda mais difícil para adolescentes no espectro.

É costumeiro pensar que essas pessoas não têm interesse em relacionamentos sociais, mas isso é um mito. Estudos mostraram que muitos adolescentes com TEA almejam com vigor amizades e conexões significativas com seus pares, mas é que geralmente acham isso mais difícil. Por exemplo, um estudo de 2017 pediu a jovens de 12 a 18 anos que respondessem a perguntas sobre até que ponto se sentiam solitários.[13] Alguns dos participantes estavam no espectro, alguns tinham outro distúrbio do neurodesenvolvimento – transtorno do déficit de atenção e hiperatividade (TDAH) –, e alguns não tinham nenhum desses diagnósticos. Os pesquisadores constataram que os esses jovens relataram índices muito mais consideráveis de solidão do que os jovens com TDAH e os demais sem nenhum diagnóstico de condição neurodesenvolvimental –, mas não havia diferença em termos de solidão nas crianças de 7 a 11 anos que foram divididas nos mesmos três grupos. Isso sugere que há algo específico no autismo, e no TEA na adolescência, que torna os relacionamentos sociais mais difíceis e, portanto, faz com que esses anos sejam mais solitários.

O cerne do problema é que a própria natureza de ter TEA torna mais difícil para os indivíduos seguirem as normas sociais ditadas por pessoas neurotípicas – e ao longo deste livro veremos o quanto essas normas são importantes na adolescência. Tenha em mente, por exemplo, as diferenças no modo que uma pessoa com TEA costuma se expressar durante as interações sociais. Essa pessoa pode fazer menos contato visual, ou pode utilizar diferentes gestos ou linguagem corporal, ou talvez tenha mais dificuldade para acompanhar o perfeito vaivém de uma conversa típica. Pode ser que ela tenha de pelejar para ler nas entrelinhas de algumas interações sociais, por exemplo para reconhecer quando alguém está contando uma mentira ou fazendo um gracejo. Nada disso é em si um problema – é apenas uma forma diferente de se comunicar –, mas, conforme veremos, no ensino médio, ser "diferente", mesmo que de maneira ínfima, aumenta imediatamente as chances de rejeição social. Do mesmo modo, os hobbies, assuntos, objetos ou personagens específicos os quais esse adolescente pode amar de maneira hiperfocada geralmente se desviam dos interesses aceitáveis endossados pelo grupo de pares mais amplo – o que também acarreta o risco de o indivíduo ser marcado como inaceitável.

As escolas de ensino médio também são ambientes barulhentos e lotados. Estudos mostram que adolescentes com TEA são especialmente propensos a ter dificuldades de lidar com os aspectos desestruturados e menos supervisionados da escola de ensino médio – como o trajeto de ida e volta para a escola, os horários de almoço e intervalo e a transição entre as aulas.[14] Isso não é surpreendente quando pensamos em como essas pessoas vivenciam o mundo. Por exemplo, uma característica definidora do autismo, que também surge em transtornos de ansiedade, é a *intolerância à incerteza*. Pessoas no espectro podem considerar que situações imprevisíveis ou desconhecidas são extremamente negativas, gatilhos instigadores de ansiedade. Muitas vezes elas dão um jeito de lidar com isso tentando seguir rotinas específicas, o que pode funcionar muito bem em casa. Porém, na confusão social do refeitório da escola ou do ônibus escolar, as coisas são inerentemente imprevisíveis – além de serem desconfortáveis do ponto de vista físico (barulho em excesso, pouco espaço pessoal), exatamente da maneira que essas pessoas podem achar massacrantes e opressivas.

O resultado de tudo isso é que muitos desses adolescentes despendem enormes quantidades de esforço mental tentando manter a calma e se encaixar na escola. Em essência, isso significa tentar esconder o fato de que têm TEA – um conjunto de práticas e estratégias conhecido como *camuflagem*.[15] Isso pode ser consciente ou inconsciente e pode incluir o esforço de sufocar movimentos repetitivos das mãos, forçar-se a fazer contato visual, seguir roteiros ensaiados sobre como participar de conversas ou imitar frases, gestos ou expressões faciais que veem outras pessoas usarem. Há algumas evidências de que meninas no espectro são especialmente propensas a se camuflar, o que pode explicar em parte por que muitas vezes o autismo em meninas passa despercebido.[16] O problema é que, mesmo que um jovem "consiga" esconder ou mascarar o fato de que está no espectro, a camuflagem é exaustiva. Isso também acarreta consequências para o desenvolvimento da identidade: alguns adultos relatam que se camuflaram de forma tão intensa e profunda que é difícil averiguar ou entender quem eles são de fato.[17] E, infelizmente, mesmo com o maior empenho, em geral a camuflagem não é bem-sucedida – adolescentes com TEA, em geral por serem considerados "diferentes"[18,19], correm mais risco de ser vítimas de bullying do que seus colegas não autistas.

Isso não equivale a dizer que a aceitação social em uma escola convencional seja impossível para adolescentes no espcetro. Esse grupo de jovens varia enormemente, e muitos encontram amizades significativas e autoafirmativas dentro ou fora da escola, com amigos que gostam deles como eles são de fato.[20] Além disso, muitos jovens veem o transtorno como uma parte positiva e integral de sua identidade e relatam orgulho de serem diferentes dos outros.[21] Tomara que isso se torne cada vez mais comum. Nas últimas duas décadas, surgiu um movimento em defesa da *neurodiversidade*, que argumenta que as diferenças sociais há muito atribuídas a pessoas com TEA são uma forma perfeitamente válida, embora minoritária, de interagir com os outros – e que são deficiências apenas quando a sociedade tem a expectativa de que essas pessoas pensem e se comportem como as pessoas neurotípicas o fazem.[22] Mas a realidade é que, apesar do progresso positivo nessa área, o ensino médio ainda pode ser um ecossistema hostil e exaustivo. Muitos adolescentes com autismo ainda precisam contornar os percalços da vida diária em escolas apinhadas de alunos predominantemente neurotípicos que julgam que o conservadorismo é um critério decisivo para a aceitação social e apontam qualquer desvio da norma como uma ameaça. Em outras palavras, as experiências desses jovens são um potente lembrete de que as regras da adolescência são rígidas e implacáveis para todos, e às vezes é simplesmente impossível ter jogo de cintura para acompanhar o jogo. E aqui começamos a tratar da razão pela qual ninguém gosta de verdade dos adolescentes percebidos como populares, aqueles que, para começo de conversa, determinam as regras.

Por que ninguém gosta de adolescentes percebidos como populares

Não há muitos filmes e livros sobre adolescentes populares segundo critérios sociométricos, provavelmente porque, por definição, sua natureza bondosa e sensata jamais criará grande tensão dramática. Mas em filmes e livros são muitos os personagens percebidos como populares, e uma coisa é clara: eles raramente são retratados de forma positiva.

O filme *Meninas malvadas*,* de 2004, por exemplo, acompanha as peripécias de Cady Heron, garota de 16 anos, a partir do momento em que ingressa em uma escola de ensino médio estadunidense, depois de muitos anos viajando pela África, onde o pai e a mãe, zoólogos, trabalhavam. No início, ela faz amizade com Janis, que se veste com roupas meio toscas estilo grunge, e o amigo dela, Damian, que é gay. Mas não demora para Cady despertar o interesse das abelhas-rainhas da escola – Regina George, Gretchen e Karen – as mandachuvas, que, por julgarem que Cady é bonita segundo o padrão convencional, a acolhem sob sua proteção. Essas meninas são belas, vestem-se com estilo e roupas da moda e recebem um bocado de atenção. Cady é seduzida a fazer parte da panelinha das "Poderosas" e rapidamente sobe na hierarquia social. Sentindo-se abandonada, Janis solta os cachorros para cima de Cady: certa noite, Janis passa bem devagar de carro na porta da casa onde está rolando uma festa e, aos berros, declara: "Olha só, o problema com vocês, poderosas, é o seguinte: acham que todo mundo está apaixonado por vocês, mas, na realidade, todo mundo odeia vocês!". O final de *Meninas malvadas* é uma gratificante derrocada da personagem principal Regina George, em que enfim vêm à tona as fofocas e reclamações que ela vive repetindo sobre as outras pessoas da escola.

---

* *Mean Girls*, com direção de Mark Waters e roteiro de Tina Fey e Rosalind Wiseman. [N.T.]

O filme *Teenagers: as apimentadas*,* sobre as populares animadoras de torcida de uma escola de ensino médio, começa com as adolescentes cantando uma canção cuja letra inclui trechos como "Eu sou desejada, eu sou gostosa, eu sou tudo que você não é" e "Não nos odeie por sermos lindas; bem, nós também não gostamos de você, somos animadoras de torcida". Filmes como esses sugerem que os adolescentes populares são odiados por serem maus, obviamente, mas também porque são invejados e porque fazem todos os outros se sentirem mal consigo mesmos e com a própria aparência. Tudo isso está em sintonia com a intuição. Mas as razões pelas quais os pares acabam odiando os adolescentes populares são, na verdade, um pouco mais sutis.

Chloe, que hoje tem 31 anos, entrou em contato comigo para falar sobre sua melhor amiga da adolescência, Natalie. Tragicamente, Natalie cometeu suicídio quando ambas tinham 27 anos, e Chloe me procurou porque queria compartilhar suas memórias da amizade delas. "Eu a amo eternamente e penso nela todos os dias", Chloe me disse logo no início, "e para sempre me lembrarei dela como minha melhor amiga". Mais adiante no livro, retornaremos à história delas, e às aventuras e sérios riscos que as duas correram juntas. Mas, na primeira vez que falei com Chloe e pedi que ela me desse um pouco de contexto sobre sua adolescência, ficou evidente que ela fazia parte do campo dos "percebidos como populares":

> Mesmo agora, quando eu encontro pessoas da época do ensino médio, é tipo... todo mundo me conhece. Eu também tenho um nome bem único, o que me torna mais reconhecível. Sim... eu diria que me colocava no centro das atenções. Para mim era importante ser descolada. E eu tinha a identidade de ser um pouco rebelde.

Chloe me contou que, na escola, os outros alunos sabiam o que ela e suas amigas faziam. Eram julgadas pelos colegas, muitas vezes de forma dura – o que ela chama de "publicidade negativa". Ela me disse,

---

* *Bring It On* (2000), com direção de Peyton Reed e roteiro de Jessica Bendinger. [N.T.]

por exemplo, que era corriqueiro encontrar pichações sobre ela nas carteiras – geralmente dizendo, em suas próprias palavras, que era uma "vagabunda". Perguntei a Chloe como ela se sentia diante dessas coisas:

> Acho que de muitas maneiras isso me fazia sentir uma merda. Mas também, você conhece aquela música da Lady Sovereign, com a letra que diz *"Love me or hate me, it's still an obsession"* ["Me ame ou me odeie, continua sendo uma obsessão"]? Eu andava de carro com garotos, essa música tocando bem alto, e eu cantava junto, eu sabia de cor cada palavra da letra e sei até hoje. E eu me conectei muito com isso. Eu me sentia como... eu me sentia como uma celebridade. Eu não queria publicidade negativa, mas, você sabe, tudo era publicidade, eu acho.

Isso traduz perfeitamente a maneira como a popularidade percebida tem a ver com visibilidade, e como essa visibilidade pode ser inebriante. E também nos diz coisas importantes sobre por que adolescentes populares geralmente não são muito benquistos por seus pares. Pela descrição de Chloe dá para ver que a popularidade pode facilmente subir à cabeça de um adolescente e fazê-lo parecer arrogante, exibicionista, ostentando seu status mais elevado de uma forma que destaca o status inferior de seus colegas de classe. Mesmo que não esteja se exibindo de caso pensado, o sucesso social visível de um aluno popular pode facilmente suscitar sentimentos de ciúme e ressentimento em seus pares.

Também já está bem estabelecido na literatura de pesquisa que adolescentes populares tendem a ser mais agressivos.[23] Quando falo de agressividade aqui, não estou necessariamente falando de agressão física aberta – embora sem dúvida haja alguns jovens que, para chegar ao topo, brigam com unhas e dentes e usam a intimidação e os punhos cerrados, sobretudo os meninos. Mas adolescentes populares recorrem também à agressão relacional: a prática mais sutil de usar táticas como espalhar boatos e excluir outros de eventos sociais ou grupos de bate-papo nas mídias sociais. Este último subterfúgio pode ser bastante eficaz como um meio de estabelecer e manter o poder social, precisamente porque é mais ou menos sutil. Nas palavras dos psicólogos Antonius Cillessen e Amanda Rose, envolver-se em comportamentos agressivos relacionais, como disseminar boatos, "oferece ao indivíduo certo grau de anonimato e, portanto, a oportunidade de machucar estrategicamente outras pessoas, ao mesmo tempo em que esconde a aparência de ser maldoso".[24] Da mesma forma, alguns alunos populares reduzem com sucesso o impacto de seu comportamento agressivo combinando-o com atos de comportamento pró-social, distribuídos nos momentos certos e nas quantidades certas – "utilizando cooperação e beneficência para mitigar danos decorrentes da obtenção forçada e exercício de poder", nas palavras da psicóloga Amy Hartl e colegas. Em seu estudo de 2020 com estudantes estadunidenses do sétimo ano (de 12 e 13 anos), esses pesquisadores descobriram que cerca de 12% dos alunos (meninas e meninos) empregaram o método de "controle biestratégico" para atingir elevado status social.[25] Esse grupo foi classificado pelos colegas de classe como os alunos mais "populares" da escola, obtendo uma pontuação mais alta do que a dos alunos populares que recorreram a estratégias pró-sociais ou agressivas separadamente.

Existem outros fatores que contribuem para a explicação de por que os alunos de elevado status acabam sendo odiados. Um estudo de 1985 encabeçado pela socióloga Donna Eder, no qual ela cunhou o termo "ciclo de popularidade", sugere que colegas menos populares talvez não gostem de pessoas percebidas como populares porque em algum momento foram pessoalmente rejeitados por elas.[26] Eder coordenou um estudo etnográfico que envolveu a observação de alunos adolescentes em uma escola de ensino fundamental (anos finais) estadunidense. Ao longo de mais de um ano, ela e seus colegas sentaram-se no refeitório na hora do almoço e aos poucos entabularam conversa com diferentes alunos, observando interações e aprendendo as minúcias e meandros das diferentes panelinhas e grupos de amigos. Esse estudo se concentrou em meninas do sexto ao oitavo anos (de 11 a 14 anos).* Os pesquisadores observaram que um punhado de meninas adquiriu status social bem cedo – em geral porque elas eram consideradas bonitas ou

---

* O ensino médio dos Estados Unidos tem duração de quatro anos, de acordo com a seguinte denominação: 9º ano (*freshman student*, 14 a 15 anos); 10º ano (*sophomore student*, 15 a 16 anos); 11º ano (*junior student*, 16 a 17 anos); 12º ano (*senior student*, 17 a 18 anos). [N.T.]

usavam roupas da moda. Um caminho mais curto para alcançar esse status era tornar-se uma animadora de torcida, o que essencialmente garantia um assento (literal) à mesa das alunas populares; até mesmo ser amiga de uma animadora de torcida era um caminho rápido para conseguir um lugar a essa mesa dos maiorais. Ao longo de dois anos, os pesquisadores notaram que as meninas de alto status eram cada vez mais odiadas pelas outras alunas. No começo as outras garotas quase sempre tentavam ser amigas das garotas mais populares, ou de fato *tinham sido* amigas delas, mas acabaram excluídas ou expulsas do grupo. Em alguns casos, eram enxotadas por motivos puramente práticos: o número de horas do dia é finito, e uma garota popular só é capaz de manter *algumas* amizades. "Garotas populares não necessariamente detestam as garotas menos populares", Eder escreveu. "Mas podem ignorar as meninas menos populares porque simplesmente não têm tempo ou energia para manter amizades com todas as garotas que gostariam de ser suas amigas."

Sofrer essa rejeição social na adolescência é uma experiência intensamente dolorosa. Ser desprezada por uma das alunas descoladas emergentes, sobretudo uma de quem você talvez tenha sido amiga no início, é duas vezes doloroso. Você não somente perde uma amiga em potencial, mas perde também a oportunidade de ser popular – já que ter amizade com alguém de alto status é em si um atalho rápido para o status social. E você não foi apenas ignorada: foi testada e considerada inadequada. Os pesquisadores concluíram que, ao longo dos dois anos, desenvolveu-se um "ciclo de popularidade" – embora o termo *trajetória* possa ser mais exato –, "no qual os sentimentos em relação às garotas populares mudaram de positivos para negativos, por fim transformando-as em alguns dos indivíduos menos queridos da escola".[27]

Adolescentes percebidos como populares são genuinamente muito bons em lançar mão de um comportamento social estratégico, por vezes cruel, mas jogar todos os adolescentes de alto status no mesmo balaio das caricaturas egoístas que vemos nos filmes é deixar passar despercebido algo importante. No dizer de Chloe, é como ser uma celebridade, e isso traz a reboque dificuldades muito mais intensas: rejeitar a amizade de alguém pode inspirar sentimentos de antipatia muito mais veementes do que aconteceria de outra forma. Os comportamentos da pessoa estão sujeitos a escrutínio e julgamento contínuos. Muitas pessoas vão querer ver a pessoa ser humilhada, e ter alto status significa que a altura da queda é muito maior. No topo a pressão é tremenda. E, muitas vezes, é o mero acaso genético que alça um adolescente aos mais altos escalões do status. É importante ressaltar que alcançar esse status não necessariamente torna a adolescência mais fácil ou feliz e, a longo prazo, pode até mesmo estabelecer a base para problemas que adolescentes menos populares não enfrentarão.

Quando as meninas malvadas crescem

A série de TV *Friends* tem quase três décadas, mas continua extremamente popular, sobretudo entre as pessoas com idade suficiente para ter assistido à série quando foi lançada, numa época em que muitas delas eram adolescentes. Em um dos episódios, Monica encontra por acaso Chip Matthews, que era o garoto mais popular de sua escola. Monica, que nunca desfrutou de tanta popularidade assim, de início fica muito animada quando ele a convida para sair. Mas, no encontro, logo fica claro que Chip não progrediu muito desde que saiu da escola. Ele ainda mora com o pai e a mãe e continua no mesmo emprego no cinema local ("Posso te dar uns pôsteres de filmes de graça para você colocar nas paredes do seu quarto", ele diz). Chip conta a Monica que recentemente deu de cara com outro colega de classe e lhe aplicou um "cuecão".* "Ele não é arquiteto agora?", Monica pergunta. "É, mas ainda usa cueca", Chip responde. Quando chega em casa, Monica conta a Rachel: "Você lembra que eu sempre quis sair com o Chip Matthews no ensino médio? Bem, hoje à noite eu realmente saí com Chip Matthews no ensino médio".

Há um entendimento generalizado de que o poder social de que desfrutam os adolescentes populares não se estende além dos limites da escola. Isso tem até sua própria expressão: "atingir o pico no ensino

---

* Manobra realizada para humilhar alguém, sobretudo do sexo masculino, que consiste em agarrar a roupa de baixo da vítima por dentro da calça e puxá-la violentamente para cima. Há uma versão mais violenta em que a cueca é esticada até cobrir a cabeça da vítima. [N.T.]

médio". Mas qual é a realidade para os Chips e as animadoras de torcida deste mundo quando atingem a idade adulta?

Há algumas evidências de que ser popular na escola é uma excelente preparação para a vida adulta. No entanto, isso tende a se aplicar sobretudo aos adolescentes que eram de fato benquistos – os "sociometricamente populares". Pesquisadores mostraram que adolescentes populares pelo critério sociométrico na escola tendem a ter melhor saúde mental, melhor saúde física e mais sucesso na educação formal e no trabalho com o passar dos anos em comparação com seus colegas impopulares. Um estudo constatou que jovens de 13 anos que eram mais estimados na escola tinham mais chances de obter melhores resultados na vida adulta, incluindo maior probabilidade de prosseguir com a educação formal após o ensino médio, menor probabilidade de enfrentar desemprego, menor probabilidade de enfrentar dificuldades econômicas e menor probabilidade de desenvolver um transtorno mental.[28] A relação entre popularidade sociométrica e resultados posteriores não foi explicada por uma série de outros fatores possíveis – como o status socioeconômico ou a capacidade cognitiva dos adolescentes –, que foram estatisticamente controlados no estudo.

Decerto, é possível que ser benquisto não necessariamente *cause* os benefícios posteriores: a questão é que os atributos que tornam alguns adolescentes especialmente agradáveis e gostáveis, como ser simpático ou extrovertido, são os mesmos que também os preparam para melhores resultados mais tarde. Porém, outra explicação é que ser estimado na escola dá à pessoa acesso a todos os tipos de "recursos" materiais e sociais, que por sua vez a beneficiam à medida que ela vai ficando mais velha. Quanto mais um adolescente se socializa, é mais provável que receba apoio social quando passar por um momento difícil. Ele também tem acesso a informações mais úteis (por exemplo, fazer parte de um grupo de estudos pode fornecer informações úteis para aumentar as notas nas provas). Ele também tem mais oportunidades de aprender sobre o mundo, experimentar coisas novas e desenvolver habilidades sociais e psicológicas – por exemplo, estratégias de enfrentamento –, que poderão beneficiá-lo mais tarde. Esses recursos moldam as expectativas, ambições, comportamentos e escolhas dos adolescentes para a vida que os espera – o que afeta as decisões que eles tomam e a maneira como pensam e se sentem acerca de si mesmos.[29] É essa cadeia de eventos interligados que, em última análise, leva a resultados benéficos na idade adulta.

É o mesmo processo (ao contrário) que implica que os adolescentes que não são estimados – os que sofrem bullying ou são solitários ou rejeitados – podem ser afetados negativamente com o passar dos anos. Mais adiante neste livro, veremos de que forma ser vítima de bullying na adolescência é especialmente prejudicial, e como ser alvo constante de agressões ou humilhação, caso desses alunos, pode ter um impacto negativo de longo prazo no senso de autoestima de uma pessoa. De fato, sofrer bullying está associado a um risco substancialmente maior de quase todos os problemas de saúde mental possíveis, incluindo um risco maior de suicídio, mesmo décadas depois.[30] Contudo, o mero fato de ser solitário já é problemático. Qualquer pessoa com status social inferior na adolescência, sobretudo os indivíduos com poucos amigos, terá menos acesso aos recursos que tanto beneficiam seus pares: terá menos apoio social, menos oportunidades de networking e menos chances de aprender sobre o mundo. É importante ressaltar que a falta de status social nessa época da vida molda a maneira como a pessoa vê a si mesma, às vezes para sempre. Como sabemos, é na adolescência que a pessoa forma seu senso de identidade, e faz isso em grande parte observando o que as outras pessoas pensam dela e a forma como a tratam. Assim como ser popular leva a uma espiral ascendente de recursos psicológicos e sociais, ser impopular pode resultar em sua própria cadeia de eventos interligados que afetam a maneira como as pessoas veem a si mesmas até a idade adulta.

Porém, nos casos de Chip Matthews e das animadoras de torcida, não estamos lidando com popularidade sociométrica. Para entender os efeitos de longo prazo da popularidade percebida, precisamos pensar em vez disso nos tipos de características que esses indivíduos tendem a ter: por exemplo, sua tendência a mostrar mais agressividade, sobretudo agressão relacional. Na idade adulta, se a pessoa for muito habilidosa em empregar sutilmente agressão relacional, poderá continuar a usá-la a seu favor, de modo que o alto status social que alcançou no ensino médio provavelmente será mantido. Porém, se a agressão relacional for notada ou desmascarada ou acabar irritando todo mundo, ou se a pessoa também tiver altas taxas de agressão física, pode acontecer o inverso.

Os relacionamentos românticos serão tensos e de curta duração, as amizades serão pontuadas por conflitos e os colegas não confiarão na pessoa. O que é tolerado ou mesmo admirado no microclima da escola – aplicar um "cuecão" em alguém – provavelmente será considerado inaceitável no mundo exterior.

Como já observamos, adolescentes percebidos como populares também tendem a correr riscos. Um estudo revelou que adolescentes que tinham popularidade percebida aos 15 ou 16 anos eram mais propensos do que seus pares a, dois anos mais tarde, consumir bebida alcoólica em grande quantidade e a fazer sexo.[31] Talvez isso se explique pelo fato de serem convidados para mais eventos sociais, portanto têm literalmente mais oportunidades de beber álcool, fazer sexo e outras coisas arriscadas, ou pode ser que esses adolescentes já tenham sido intrinsecamente programados para correr riscos, fator que os ajudou a alcançar status elevado, já que a exposição a riscos é quase sempre admirada pelos adolescentes, por razões que esmiuçaremos no próximo capítulo. Mas correr riscos pode, por definição, ter consequências impactantes ao longo da vida e significar um desastre para esses adolescentes com o passar dos anos. Comportamentos sexuais de risco podem resultar em gravidez indesejada, e o consumo desenfreado de álcool talvez leve a problemas de saúde física e mental, agressões físicas ou acidentes graves, e tudo isso pode afetar as oportunidades de vida a longo prazo.

Um estudo realizado nos EUA em 2014 acompanhou um grupo de 184 adolescentes dos 13 aos 23 anos e descobriu que os participantes que se envolveram em mais comportamentos de risco aos 13 anos (de acordo com critérios como comportamento delinquente de pequena monta, comportamento sexual precoce e uso de álcool e maconha) eram mais populares entre seus pares aos 15 anos – mas esse sucesso durava pouco.[32] Entre os 21 e os 23 anos, esses participantes eram mais propensos a ter problemas com álcool e uso de substâncias ilícitas, mais propensos a se envolver em comportamento criminoso – e mais propensos a serem considerados maus amigos por seus pares. Mesmo que o indivíduo consiga evitar esses resultados, a tendência de correr riscos pode começar a trabalhar contra ele, porque na vida adulta os comportamentos de risco não são tão legais: jogatina em excesso, casos extraconjugais, decisões imprudentes no trabalho. A fome por riscos é admirada pelos colegas no ensino médio porque geralmente envolve fazer coisas que parecem adultas pela simples razão de serem proibidas para os jovens. Na vida adulta, há uma inversão: um adulto que corre riscos repetidas vezes geralmente é visto como uma pessoa bastante imatura.

O poder da amizade

Nós falamos bastante sobre o lado negativo de panelinhas, hierarquias e grupos de amigos – sobre como são ferramentas de controle social, sobre qual é a sensação de estar preso no grupo errado. E não resta dúvida de que as amizades adolescentes podem ser repletas de ciúmes, conflitos e brigas. Mas também podem ser maravilhosas. E, a despeito da verdade de que ser sociometricamente popular na escola parece levar a melhores resultados na vida adulta, às vezes um único amigo é o que basta para um adolescente se sentir aceito e vivenciar todos os benefícios que vêm atrelados a isso.

As amizades são importantíssimas nesse período porque criam a oportunidade para o autodesenvolvimento. Elas são o contexto ideal para a tarefa fundamental do adolescente de investigar a fundo e entender quem ele é. No fundo, as amizades adolescentes são histórias de amor, e por isso não deveria ser nenhuma surpresa que as amizades mais íntimas também envolvam períodos de tensão e dificuldade. Mas isso significa também que podem ser alguns dos relacionamentos mais profundos e benéficos de nossa vida. Parte do poder dos grupos de amigos, como veremos repetidas vezes ao longo deste livro, é que oferecem a oportunidade de aceitação social e, quando necessário, proteção social. Oferecem ainda a oportunidade de *diversão*, o que muitas vezes parece ser negligenciado quando se discute a adolescência – com os amigos certos, esses anos podem se tornar um experimento estimulante e irrestrito no quesito aprender a se divertir. No final do conto de Stephen King intitulado "O outono da inocência – o corpo" (e sua adaptação cinematográfica, *Conta comigo*),* o narrador resume

---

* O conto está no livro *Quatro estações* (Tradução de Andréa Costa. Rio de Janeiro: Suma, 2013); a adaptação cinematográfica *Stand by Me*, de 1986, foi dirigida por Rob Reiner com roteiro de Stephen King, Raynold Gideon e Bruce A. Evans. [N.T.]

perfeitamente a questão: "Nunca mais tive amigos como os que eu tinha aos 12 anos. Meu Deus, e alguém tem?"

Vicky, hoje com 35 anos, cresceu no estado da Flórida, EUA, com o pai, a mãe e cinco irmãos. Tal qual Georgia em nosso último capítulo, na adolescência ela se viu no grupo errado de amigos. Em seus tempos de escola de ensino fundamental ela era, em suas próprias palavras, "sempre uma daquelas crianças que ficava na periferia da multidão dos meninos e meninas descolados. Era tipo assim: as crianças legais e bacanas ocupavam o centro, e eu ficava bem lá na borda, na margem, porque nunca fui confiante o suficiente ou extrovertida o suficiente para estar exatamente no meio". Na escola de ensino fundamental, essa estratégia funcionou bem, Vicky me disse: ela era "uma criança camaleônica", capaz de acompanhar o que quer que estivesse acontecendo ao redor. Mas, com um novo grupo na escola de ensino médio, ela já não queria mais estar nessa posição.

> No começo era tipo, tá legal, já passei por isso antes. Posso ser apenas a criança legal da periferia, apenas fazer as minhas coisas. Percebi bem rápido, no entanto, que aquele grupo de meninas era um pouco diferente. Elas eram muito mais avançadas socialmente do que eu. E me lembro que da noite para o dia eram meninos, de um dia para outro era maquiagem, de uma forma que para mim foi chocante e absolutamente desconhecida. Eu tinha irmãos em casa, e a minha mãe sempre dizia: "Você não precisa crescer rápido demais". Esse era o lance da minha mãe. Ela não era contra meninos nem contra maquiagem, era mais do tipo: "Dê tempo ao tempo. Vai acontecer". E as meninas daquele grupo estavam a mil por hora rumo a esse tipo de coisa. Foi aí que comecei a perceber: "Ah, espere aí um segundo. Não estou de boa com a aceleração, com a velocidade da coisa toda". Tive a sensação de que o trem tinha saído da estação sem mim.
> Ao mesmo tempo, estava indo muito bem na escola e amando minhas aulas. Eu era muito nerd e adorava de verdade falar sobre o que estava aprendendo e naquele novo grupo eu não tinha isso. Elas não estavam dispostas a se aprofundar nos projetos de ciências como eu. Além disso, eu estava na banda da nossa escola. E acontece que as meninas desse grupo não estavam

na banda da nossa escola. Então eu simplesmente não sentia que tinha as conexões que estava procurando. A única coisa que consegui foi um assento à mesa do almoço. E me lembro de ter pensado, ao voltar para escola depois da pausa do Natal: "Simplesmente cansei. Simplesmente não consigo mais fazer isso. Eu estou muito incomodada tentando descobrir toda essa coisa dramática de posicionamento social". Então um dia literalmente mudei de mesa na hora do almoço. Não foi nada muito dramático como a gente vê nos filmes, em que alguém atravessa o refeitório e todos ficam olhando. Não, ninguém deu a mínima. Não foi grande coisa, porque eu já estava na periferia. Ninguém se importou com a garota quieta e nerd indo embora.

O que torna a história de Vicky muito diferente da história de Georgia é que Vicky não deixou seu grupo de amigas por elas estarem se comportando mal. Não eram valentonas praticantes de bullying, e havia um risco mínimo de se voltarem contra ela. Segundo a própria Vicky, elas mal notaram sua saída. Ela tampouco deixou esse grupo para dar um salto no escuro rumo ao desconhecido: ela já havia identificado para onde queria ir. Em uma façanha bastante impressionante de autocompreensão e autodeterminação, Vicky avistou do outro lado do refeitório da escola um grupo de amigas que, a seu ver, seria muito mais adequado para ela. Era um grupo de garotas que conhecia vagamente dos ensaios da banda da escola, e elas a acolheram. Imediatamente, Vicky encontrou seu lar – um lugar onde enfim poderia confortavelmente expressar quem ela era:

> Havia outro grupo de garotas que eram muito estranhas e muito engraçadas. Elas riam o tempo todo. Toda vez que eu olhava para elas, todas estavam dando gargalhadas, e parecia tão divertido. Naquele primeiro dia, eu comecei a falar com elas sobre o que estávamos fazendo na banda, e então instantaneamente foi como... eu nem sei como explicar. Tipo um grande suspiro de alívio. Como se pudesse ser eu mesma. Foi muito legal, porque eram hilárias e bobas e eram apenas elas mesmas. E elas me aceitaram, apenas porque sim. Havia uma garota que era muito mais inteligente do que eu – ela é médica agora –,

portanto realmente gostava de estudar. E a gente participava de projetos e outras coisas de uma forma em que era possível trocar ideias. Era muito bom ter outras pessoas como eu. Acho que estava buscando calma, sabe? Minha vida em casa era feliz, mas era um caos. A essa altura meus irmãos tinham de 8 a 18 anos. Então era um caos. Nossos pais viviam ocupados, e eu acho que eu estava buscando calma.

Uma vez, quando eu tinha 14 anos, levei quatro [das minhas novas amigas] à minha casa e pintamos nosso rosto com máscaras de monstros, porque o Dia das Bruxas estava chegando. Eu me diverti à beça. Foi uma coisa estranha de se fazer. Quero dizer, acho que talvez algumas pessoas pensem que pintura facial não é algo apropriado para essa idade, mas era apropriado para nós, sabe? Na minha opinião, parecia que aquele primeiro grupo de meninas estava em uma rota acelerada em direção à vida adulta de uma forma para qual eu simplesmente não estava pronta. Com o novo grupo, acho que nenhuma de nós estava exatamente preparada para ser adolescente, ou pode ser que estivéssemos quase chegando lá, mas ainda precisávamos ser crianças por um pouco mais de tempo. No fim, eu encontrei o grupo que estava crescendo na velocidade certa para mim.

Assim como Georgia, a decisão de mudar de grupo de amigos alterou o rumo da adolescência de Vicky e, portanto, em última análise, toda a sua vida: não foi algo dramático, ela me contou, mas foi "um momento crucial" em sua vida, que lhe ensinou um valor que ainda hoje continua importante e relevante para ela: ouvir seus instintos e ser autêntica com o que gosta e com o que é importante para ela. É uma lição que orientou muitas decisões no trabalho, Vicky me disse, e que ela está ansiosa para transmitir a seu filho pequeno. Mas também é uma lição para todos nós quanto ao poder da amizade e à importância de encontrar na adolescência pessoas semelhantes a você, que a aceitem e permitam que descubra e entenda quem você é. É uma necessidade dolorosa e abrangente que todos nós temos na adolescência, e a luta para chegar lá está no cerne de muitos dos capítulos que virão.

O mundo social da adolescência acontece sobretudo no intenso microcosmo que é o ensino médio. Trata-se de uma arquitetura social rigorosa, estabelecida bem cedo e muitas vezes aplicada com rigidez, composta por vários grupos em diferentes níveis hierárquicos. Vimos que a posição de um indivíduo na hierarquia afeta a maneira como ele vê a si mesmo, mesmo muitos anos depois, e vimos também que encontrar alguns amigos decentes, em meio ao estresse da coisa toda, pode ser muito mais importante. Esse é o cenário de muitas das aventuras, dos delitos, episódios de mau comportamento, empolgação e traumas que esmiuçaremos no restante do livro – o mundo em que a ação do drama se desenrola. Agora voltaremos nossas atenções para o personagem principal: o adolescente como indivíduo. E o que importa um bocado, para o bem ou para o mal, é a aparência desse personagem.

Capítulo 2
Imagem é tudo

No ensino médio, nunca era "Rebecca e Amy", era apenas "as gêmeas". Eu realmente me lembro do comentário de um garoto do 7º ano,* ele disse: "Ah, mas elas são iguaizinhas. Então tanto faz se a gente perguntar para só uma delas, as duas são a mesma pessoa". Isso realmente me ofendeu, mas acho que ele nem sequer entendia o que estava dizendo. Todo mundo continuou dizendo que nós duas éramos idênticas e pensando que qualquer coisa que me perguntassem se aplicaria automaticamente à minha irmã, e que qualquer coisa que perguntassem a ela significaria que eu estava feliz com isso. Eram coisas do tipo: "Que aula você quer assistir?" ou a ideia de que se uma de nós fosse convidada para algo, nós duas tínhamos de ser convidadas juntas. Ninguém nunca nos via como duas pessoas diferentes. E me lembro da frustração de ter de explicar "Mas nós não somos iguais", ou de alguém falar comigo achando que era minha irmã. E algumas pessoas faziam isso genuinamente sem querer, isso não me incomodava. Mas sim, no início do ensino médio ninguém fazia esforço algum para tentar diferenciar nós duas, e todo mundo simplesmente

---

* Na Inglaterra, a escola secundária ou ensino médio vai do 7ª até a 11ª série. Geralmente os alunos cursam o ensino secundário entre os 11 e os 16 anos. Mesmo não sendo obrigatório, é possível ainda fazer a 12ª e 13ª séries, chamadas *sixth form*, que funcionam como um curso preparatório para a universidade. [N.T.]

presumia que éramos a mesma pessoa. E bem cedo começamos a perceber que somos pessoas muito diferentes.

É um trecho da minha conversa com Rebecca, que hoje tem 30 anos, sobre ser uma gêmea idêntica. A história dela traduz fielmente uma das dificuldades mais árduas da adolescência. Quando você é irmão ou irmão de um gêmeo idêntico, tem a mesma tarefa que todos os outros adolescentes enfrentam: administrar o fato de que está surgindo um complexo senso de si mesmo, observar as muitas coisas que estão acontecendo com você e como reage e, de alguma forma, a partir de tudo isso, estabelecer um senso estável de quem você é. Mas deve também descobrir quem você é *em distinção a seu gêmeo* – alguém com quem provavelmente se assemelha em muitos aspectos, sobretudo na aparência. Com efeito, o psicólogo Dale Ortmeyer se refere ao "nós-eu" de gêmeos idênticos: paralelamente a terem seu próprio autoconceito – parte da identidade de um indivíduo que consiste nas ideias e representações que ele tem de si próprio –, eles compartilham "uma unidade psicológica... de duas personalidades que funcionam até certo ponto como uma só"[1]. Em grande medida, isso representa um desafio para os gêmeos na infância – a maioria deles se lembrará da frustração que, segundo a descrição de Rebecca, começa muito cedo –, mas se torna consideravelmente mais importante na adolescência, quando a questão de nossa identidade assume tremenda urgência e a capacidade cognitiva de refletir sobre quem somos melhora de forma substancial. Deve ser excepcionalmente difícil e frustrante tentar expressar sua identidade, e entender quem você é como indivíduo, quando as pessoas insistem em lhe confundir com outra pessoa. Rebecca decidiu que precisava agir.

> Eu passei por uma fase de querer ter uma aparência física diferente da minha irmã, então todos os dias eu costumava acordar às seis da manhã e enrolar meu cabelo, só para não ficar parecida com ela, mas acontece que dividíamos o mesmo quarto, e isso realmente a irritava. Se eu não tivesse minha irmã, não teria me dado ao trabalho de fazer isso. Mas eu

simplesmente precisava dar um jeito de ter alguma coisa que me diferenciasse dela quando fôssemos para escola, porque assim as pessoas poderiam pensar: "Ah, aquela ali deve ser a Rebecca, porque ela tem cabelo cacheado".

Mas Rebecca não queria apenas ter *um visual* diferente do de Amy (e ser vista como um indivíduo diferente). Ela queria que as pessoas reconhecessem que sua personalidade também era diferente. Ela me contou que, no início do ensino médio, ambas eram "incrivelmente tímidas", nunca levantavam a mão na aula, nunca falavam nada nos grupos sociais. A maneira óbvia de se distinguir de Amy, então, era fingir que era confiante.

> Eu tenho a nítida lembrança de que havia ocasiões em que estávamos em um grupo e as pessoas falavam com a gente e a Amy estava especialmente quieta, e me lembro de pensar na minha cabeça: "Bem, assim não dá, não podemos as duas ficar quietas ao mesmo tempo, então vou ter que falar". Eu me lembro de ter pensado: "Uma de nós precisa ser a gêmea mais confiante" – eu odiava a sensação de ambas sermos crianças tão tímidas. Não queria ser vista como tímida, mesmo sendo. Era constrangedor demais nós duas sermos assim. Era quase como se eu deixasse minha irmã assumir o que eu estava de fato sentindo, então dei uma de durona: "Ah, olha, não podemos ser apenas as gêmeas tímidas no canto. Uma de nós precisa conversar". E minha fachada de coragem começou a funcionar. Assim que alguém começou a reconhecer "Ah, deve ser a Rebecca, porque é um pouco mais confiante ou um pouco mais franca ou apenas menos tímida", levei isso adiante.

O experimento teve consequências significativas para ambas. Rebecca se viu cada vez mais "obcecada" pela forma de seus colegas a verem, ao passo que Amy se incomodava menos, e como resultado as irmãs acabaram em círculos sociais diferentes. Rebecca bandeou para o lado do grupo popular, onde fez amigos, mas vivia preocupada com o que pensavam a respeito dela e se a estavam deixando de fora. Amy, por outro lado, ficou com um núcleo menor de amigos próximos.

As duas não costumavam sair juntas e só se reencontraram quando os anos de escola terminaram, depois que Rebecca perdeu o contato com o grupo de amigos populares. (Eles saíram numa viagem de férias sem convidá-la: um potente exemplo das cruéis e implacáveis diretrizes que regem a filiação a esses grupos.) Depois que deixaram o ensino médio, Rebecca e Amy se tornaram "inseparáveis", ela me contou, e até hoje são unha e carne. Apesar dos inequívocos benefícios acarretados pelo experimento de confiança de Rebecca – que, ela alegou, a forçou a enfrentar sua ansiedade social e a tornou genuinamente mais confiante a longo prazo –, ela se arrepende: "Ainda há momentos em que me sinto mal por aparentemente priorizar a popularidade em vez da minha própria irmã".

Embora a ocorrência de gêmeos idênticos seja bastante incomum – as estatísticas dizem que cerca de um a cada 250 nascimentos são de gêmeos idênticos[2] –, o que Rebecca vivenciou foi uma forma intensificada de uma dificuldade universal que todos nós enfrentamos nessa etapa da vida – e a aparência está no cerne disso. A descoberta da identidade é um processo interior; a aparência de um indivíduo é a forma como ele apresenta ao mundo essa identidade. É disso que trata o presente capítulo: a nossa aparência na adolescência molda a compreensão das pessoas sobre quem somos, e é isso que leva os adolescentes a fazerem coisas por vezes extremas na tentativa de mudar a narrativa.

Não é nenhuma surpresa, mas pesquisas mostram que a aparência ocupa um bocado de espaço na mente dos adolescentes: eles passam muito tempo conversando com amigos sobre a aparência, comparando sua aparência com a de seus pares, e por causa de sua aparência sofrem provocações e bullying. Em consonância com o que esperaríamos com base na teoria da prototipicidade de gênero, o trabalho das psicólogas Diane Jones e Joy Crawford confirma que a "cultura da aparência dos pares" em meninas gira em torno basicamente de ser magra: "O ideal cultural de magreza glorificou o baixo peso corporal como um atributo central e se tornou uma característica definidora da beleza feminina".[3] Esse ideal de magreza é difundido especialmente entre meninas adolescentes brancas ocidentais: por exemplo, uma recente revisão de pesquisas constatou que jovens negras nos Estados Unidos são mais propensas a descrever o corpo ideal da mulher como sendo curvilíneo ou em forma de "violão" em vez de magro, ou a relatar que recebem mensagens conflitantes sobre qual formato de corpo é mais desejável.[4] No entanto, quaisquer que sejam os pormenores, o ponto é que sempre há um ideal a ser buscado, e isso pode envolver, por exemplo, ter a altura certa e os seios do tamanho ou formato certos e a quantidade certa de pelos no corpo e pele mais escura ou mais clara, e um rosto específico e um pouco de tônus muscular, mas não muito. Em suma, ser uma menina adolescente com uma aparência socialmente aprovada é se encaixar em muitos limites definidos com rigor, pautados pela sociedade e cultura específicas de cada indivíduo, fatores os quais, em sua maior parte, não estão nem sequer remotamente sob nosso controle. Assim como vimos no capítulo anterior, a adolescência envolve lidar com uma extensa série de regras, que são policiadas com rigidez e determinam o que é e o que não é aceitável – e a aparência física é uma das principais preocupações. Com o advento das mídias sociais, estudos sugerem que a publicidade e o endosso dessas regras se tornaram ainda mais intensos.

Os meninos também estão sujeitos à "cultura da aparência dos pares", embora falem menos sobre isso. Embora a magreza seja um atributo importantíssimo para as meninas, pode funcionar contra os meninos. Para os meninos, Jones e Crawford dizem que ter músculos vistosos é o ideal dominante. Quando se trata de aparência, é o principal tópico de discussão, e os meninos se provocam e se intimidam uns aos outros pela falta de massa muscular e tentam corrigir isso por meio de exercícios. Mas Deus nos livre de nos inclinarmos para o outro lado: tanto para as meninas quanto para os meninos, o sobrepeso é uma das causas mais frequentes pelas quais os adolescentes são vítimas de bullying.[5]

Quando os ideais de beleza são dolorosos

A maneira como os adolescentes avaliam os corpos uns dos outros pode afetar a maneira como veem a si mesmos – na verdade, o valor que atribuem a si próprios – para sempre. Tenho certeza de que todas as pessoas se lembram de pelo menos uma coisa específica que alguém disse sobre sua aparência na adolescência e ainda hoje continua a afetar a maneira como elas pensam sobre si mesmas. Talvez tenha sido algo dito repetidas vezes, pode ter sido alguma coisa dita uma única vez de forma seca e ríspida – mas que permaneceu. Não é de surpreender, então, que alguns adolescentes façam de tudo para ajustar sua aparência.

Beth, que hoje tem 44 anos, cresceu em Manchester. Ela é mestiça – seu pai era da África Ocidental e sua mãe é uma britânica branca – e me escreveu para me contar sobre sua adolescência e, mais especificamente, seu cabelo. Na adolescência, Beth convivia bastante com seus três primos por parte de mãe – todos um pouco mais velhos do que ela, e todos brancos. Passava a maioria dos fins de semana na companhia dos primos; pegava o ônibus para ir à casa deles e ficava no quarto com eles, "ouvindo música, fumando maconha e todo esse tipo de coisa". Ela me contou que seus primos gostavam de rock, indie e grunge. Um aspecto decisivo: todos tinham cabelos longos e lisos e uma franja caída na testa, como os ícones daquela era musical. O que significava que Beth desejava ter cabelos longos e lisos e uma franja caída também:

> Meu cabelo afro tinha outras ideias. Em algum momento, minha mãe concordou que eu poderia alisar meu cabelo com produtos químicos. Eu me sentei na cadeira da cabeleireira com aquela pasta química na cabeça pelo tempo que fui capaz de aguentar, até que a coceira e a queimação se tornaram insuportáveis. As cabelereiras terminaram o tratamento e secaram meu cabelo com o secador, mas, quando cheguei em casa, ainda estava crespo, e nem de longe tão liso quanto eu queria. Aí voltamos ao salão, no mesmo dia, acho, e elas aplicaram mais uma rodada do tratamento de alisamento. Essa segunda dose absolutamente rasgou em pedaços meu couro cabeludo. Ainda hoje me lembro da sensação. Durante dias eu senti uma dor inacreditável, e a pele da minha cabeça ficou coberta de crostas e protuberâncias, com uma coceira horrível. Foi bem nojento. Meu cabelo nunca ficou totalmente liso, e eu nunca tive uma franja que durasse mais do que meia hora.

> Eu acho, bizarramente, voltando trinta anos no tempo, que talvez eu jamais teria articulado isso... Realmente não reconheci que a incapacidade de conseguir o cabelo que eu queria tinha algo a ver com raça. Quer dizer, era a minha aparência, mas nunca articulei com muita lucidez que meu cabelo era assim porque eu sou mestiça. Nunca me ocorreu o pensamento de que eu desejava ser branca. Era apenas desejar conseguir fazer meu cabelo ficar do jeito que eu queria. E desejar que meu corpo fosse mais próximo da compleição de uma mulher branca... sabe? Coxas mais finas, um bumbum menos avantajado.

Enquanto conversávamos, eu lhe perguntei sobre seu cabelo – que hoje em dia ela usa em um corte curto natural e cacheado –, e ela me disse que não apenas fez as pazes com o cabelo, como agora gosta dele. Como tantos adolescentes, Beth estava desesperada para ficar parecida com seus ídolos, tanto da família quanto as celebridades, e foi somente na idade adulta que ela gradualmente aprendeu a celebrar sua "diferença":

> Aos 30 anos, finalmente parei de tratar meu cabelo com produtos químicos, e hoje em dia estou feliz, e até orgulhosa, de usar meu cabelo natural. Agora tenho 44 anos e enfim sinto que cresci e estou feliz com quem eu sou, e não preciso dar desculpas para isso ou mudar nada disso. E ser quem eu sou é aceitável no lugar em que estou agora na vida – você sabe, na esfera pessoal, familiar e profissional. Está tudo bem. O fato de me tornar mãe, sobretudo, teve um grande impacto positivo na minha autoestima e minha identidade. Meus três filhos mestiços são todos lindos e únicos, e cada um tem um visual diferente do outro, de maneiras incríveis e maravilhosas. Estou trabalhando duro para ajudá-los a acreditar nisso. Volta e meia eu repito e enfatizo para eles o quanto são lindos e digo a cada um que sua pele tem a melhor cor – mesmo que todos tenham a cor da pele diferente uns dos outros.

Apesar de todas as tentativas feitas para aumentar a visibilidade de etnias minorizadas nos últimos anos, as pesquisas atuais nos dizem que os adolescentes não brancos ainda enfrentam um desafio mais complicado na formação de sua identidade, em especial se forem minoria em sua escola de ensino médio – um assunto ao qual retornaremos com mais detalhes no final deste capítulo.

Para outros adolescentes, a obsessão púbere com a aparência pode se transformar em algo absolutamente mais perigoso – e, vez por outra, fatal. Os sintomas dos três principais transtornos alimentares se sobrepõem e variam de pessoa para pessoa, mas normalmente a anorexia envolve restrição alimentar severa, resultando em um peso corporal baixíssimo; a bulimia envolve um padrão de compulsão alimentar seguido de purgação – por exemplo, por meio de vômito autoinduzido; e o transtorno de compulsão alimentar envolve episódios de compulsão alimentar na ausência de purgação. Um ponto comum entre todos os transtornos alimentares, no entanto, é que são acompanhados por uma grave distorção da imagem corporal. Via de regra, as pessoas que padecem desses distúrbios alimentares cultivam sentimentos muito negativos sobre seu peso e forma física; equivocadamente, elas julgam que estão acima do peso, e sua imagem corporal exerce uma influência indevida em seu senso de autoestima.[6,7] Qualquer pessoa pode desenvolver um transtorno alimentar em quase qualquer idade, mas a grande maioria dos transtornos alimentares começa na adolescência.[8]

Seria uma simplificação exagerada afirmar que os transtornos alimentares são causados pela insatisfação corporal do adolescente, causada por viver em uma cultura obcecada pela magreza. Muitos adolescentes estão infelizes com sua aparência, são bombardeados com a mensagem de que certas formas corporais têm mais valor e acabam se envolvendo com alguma forma de alimentação restritiva não saudável, mas muito poucos desenvolvem um transtorno alimentar completo. De fato, décadas de pesquisa agora demonstram de que modo a genética, a estrutura e a função do cérebro, os estilos de pensamento, a dinâmica familiar e os acontecimentos traumáticos da vida podem desempenhar um papel relevante no desenvolvimento de transtornos alimentares.[9] Porém, ao mesmo tempo, não é irracional ver algum tipo de conexão entre as preocupações com a imagem e os comportamentos dietéticos que são comuns entre adolescentes e a psicologia distorcida e abrangente dos transtornos alimentares. E aqui encontramos uma explicação decisiva de por que a adolescência é um período de tantos riscos, não apenas em relação a transtornos alimentares, mas em relação a muitas doenças mentais.

Agora está bem estabelecido que, se uma pessoa vai desenvolver uma doença mental, é mais provável que o transtorno comece na adolescência. Isso é verdade no mundo inteiro: o mesmo padrão foi encontrado em países de baixa, média e alta renda.[10] Para utilizar o exemplo dos distúrbios alimentares, isso ocorre porque eles são um exagero e uma distorção do que, em um nível, é um processo típico da adolescência – neste caso, constrangimento e infelicidade em relação a um corpo em processo de mudança. As razões pelas quais isso ocorre com alguns adolescentes e não com outros são extremamente complexas, mas, para recorrermos a uma drástica simplificação, entre a minoria de adolescentes que desenvolve uma doença mental, vulnerabilidades biológicas inatas se combinam com circunstâncias ambientais específicas para atrapalhar e subverter o que sob todos os outros aspectos seriam as mudanças biológicas e psicológicas comuns e de fato necessárias da adolescência. O neurocientista Tomáš Paus e seus colegas descreveram esse fenômeno como "partes móveis se quebram".[11]

O mesmo vale para o transtorno de ansiedade social, fobia caracterizada pela intensa preocupação sobre ser julgado e avaliado de forma negativa por outros e que as interações sociais levarão à humilhação, constrangimento, rejeição ou ofensa. Assim como os transtornos alimentares, o transtorno de ansiedade social começa quase exclusivamente na adolescência – já foi chamado de "transtorno adolescente prototípico"[12] – e isso porque, mais uma vez, é com efeito um exagero grosseiro de algo totalmente normal nessa idade: para um adolescente, é natural e até útil passar bastante tempo pensando em como está sendo visto pelos outros. Mais uma vez, a causa do exagero está longe de ser direta, mas amiúde os adolescentes cuja ansiedade social se agrava até se transformar em transtorno foram intimidados, humilhados ou rejeitados por seus pares.[13] (Como veremos no capítulo 4, o bullying é um fator de risco para quase todos os transtornos mentais.)

Com a roupa do corpo

Apenas uma minoria de adolescentes terá um transtorno mental, mas todos os adolescentes estarão em alguma medida preocupados com sua aparência. E embora seja dificílimo, senão impossível, mudar nosso corpo, as roupas que vestimos são bastante flexíveis e adaptáveis. O fato de podermos exercer alguma escolha sobre elas as torna ainda mais importantes como um símbolo de nossa identidade. Para aqueles que usam uniforme escolar, o diabo está nos detalhes: o tamanho da saia, a forma de carregar a bolsa, a maneira de dar o nó na gravata, o tipo de casaco que se veste. A preparação para um dia de aula sem a obrigatoriedade do uniforme pode ser um exercício extremamente demorado para decidir como se apresentar não apenas diante de seus amigos, mas também para seu grupo mais amplo de pares.

As roupas dão pistas sobre o gênero e a orientação sexual do indivíduo. Elas podem informar às pessoas sobre a religião do indivíduo e que tipo de música ele ouve. Elas podem sexualizar o corpo e fazer a pessoa parecer mais velha do que de fato é. Elas podem ser um meio de esconder completamente o corpo. Elas são uma maneira de anunciar que a pessoa rejeita as convenções sociais ou fazer uma declaração de cunho político. As roupas adolescentes podem ser a diferença entre aceitação social e admiração, por um lado, e, por outro, ridicularização e ostracismo total. Na definição dos acadêmicos de marketing Maria Piacentini e Greig Mailer: "As roupas têm a dupla função de assegurar que os jovens estejam vestidos de uma forma socialmente aceitável (não raro em conformidade com as normas do grupo), mas também de marcar sua individualidade para que possam ser atraentes para os outros".[14] Trocando em miúdos, as roupas vinculam as duas principais tarefas da adolescência: a descoberta da identidade e o encaixe com os pares.

Dependendo do contexto, um desses impulsos pode ter primazia sobre o outro. Se você está sendo alvo de bullying ou tem baixo status social entre seus pares, talvez sua prioridade número um seja parecer o mais conformista possível. Nesses casos, as roupas do adolescente não são tanto uma expressão de individualidade, mas uma tentativa de se manter socialmente seguro – uma espécie de "ferramenta para sobrevivência social", nas palavras dos acadêmicos de marketing Katja Isaksen e Stuart Roper.[15] Vejamos a declaração de um garoto de 15 anos, citada em um estudo de 2004, de Piacentini e Mailer, acerca do que os adolescentes pensam sobre roupas de marca:

> Eu prefiro ter [roupas de marca] porque isso faz você se misturar. Você não quer ter coisas piores do que as que seus amigos têm, e não quer ser melhor que eles, então simplesmente adquire as mesmas marcas que seus amigos, só para não ficar atrás deles... Eu não gostaria de me destacar da multidão; eu só quero fazer parte dela.[16]

Vemos isso em toda parte – via de regra, grupos de amigos adolescentes parecem usar uniformes (se você ainda tiver dúvida, olhe para os calçados deles). De forma geral, a arte é encontrar um equilíbrio entre parecer suficientemente semelhante, mas evitar ser idêntico. Usar roupas iguais seria embaraçoso, por desmascarar a verdade de que todos estão apenas tentando se ajustar, e por revelar que cada um está se esforçando demais para se encaixar. O objetivo é projetar uma identidade individual confiante que por acaso também é socialmente aceitável, e uma solução das mais comuns é usar as mesmas marcas ou estilos de roupa, mas não exatamente o mesmo item.

Mesmo que você não tenha um status social frágil na adolescência – na verdade, mesmo que seja muito popular –, a pressão e o desejo de usar as marcas certas para evitar a ridicularização social são intensos. Mas, para muitos adolescentes, isso pode representar um problema considerável: roupas da moda e de marca custam mais caro. Adolescentes podem ser o sonho de um profissional de marketing, mas de acordo com Isaksen e Roper, "é improvável que o sonho leve em consideração o pesadelo financeiro e psicológico que pode ser imposto ao adolescente e à sua família como resultado de mensagens publicitárias".[17] Os pais e mães se veem na enlouquecedora situação de estar em uma loja onde veem um par de tênis ou uma jaqueta que cumpririam perfeitamente bem sua função, por muito menos dinheiro, mas o filho ou filha insiste em ter a versão de marca. O motivo, geralmente, é que eles querem se sentir *seguros*.

É provável que o desejo de adquirir as roupas certas pareça especialmente urgente para os adolescentes que menos têm condições financeiras para comprá-las. O jovem de 15 anos que acabamos de citar foi entrevistado como parte de um estudo realizado em 2004, no qual os pesquisadores Piacentini e Mailer conversaram com dois grupos de adolescentes de 12 a 17 anos sobre como se sentiam em relação às roupas. Todos os participantes eram de Glasgow, mas metade frequentava uma escola de ensino médio pública e era de origens mais carentes, ao passo que a outra metade frequentava uma escola privada e era de famílias mais ricas. Os pesquisadores descobriram que, para todos os adolescentes, as roupas tinham uma profunda importância como um meio de autoexpressão e para determinar como os outros os viam e os tratavam. Quando indagados sobre se as roupas de marca eram importantes para eles, os alunos da escola pública geralmente diziam que eram um meio de se encaixarem e serem aceitos, mesmo que não estivessem pessoalmente muito interessados nelas. Os alunos da escola privada, por outro lado, eram menos propensos a atribuir importância a roupas de marca. Era como se, uma vez que todos podiam pagar por essas roupas, elas não fossem o mesmo indicador de riqueza ou status e, portanto, tivessem menos valor social. Quando o entrevistador perguntou se os participantes da escola privada ficariam impressionados se alguém entrasse na escola calçando um par de tênis caros novinhos em folha ou uma imaculada jaqueta de primeira linha, uma menina de 12 anos respondeu: "Na minha opinião, acho que isso faz a pessoa parecer bem triste, por se dar a toda essa trabalheira só para vir à escola". Um garoto de 17 anos, também da escola privada, concordou: "Eu tento evitar ao máximo roupas de marca e fujo de coisas do tipo, porque isso é simplesmente alardear quanto dinheiro você tem, o que não acho necessário".[18]

Para outros, ter dinheiro limitado para comprar as roupas certas não afeta apenas a capacidade do adolescente de se encaixar ou projetar uma identidade, mas pode afetar de maneira essencial sua capacidade de *construir* sua identidade. Alguns pesquisadores argumentaram que roupas e outros bens materiais são tão fundamentais para nossa compreensão de nós mesmos e de como os outros nos veem que são, efetivamente, parte de nós – nosso "eu estendido". Para corroborar essa ideia, outro estudo de Isaksen e Roper, em 2008, avaliou grupos de 13 a 14 anos de duas escolas no noroeste da Inglaterra: uma localizada em uma área bastante rica e outra que "faz fronteira com um conjunto habitacional notoriamente destroçado pela pobreza".[19] Eles descobriram que os adolescentes da segunda escola eram mais propensos a endossar declarações como "É importante que os outros gostem dos produtos e marcas que eu compro", mas também declarações como "Eu passo muito tempo pensando sobre que tipo de pessoa eu realmente sou". Os pesquisadores encontraram uma relação entre essas duas variáveis: os participantes que se importavam mais em ter coisas de marca demonstravam "menor clareza de autoconceito". O que esse estudo não é capaz de nos dizer é se existe uma relação causal entre renda, o desejo por produtos de marca e a clareza de autoconceito. No entanto, os autores especulam que talvez os adolescentes de baixa renda estejam presos em um "ciclo vicioso", no qual aqueles que têm menos condições de comprar roupas de marca querem mais roupas de marca e delas dependem para seu senso de identidade.

Na Inglaterra, onde esses adolescentes viviam, a *pobreza relativa* é alta – ou seja, há uma discrepância maior entre o poder aquisitivo dos mais ricos e dos mais pobres, em comparação a outros países. A pobreza relativa pode ser definida como ter 50% ou 60% a menos do que a renda familiar média do país, mas também pode ser definida de forma mais ampla como a relativa privação de necessidades socialmente definidas, as coisas que são consideradas requisitos para um estilo de vida "normal". Em países como a Inglaterra, ser um adolescente que vive na pobreza não significa apenas não ter o suficiente, significa não ter o suficiente *em uma sociedade na qual outros adolescentes têm*, e isso parece muito pior.

Escolhendo um visual

Isso não quer dizer que para os adolescentes mais abastados a questão das roupas seja simples. Mesmo aqueles que têm dinheiro para escolher suas roupas devem enfrentar a questão: "Como eu quero que os outros me vejam?" e, no fim das contas, "Quem eu quero ser?". Vimos que as roupas, sobretudo as roupas de marca, podem funcionar como uma capa da invisibilidade, como uma forma de proteção social. Mas, para alguns adolescentes, em especial aqueles com alguma posição social e um pouco de dinheiro disponível, as roupas não dizem respeito apenas a se encaixar, mas também têm a ver com a vontade de se destacar dos demais. A maioria dos adolescentes quer parecer pelo menos um pouco diferente de seus pares, como uma expressão do desenvolvimento de sua identidade individual. E, em um momento em que eles não sabem exatamente qual é essa identidade, isso pode significar a alternância entre vários visuais diferentes. Foi o que aconteceu com Alex, de quem já ouvimos falar, que passou muitos anos experimentando a imagem que ele queria retratar.

> Eu com certeza passei por algumas mudanças de identidade bem radicais, e meus amigos também. A música estava muito ligada a isso. Eu me lembro de carregar um vinil – naquela época eram discos de vinil, e fitas cassete – e andar pelo parque com ele. Como se fosse um distintivo para dizer: "Isto é quem eu sou, porque gosto desta banda". Fazia questão que todos me vissem andando com meu disco daquela banda, para que soubessem que me identificava com aquela tribo específica. Acho que tinha a ver com sondar diferentes aspectos de mim mesmo, ou tentar uma maneira de ser, tipo experimentar um chapéu para ver se ele se encaixava na minha cabeça. Eu me lembro de passar por uma fase meio punk, quase – eu tinha dreadlocks e a cabeça raspada atrás e nas laterais, e entrei numas de ser muito alternativo e muito antiqualquer coisa convencional. Quase como se quisesse incorporar a rejeição da convenção – do *establishment* e da convencionalidade. Então me lembro de passar por uma fase em que raspei os dreadlocks e cortei o cabelo bem rente, num estilo militar muito caprichado. E comecei a me vestir com jaquetas jeans e camisas sociais. E isso foi quando eu estava entrando na cena do jazz. Muitos jazzistas usavam ternos, e pensei que queria ser um pouco mais assim. Depois, quando estava na

faculdade de música, passei por uma fase de querer ser um cara de comportamento irrepreensível... muito trabalhador e levando muito a sério a minha música. E então percebi que isso também não era eu.

Em seguida, na casa dos 20 e poucos anos, comecei a analisar as diferentes identidades que tentei quando adolescente e percebi que eram aspectos diferentes de mim. Comecei a me dar conta, sabe, de que ainda gostava de alguns tipos de música que havia rejeitado antes. E de que comecei a voltar a algumas atitudes e ideias que tive durantes essas fases de mim mesmo. Acho que estava tentando incorporar os diferentes eus que havia experimentado para encontrar uma maneira de transformá-los em meu eu adulto.

Os psicólogos se refeririam ao fato de Alex carregar um disco de vinil debaixo do braço como um exemplo de "sinalização de identidade".[20] É algo que fazemos ao longo da vida – dirigir um carro esportivo, ler um livro intelectual a bordo de um trem, pendurar cartazes com mensagens políticas em nossa janela. A roupa é um dos exemplos mais óbvios e comuns. Na adolescência, a sinalização de identidade pode mudar com frequência à medida que a pessoa descobre quem é e como quer ser vista. Na idade adulta, isso tende a se estabilizar. Durante as entrevistas para este livro, reparei no que Alex estava vestindo: uma camiseta azul-marinho lisa e simples e calça jeans. Comentei que ele não estava mais vestido de forma a se destacar como membro de uma tribo específica, e ele me disse que fazer experimentações com seu visual era algo muito restrito à adolescência:

> Não sei até que ponto isso [parar de me identificar com uma tribo específica] foi consciente, mas sem dúvida houve um dia em que de repente pensei: "Nossa, acho que não consigo mais ser essa pessoa. Preciso ser uma pessoa diferente". Acho que teve a ver com amadurecer um pouco. Talvez a necessidade de me rebelar já tivesse sido explorada o suficiente, sabe, o fogo estava se apagando. Foi tipo: "Acho que já fiz isso. Acho que agora realmente deixei meu pai e minha mãe chocados

com meu corte de cabelo e minhas roupas, acho que já posso virar essa página".

Subculturas

Vimos as muitas maneiras pelas quais os adolescentes são socialmente conservadores e conformistas em relação a seus pares. Mas, como Alex demonstra, alguns adolescentes também têm uma vigorosa necessidade de se rebelar contra as convenções, geralmente em relação ao mundo adulto. Quentin Crisp escreveu: "Os jovens sempre têm o mesmo problema: como se rebelar e se conformar ao mesmo tempo. Eles agora resolveram isso contestando o pai e a mãe e copiando uns aos outros". Uma solução para esse dilema é encontrada nas *subculturas*: grupos que se definem como especificamente distintos da cultura principal de alguma forma. Juntar-se a uma é se ajustar a um tipo específico de não conformidade, geralmente expressa, pelo menos em parte, pelas roupas. Por que alguns adolescentes acabam nessas subculturas alternativas, mas outros não?

Quando era adolescente, Kate, que hoje tem 39 anos, foi, em suas próprias palavras, uma "*mosher*", gíria que designa um jovem que gostava de rock e skate. Isso envolvia vestir-se de forma não convencional (por exemplo, calça jeans preta, camisetas de bandas, maquiagem pesada e cabelo longo para os meninos), encontrar-se com outras pessoas "alternativas" na pista de skate fora da escola e ouvir punk e nu metal. Na vida adulta ela continua a se identificar com essa subcultura, embora agora se considere uma *"headbanger"* ou *"metalhead"*, o termo mais comum atualmente para descrever um fã de heavy metal ou "metaleiro". Para Kate, a jornada no mundo da subcultura começou na escola de ensino médio em Yorkshire, quando ela teve uma sensação cada vez mais intensa de que não se encaixava:

> Venho de uma família de classe média... bem, pai e mãe de classe média que eram filhos de pai e mãe da classe trabalhadora. Eu diria que éramos "novos-ricos". E fui estudar numa escola particular, o que foi difícil, eu acho, para meu pai e

minha mãe – pro meu pai, principalmente, foi uma decisão muito difícil, porque ele tinha bastante interesse em política de esquerda. Era médico, mas vinha de uma família da classe operária e carregava consigo muitos de seus valores de classe trabalhadora. Eu e minha irmã sentimos na pele um pouco da noção da diferença na escola, porque acho que do ponto de vista social e cultural não necessariamente nos encaixávamos. Na nossa escola tendia a haver crianças que tinham muita riqueza, privilégios e um tipo específico de posicionamento político que realmente não combinava com minha família. E eu me lembro da forte sensação de que realmente não me encaixava lá – ou talvez que não me encaixasse em lugar nenhum. Você sabe, eu meio que tinha a sensação de estar um pouco perdida. Na escola você é forçada a ficar junto com os outros, não é? Eu não sofria bullying nem era vitimizada ou algo assim, mas também não era popular. Eu andava sempre com uma ou duas pessoas, mas acho que a razão para isso era a ideia de que nenhum de nós tinha outras pessoas com quem andar. Então, ficávamos juntos. Mas era basicamente isso. Então, a verdade é que eu não estava me relacionando com meus colegas, mas também não estava necessariamente me relacionando com mais ninguém.

Foi nesse contexto que Kate tomou conhecimento de uma multidão alternativa, os *moshers*, que matavam tempo na pista de skate local, e começou a conviver com eles. A música alternativa e a cena alternativa, ela disse, foram muito úteis, propiciando-lhe acesso a "um grupo diferente de amigos, pessoas diferentes, interesses diferentes". Ela começou a ouvir a mesma música que eles e a se vestir como eles fora do ambiente escolar. Na escola, onde era obrigada a usar uniforme, seus colegas não sabiam desse aspecto de sua identidade, até um dia especialmente inesquecível.

Eu me lembro de que na minha cabeça parecia uma decisão muito importante [me tornar uma *mosher*], e me lembro de contar para minha amiga na época. Éramos pessoas bem diferentes, e eu lembro de dizer a ela, sabe, "Vou virar uma *mosher*". Era como sair do armário! Ela disse: "Não se preocupe, eu vou te apoiar mesmo assim".

Na escola tínhamos um uniforme, e o momento de sair do armário, digamos, foi em um daqueles dias da semana em que não era obrigatório usar o uniforme. E a minha amiga me disse: "O que você vai vestir, suas coisas secretas de *mosher*?". Como suponho que muitos adolescentes acabam descobrindo, nos dias sem o uniforme obrigatório todo mundo usava exatamente a mesma roupa. Na época, era calça de moletom Adidas e Kappa ou jeans azul lavado. Todo mundo parecia ter a mesma calça jeans, inclusive da mesma loja, sabe, tinha que ser da mesma loja. E então, ironicamente, era um uniforme, embora fosse um dia sem uniforme. Então, me pareceu uma escolha binária: eu saio do armário ou não neste momento? O que acabei vestindo foi algo bem patético, tipo uma calça de veludo cotelê ou algo assim. Mas era diferente do que todos os outros estavam vestindo.

Normalmente, os adolescentes que se filiam a culturas alternativas são, como seria de se esperar, aqueles que sentem que não se encaixam na cultura dominante, ou que foram efetivamente rejeitados por seus pares. A subcultura oferece uma rota alternativa para a mesma coisa: aquele crucial senso de pertencimento social. A decisão de Kate de vestir algo diferente naquele dia foi uma escolha deliberada – e está vinculada a uma importante teoria sobre culturas alternativas na adolescência. Os adolescentes que adotam subculturas alternativas geralmente fazem isso de caso pensado, a fim de recuperar algum controle. Ao se vestir de forma radical, estão abraçando uma diferença *escolhida* – ou seja, uma diferença que é determinada por eles, e não ditada por seus pares. Em um estudo que perguntou aos jovens por que razão eles se tornaram metaleiros, a acadêmica de serviço social Paula Rowe escreveu:

> Os resultados mostram que o heavy metal era de vital importância quando os participantes se sentiam vulneráveis ao bullying e à exclusão por parte de colegas populares na escola. Mas o fator decisivo era que os jovens "metaleiros"

foram capazes de tumultuar as relações de poder na escola ao incorporar identidades heavy metal "escolhidas" como uma resposta estratégica para se contrapor a identidades marginais "não escolhidas" baseadas na escola... Os jovens metaleiros, que se autodescreviam como *outsiders*, foram capazes de... engatar relacionamentos sociais em seus próprios termos, protegendo-se de ameaças sociais à sua saúde mental e bem-estar no processo.[21]

Um dos jovens participantes deste estudo, refletindo sobre seus dias de escola, descreveu que já se sentia diferente de seus colegas porque tinha menos dinheiro do que eles. Era de uma família monoparental de classe trabalhadora e, graças a uma bolsa de estudos, frequentou uma escola privada exclusiva para meninos:

> [Os primeiros anos de escola] foram o período mais deprimente da minha vida, era uma escola cristã só para meninos, e era uma escola rica, todo mundo falava sobre eu ter entrado lá sendo pobre. Eles gastavam uma fortuna na cantina, e eu levava uma porcaria de sanduíche com patê com o qual precisava aguentar as pontas o dia inteiro... A desvantagem de ir para uma boa escola é você ser aquele peixe fora d'água, o esquisitão. Um exemplo é que eu tive que esperar uma eternidade para ganhar um Super Nintendo quando o PS1 e o Xbox já reinavam absolutos. Parece patético, mas quando se é jovem isso realmente fode você, era a única maneira de se encaixar, sem isso você simplesmente era um zero à esquerda. Eu era o garoto esquisitão sentado no canto sozinho, porque não queria chamar a atenção, não queria que pegassem no meu pé.

Para esse garoto, sua pobreza relativa teve significativas consequências sociais. O ostracismo social que ele sentiu na pele se transformou em bullying verbal e físico. Como uma forma de se proteger, decidiu adotar uma identidade de metaleiro. Para ele, isso ofereceu uma sensação bastante literal de segurança:

Eu contei uma vez [sobre o bullying] e depois disso piorou, então pensei, "foda-se, preciso dar um jeito de lidar com isso sozinho"… Comecei a deixar meu cabelo crescer o máximo que pude e usava camisetas do Slipknot e desenhava logotipos de bandas em tudo e escrevia Slayer no meu braço, você ganha respeito instantâneo… Durante os meus anos de veterano na escola, eu mal falava uma palavra, e provavelmente teriam votado em mim como o aluno mais propenso a voltar com uma arma e atirar em todo mundo… Você pensa em bater neles, mas, se puder simplesmente intimidá-los e fazê-los recuar, então você venceu, você os pegou de jeito… Era uma maneira de me proteger. É tipo um mecanismo de defesa… Quero dizer, ser do heavy metal é intimidador para algumas pessoas… ora, você tem um cadáver estampado na sua camiseta! Sim, isso de certa forma está transmitindo a mensagem "Não fale comigo!". Não que vá fazer mal a alguém, mas você já teve experiências ruins o suficiente, simplesmente não quer mais lidar com isso. Então é uma maneira de manter as pessoas afastadas, apenas uma maneira de lidar com a merda na escola.

Nem todo adolescente fã de heavy metal se sente assim, é claro – nem todo mundo sofreu bullying, nem todo mundo assume uma persona para se proteger ou tem fantasias sobre machucar as pessoas que o excluíram. Mas essa noção de que há uma divisão entre a subcultura e todas as outras pessoas, e a proteção que isso acarreta, é generalizada. "Há uma coisa bem concreta que você aprende sobre os excluídos que se reúnem em torno do metal", Kate me disse, "essa ideia de que pessoas que são socialmente rejeitadas por outras pessoas se juntam para encontrar o metal." Kate nunca sofreu bullying, mas mesmo assim ela fala sobre um forte senso de divisão entre "nós" e "eles" – algo que ainda se mantém hoje, em certos contextos. Por exemplo, ela me contou sobre um momento polêmico em 2016, quando a celebridade Kendall Jenner, que ficou famosa por aparecer no reality show *Keeping Up with the Kardashians*, decidiu usar uma camiseta em referência à banda de *thrash metal* Slayer. Os verdadeiros metaleiros não ficaram felizes com isso:

Muitas pessoas basicamente sentiram que era como uma apropriação. Como se estivessem dizendo a ela: "Você está pegando algo que não é apenas importante para nós, mas que não se aplica a você. Como você é uma dessas pessoas populares, não faz parte do grupo social dos rejeitados. Fomos marginalizados e atormentados por pessoas como você, então não tem permissão para fazer isso".

Quando os adolescentes escolhem quais roupas usar, estão tentando controlar sua imagem e, portanto, sua identidade: gerenciando a forma como serão vistos pelos outros, estabelecendo um senso de proteção, invertendo um desequilíbrio de poder. Mas há circunstâncias específicas em que a pressão para se encaixar nas normas tradicionais é muito maior, ou em que é muito mais difícil obter controle. Mais adiante neste livro, veremos como adolescentes trans e não binários lidam com a decisão acerca de quando e como demonstrar sua identidade de gênero a outras pessoas. Aqui retornaremos a um assunto do qual já tratamos de passagem: a cor da pele e sua relação com a identidade étnica minoritária.

Desenvolvimento de identidade étnica

Para adolescentes brancos que vivem em áreas predominantemente brancas, a cor da pele não influencia muito a maneira como se entendem ou julgam que os outros os entendem. De fato, alguns pesquisadores argumentaram que, em muitos países ocidentais, ser branco é visto como uma norma tão predominante – ou seja, é a identidade mais visível, aquela que recebe mais espaço e atenção – que os brancos raramente veem o fato de serem brancos como uma parte relevante de sua identidade.[22] Mas, para adolescentes não brancos nessas culturas, a cor da pele ocupa um lugar consideravelmente maior e mais central no processo de formação de sua identidade. Como todos os outros, os adolescentes não brancos estão no processo de descobrir quem são, processo que envolve incorporar à sua identidade as visões e suposições alheias a seu respeito. Mas, além disso, enfrentam um outro conjunto de suposições sobre eles, as suposições *da sociedade*, com base em sua cor de pele ou etnia, suposições que invariavelmente incluem estereótipos e preconceitos.

Priya, de 53 anos, é uma mulher cingalesa de segunda geração que frequentou uma escola só para meninas em Londres na década de 1980. Das 125 meninas de seu ano, ela me conta, havia cinco meninas do sul da Ásia (incluindo ela mesma), uma menina do leste da Ásia e uma menina negra. Todas as outras eram brancas. Em sua infância, ela se lembra de que quando saía às ruas era ofendida aos berros, com cusparadas e insultos raciais. Na escola de ensino médio, não havia nada tão explícito – no entanto, ela aprendeu cedo que sua etnia e cultura eram coisas que deveria abafar ou esconder:

> As outras duas garotas sul-asiáticas da minha classe eram mais "obviamente asiáticas", poderíamos dizer – dava para sentir o cheiro da comida nas roupas delas, e usavam óleo de coco no cabelo. E com certeza ouviam comentários sarcásticos, que funcionaram como um aviso para mim: não seja muito asiática. Pairava o sentimento de que havia uma maneira de ser normal. E se você fosse asiática, já estava um pouco longe disso, então tinha que se esforçar mais. Eu acho que é a ideia de diferença, ninguém queria ser muito diferente… então é claro que eu comecei a recusar qualquer coisa que fosse "asiática demais".
>
> Ajustar-se era tudo. Eu queria os mesmos sapatos que todo mundo tinha e queria as mesmas roupas. Reprimi meu interesse pela política e pela cultura sul-asiática, nunca usei roupas com estampas "étnicas". Tinham que me obrigar na marra a vestir um sári nos casamentos. E, pelo menos fora de casa, eu fingia que não gostava de comida apimentada. Na escola de ensino fundamental, eu me lembro que tivemos uma aula sobre cultura ou algo assim, e houve uma conversa sobre como as pessoas na Grã-Bretanha costumavam comer carne de carneiro. E eu imediatamente disse: "Ah, nós comemos carneiro!", porque o curry de carneiro é uma parte muito importante da comida do sul da Ásia. E a professora disse: "Como vocês cozinham?". E de repente percebi que teria que dizer a palavra "curry" e meio que me calei e disse:

"Ah, normal". Não consegui dizer mais nada porque não queria compartilhar essa diferença com minha classe. Nos primeiros dias do ensino médio, eu levava um delicioso almoço caseiro para a escola, mas ouvi comentários tão negativos que nunca mais quis levar marmita. Na verdade, esse hábito de não pedir curry em restaurantes persistiu por muito tempo nos meus anos de universidade.

Essa é uma versão do que muitos adolescentes fazem: para evitar serem diferentes, eles olham ao redor para seus pares, observam quais regras estão sendo policiadas e tentam segui-las de perto a fim de evitar a ridicularização ou a condenação ao ostracismo. Para Priya, a cor da pele imediatamente a marcou como uma pessoa diferente – e não havia nada que pudesse fazer a respeito. Então, a fim de obter algum controle sobre sua imagem, ela fez questão de se sujeitar à rigorosa conformidade em todas as áreas em que era possível. Mas, quando isso envolve diminuir a etnia, a pessoa enfrenta uma dificuldade distinta: uma ruptura entre a imagem que está cultivando na escola e a identidade há muito estabelecida que tem em casa.

Para Priya, assim como para tantos outros adolescentes iguais a ela, havia apenas uma solução: manter duas identidades. Na escola, ela incorporaria a identidade que era aceita entre os colegas; em casa, incorporaria aquela que era aceita, e de fato exigida, por seu pai e sua mãe. Isso significava uma grande dose de mentiras: mentir para seus amigos sobre o que acontecia em casa e mentir para o pai e a mãe sobre o que acontecia na escola.

> O hábito de mentir pro meu pai e para minha mãe se tornou profundamente arraigado em mim. Eu mentia sobre o que falávamos na escola, sobre os filmes a que assistia nas casas dos meus amigos, sobre o que estávamos fazendo. Desenvolvi o hábito de mentir sobre as coisas mais triviais, algo que só parei de fazer quando tinha 20 e poucos anos. Estava tentando fingir que era a pessoa que eles queriam que eu fosse. Mas essa incapacidade de ser eu mesma… com certeza me reprimiu. Ter que se lembrar o tempo todo da pessoa que você está fingindo ser não contribui para uma adolescência tranquila.

Gradualmente, as coisas ficaram mais fáceis: Priya foi para a universidade, fez amigos próximos e vivenciou o tipo de liberdade social e pessoal que nunca teve na adolescência. Ela conheceu seu futuro marido, mudou-se para Londres e iniciou o que se tornaria uma carreira de sucesso como produtora de rádio ("Encontrei um emprego em que parecia ser boa, e isso realmente ajudou."). Priya me disse que, para os adolescentes de minorias étnicas de hoje em dia, o mundo fora de casa provavelmente é mais fácil agora do que costumava ser – as normas estão mudando, o racismo é considerado menos aceitável. Mas, dentro de casa, ela me contou, adolescentes de imigrantes de primeira geração em especial ainda têm de enfrentar isso, já que a cultura em meio à qual estão sendo criados sempre será muito diferente da cultura na qual seus pais cresceram. Priya afirmou: "Eu acho que, quando você tem um choque cultural ou uma lacuna cultural entre pais e mães e filhos, é muito difícil se conectar entre as gerações. Porque todos ao seu redor têm o problema da diferença de idade com o pai e a mãe, sabe? Mas você é o único que tem esse enorme empecilho extra".

A maneira como a cor da pele e a identidade étnica afetam a adolescência de uma pessoa dependerá de inúmeras variáveis distintas. Cada pessoa será afetada de forma diferente, dependendo de suas circunstâncias específicas, sua personalidade e a personalidade do pai e da mãe, a cultura da escola, o contexto histórico e assim por diante. A história de Priya, tal qual todas as histórias neste livro, é, em última análise, singular. Mesmo assim, há pontos em comum – entre adolescentes não brancos, mas também entre adolescentes em geral. O tema mais consistente é que ser uma minoria étnica em uma sociedade predominantemente branca significa ser *diferente*, e ser diferente na adolescência é difícil.

Neste livro, até agora, analisamos o mundo social hierárquico e rigorosamente normativo em que a adolescência acontece, e o esforço que os adolescentes fazem para tentar se encaixar. Vimos que, quando um adolescente é visivelmente diferente de seus pares, por qualquer motivo, em geral ajusta seu comportamento e aparência a fim de se adaptar, amoldar-se, tentar passar por algo que não é. Por outro lado, ele pode tentar aceitar sua diferença em relação a um grupo de pares encaixando-se em outro lugar – por exemplo, alinhando-se com uma subcultura alternativa, encontrando afinidades no ato conjunto de rejeitar as tendências predominantes. De qualquer forma, aprendemos que em grande medida a preocupação dos adolescentes com a maneira de apresentar sua aparência e imagem gira em torno de se manterem *seguros*. Mas ainda não passamos muito tempo examinando o que os adolescentes realmente fazem, o que eles fazem com seus amigos. *"O que é que está rolando?"* Nossa rota para o assunto do comportamento adolescente começa com um conceito que já mencionamos, algo que é quase sinônimo da própria adolescência: correr riscos. À primeira vista, correr riscos parece estar na contramão da tentativa de se manter seguro – mas, se você olhar um pouco mais a fundo, algo bem mais surpreendente virá à tona.

Capítulo 3
Em defesa da exposição a riscos

Na noite de sábado, 11 de novembro de 1995, Leah Betts tomou um comprimido de ecstasy.[1] Ela estava em casa dando uma festa com as amigas, cerca de trinta delas, em comemoração a seu recente aniversário de 18 anos. Depois de tomar a droga, ela bebeu uma grande quantidade de água – cerca de sete litros em uma hora e meia. Possivelmente estava seguindo o conselho de conhecimento público de que se deve beber muita água depois de tomar ecstasy, porque a droga aumenta de maneira substancial os níveis de energia e, portanto, traz risco de desidratação. Mas Leah bebeu demais, e o volume de água em seu corpo fez com que o nível de sódio em seu sangue se tornasse perigosamente baixo. A droga também reduziu sua capacidade de urinar, agravando o problema. Isso levou a um inchaço em seu cérebro, e ela desmaiou. Leah foi levada ao hospital, onde permaneceu em coma por cinco dias até que por fim os aparelhos de respiração artificial foram desligados. O inchaço causou danos irreparáveis ao cérebro de Leah, que morreu quinze dias após completar 18 anos.

No momento do incidente, o pai e a mãe de Leah estavam na casa, em outro cômodo. Enquanto Leah estava internada no hospital, eles decidiram divulgar para a imprensa uma fotografia dela em coma, a fim de aumentar a conscientização sobre os perigos das drogas recreativas. Uma geração inteira de adolescentes, inclusive eu mesma, se lembrará dessa imagem. A mensagem teve ampla repercussão nas escolas do Reino Unido e foi atrelada à campanha "Apenas diga não" realizada nas décadas de 1980 e 1990 nos Estados Unidos como parte da chamada "guerra às drogas". Ainda hoje, a história oficial que os adolescentes ouvem de pais e mães e professores é que as drogas recreativas são perigosas, muitas vezes letais, e devem ser evitadas a todo custo.

Alguns obedecerão à risca essa mensagem, com a mais firme resolução. Mas muitos, muitos outros adolescentes usarão drogas de qualquer maneira, apesar dos avisos e alertas. Não apenas isso, mas também experimentarão todos os outros tipos de comportamentos de risco, incluindo bebedeira, dirigir com excesso de velocidade, fazer sexo desprotegido e se envolver em comportamentos criminosos, como vandalismo e roubo. Claro que há alguns adolescentes que são extremamente avessos a riscos, sobretudo aqueles que têm altos níveis de ansiedade, como veremos mais adiante neste capítulo. Mas, em média, os adolescentes correm mais riscos do que crianças e adultos, padrão que se verifica praticamente no mundo todo: em países com culturas muito diferentes, a propensão a correr riscos segue um padrão de U invertido ao longo da vida: aumenta gradualmente a partir dos 10 anos, atinge o pico no final da adolescência e no início dos 20 anos, e depois diminui de novo.[2]

Fazendo jus ao estereótipo de uma adolescente percebida como popular, Chloe, que conhecemos no capítulo 1, se envolveu em muitos comportamentos de risco, quase sempre com sua melhor amiga, Natalie, ao seu lado:

> Por exemplo, quando eu tinha 14 anos, quebrei o tornozelo e fiquei uns dias sem ir à escola. A Natalie sabia onde ficava minha chave reserva, então ela entrou na minha casa e me acordou com um cigarro e uma garrafa de Keep Cooler. A escola me ligou à procura dela, mas eu disse que não a tinha visto. Em outra ocasião, fomos juntas a Skegness para um dia de passeio e juntas fizemos tatuagens. Ela fez a dela primeiro. E aí não havia como eu não fazer uma depois. Achei que era a coisa mais legal do mundo. Então quis uma também. Eu não sabia que poderia fazer uma tatuagem sendo tão jovem, mas, quando fiquei sabendo que poderia ir a Skegness e fazer uma, aí não tive dúvida.
>
> [Aqueles anos] envolveram fazer sexo com muitas pessoas, usar muitas drogas, faltar às aulas, sair de carro com homens

muito mais velhos. Eu sou de um lugar bem pequeno, então tinha amigos que eram três ou quatro anos mais velhos que eu, e eles tinham amigos quatro anos mais velhos, que por sua vez tinham outros amigos, você sabe, então era fácil conhecer pessoas mais velhas. E no nosso círculo social todo mundo fumava maconha. A gente comprava maconha de uns caras, a gente vivia procurando um pouco de erva. Honestamente, eu acho que a maconha ocupa um lugar central da minha história. Estava sempre procurando um lugar para fumar um baseado. Eu nunca queria ficar em casa, porque sempre estava a fim de sair por aí para me chapar, e, se fosse inverno, eu queria arranjar um carro para entrar e me sentar ou uma casa para entrar e ficar sentada ou algo assim. Então era assim que eu conhecia garotos mais velhos. Meu Deus, é tão constrangedor agora, pensar que alguém com um carro era um sujeito legal... mas as coisas eram assim.

Quando eu e a Natalie estávamos em Skegness, conhecemos alguns homens, e ela desapareceu com um deles, foram a um hotel para fazer sexo. Como ela não tinha voltado, perdemos o trem. Eu estava esperando na estação, e Natalie chegou bem a tempo para gente embarcar no último trem para casa, mas aí discutimos e ela saiu correndo. Tive que ligar para polícia, porque não consegui encontrá-la. No fim das contas nós a encontramos e ela estava em segurança, mas o padrão continuou assim por mais treze anos.

Em termos de volume e extensão do risco, a adolescência de Chloe provavelmente está no extremo da escala, mas por certo ela e Natalie não são as únicas garotas de 14 anos a se envolverem nesses comportamentos. Então, o que é que leva adolescentes como elas a atividades tão imprudentes e perigosas, quando as consequências podem ser tão terríveis?

Por que os adolescentes correm riscos?

O nível mais básico de explicação é que eles simplesmente têm mais oportunidades, sobretudo em comparação com as crianças.

Os adolescentes são menos supervisionados por pais e mães, vão a festas, tomam contato com bebidas e drogas pela primeira vez, podem dirigir automóveis pela primeira vez. Na maioria dos casos, os pais e mães não desaparecem por serem negligentes ou desinteressados, mas simplesmente estão trabalhando. Vimos tudo isso no capítulo de abertura com a história de Georgia, cuja descrição deixou claro que, por conta de várias circunstâncias parentais, ela e as amigas ficavam muitas vezes sem supervisão ou eram deixadas aos cuidados de irmãos e irmãs mais velhos. Sem dúvida foi um fator relevante para Chloe, cujos anos de adolescência envolveram uma combinação bastante específica de uma reforma na escola, uma mãe solo que trabalhava fora e o fato de morar em um lugar conveniente:

> Foi uma época muito estranha na minha escola porque, quando comecei no 7º ano, era uma velha escola dos anos 1970 com prédios temporários que tinham de ser fechados quando fazia muito frio, pois a caldeira de vapor quebrava. E então, quando eu estava no 8º ano, começaram a demolir a velha escola e reconstruir uma escola nova. E isso criou uma situação em que a escola estava ficando menor antes de ficar maior, então às vezes tínhamos de ir a prédios em um outro local, numa caminhada de quinze minutos que passava por um parque. Havia um pequeno beco lateral de acesso ao parque. E isso significava que havia muitas oportunidades para matar aula. Havia muito mais liberdade na minha escola do que provavelmente em qualquer outra escola normal.
>
> Além do mais, eu morava do outro lado do parque, então podia simplesmente atravessar até lá e ir embora para casa. Além disso, minha mãe trabalhava em período integral e eu morava com ela, então isso fazia da minha casa um ponto de encontro dos alunos que matavam aula. E então, no meio das obras de demolição da escola e construção de um novo prédio, acabávamos sendo autorizados a ir ao parque na hora do almoço porque na escola não havia espaço para todos os alunos. Mas, obviamente, o parque oferecia a chance para quem quisesse ir ao centro da cidade, ou a galera poderia escapar e ir para minha casa. Então, havia um montão de oportunidades de fugir da

escola, e eu estava envolvida até o pescoço nisso, eu era, tipo assim, essencial... Se alguém quisesse faltar à escola, me pediria, porque eu tinha um lugar para onde as pessoas poderiam ir.

Mas oportunidade é uma circunstância, não uma explicação. Afinal, se fosse apenas um caso de oportunidade, os adultos correriam uma quantidade cada vez maior de riscos à medida que se tornassem cada vez mais independentes, mas a exposição a riscos diminui no início e meados dos 20 anos.[3]

Invulnerabilidade percebida

Em um nível, o que impulsiona o comportamento de risco é óbvio: a possibilidade de recompensa. O que faz com que algo se torne um risco é o fato de ter um resultado desconhecido, e pelo menos um dos resultados possíveis é ruim. Também deve haver a chance de um bom resultado – se não houvesse, não nos daríamos ao trabalho de nos arriscar. Então, para entender por que razão os adolescentes se expõem a tantos riscos, precisamos entender o que eles ganham e o que perdem com o comportamento de risco, e de que maneira isso é diferente dos adultos. Ou, antes, o que os adolescentes *acham* que ganham e perdem?

Uma possibilidade é que os adolescentes não entendem a extensão do risco que estão correndo. Eles não entendem a perda potencial envolvida, ou não julgam que isso se aplica a eles. Trata-se da teoria da "invulnerabilidade percebida", e é a lógica confiante por trás de todas as campanhas e iniciativas (a exemplo do pai e da mãe de Leah Betts compartilhando a foto da filha) que visam a destacar os perigos envolvidos na exposição a riscos.[4] A esperança é que, se pudéssemos explicar aos adolescentes que certos comportamentos podem ter resultados ruins, eles não fariam mais essas coisas.[5] No entanto, há poucas evidências científicas de que os adolescentes não tenham noção acerca desses resultados nocivos.

Com efeito, um conhecido estudo de 2002 descobriu que os adolescentes, sobretudo os mais jovens, realmente *superestimam* a probabilidade de que coisas ruins possam acontecer com eles.[6] Os participantes tinham entre 10 e 30 anos. Os pesquisadores deram a todos os participantes uma lista de cenários hipotéticos e pediram que decidissem, atribuindo uma pontuação numa escala de 0% a 100%, a probabilidade de um resultado ruim caso estivessem pessoalmente envolvidos na situação descrita. Por exemplo: qual a probabilidade de morrerem se estivessem ao ar livre durante uma tempestade de raios, de sofrerem um acidente caso estivessem voltando de bicicleta de uma festa depois de terem bebido álcool, e de contraírem uma infecção sexualmente transmissível (IST) depois de fazer sexo desprotegido (embora as perguntas sobre sexo não tenham sido feitas ao grupo mais jovem).

Os pesquisadores constataram que, à medida que a idade aumentava, as porcentagens diminuíam. Os adultos atribuíram as estimativas mais baixas de que algo ruim aconteceria, e os adolescentes, em especial os mais jovens, consideraram seu risco pessoal muito alto — talvez até excessivamente alto, verdade seja dita. Isso faz sentido, de certa forma. À medida que as pessoas amadurecem, começam a ver por conta própria que coisas ruins nem sempre acontecem. Elas veem que muitas pessoas usam drogas e não apenas *não morrem*, mas de fato podem ter experiências muito positivas (e toda uma gama de experiências imagináveis). Elas veem que muitas pessoas fazem sexo desprotegido e ainda assim vivem para contar a história, e sem nenhum bebê à vista também. Elas aprendem que as matérias de jornais e os enredos de filmes não contam a história toda. Gradativamente, com o tempo, as pessoas ajustam a percepção de seu risco pessoal. Na verdade, então, os adolescentes estão ainda mais cientes do que os adultos quanto às potenciais consequências negativas de suas ações. Então, o que dizer dos ganhos e benefícios potenciais?

Busca por sensações

Na equação do risco, se o ganho ou proveito for suficientemente convincente, sobrepujará qualquer reflexão ou conceituação efetiva acerca de possíveis perdas e prejuízos, e um dos ganhos é simples: correr riscos pode ser empolgante. Existe um traço de personalidade, a *busca por sensações*, que descreve a tendência de fazer coisas que nos dão sentimentos físicos e psicológicos novos, intensos e complexos.

Ao longo da nossa vida, todos nós ocupamos alguma posição, aqui ou ali, no espectro da busca por sensações, mas, em geral, a busca por sensações tende a aumentar temporariamente na adolescência, com um pico entre os 12 e os 15 anos.[7] Um dos exemplos mais óbvios de busca por sensações ocorre quando os adolescentes escolhem usar drogas recreativas. Claro, vez por outra isso pode ter consequências desastrosas, conforme fica evidente pela história de Leah Betts. Mas muitas pessoas que decidem experimentar drogas descobrem o segredo que não lhes foi contado por seus pais, mães e professores: a despeito de todos os efeitos colaterais, recaídas, reincidências e consequências, algumas delas muito sérias (e, com efeito, fatais), as drogas oferecem uma experiência física e psicológica potencialmente estimulante.

Josie, que agora tem 38 anos, frequentou uma escola de ensino médio "bem difícil" em Glenrothes, Escócia. Sua adolescência começou infeliz, e na escola ela pairava desconfortavelmente nas margens de seu grupo de amigas – uma história que já ouvimos muitas vezes:

> Minha melhor amiga na escola era muito popular, eu e ela estávamos no que qualquer um classificaria como "o grupo popular". Mas eu não era uma das crianças populares. Sofria bullying naquele grupo. Recebia ordens a torto e a direito. Eu era tipo um burro de carga. Elas me obrigavam a fazer as coisas. Tipo, uma vez, eu tive de roubar quatro caixas de tinta de cabelo da porra da farmácia local, porque me empurraram lá para dentro. Não gostava de fazer isso, meu Deus. Havia momentos em que as meninas vinham até a porta da minha casa e eu pedia para minha mãe: "Diga que estou de castigo", porque assim eu não precisava sair com elas. E a minha mãe fazia isso por mim. Sim, provavelmente foi um momento muito difícil. A escola não era nada legal.

Josie decidiu deixar a escola aos 16 anos e se mudou para Dundee a fim de cursar uma faculdade de teatro. Antes disso ela havia sido uma pessoa afeita a riscos até certo ponto – com suas amigas da escola, ela já fumava e bebia –, mas foi em Dundee, ela me contou, "que as coisas realmente explodiram". Ela conheceu uma nova turma de amigos e, como muitos adolescentes presos na armadilha de grupos problemáticos na escola, finalmente conseguiu ser ela mesma. Acontece que seus novos amigos gostavam muito de usar drogas. Ela tem a lembrança de que passava um bocado de tempo em apartamentos de traficantes e de ter visto balanças de precisão pelos cantos e cogumelos "secando em cima da TV de um cara". A coisa foi fugindo do controle feito uma bola de neve, e em pouco tempo Josie estava tomando drogas regularmente; mesmo em dias úteis, ficava zanzando pelas ruas até as quatro da manhã e entrava com drogas escondidas em casas noturnas a pedido de seus amigos traficantes. A própria Josie admite que teve muita sorte que isso não tenha causado nenhum dano e que ela não tenha se tornado uma viciada.

Quando lhe perguntei sobre o que a levou a experimentar drogas – e foi ecstasy na primeira vez –, sua resposta foi imediata: "Foi por causa de um cara. Eu gostava dele, e ele era um babaca manipulador". Todavia, o mais interessante é ouvir a resposta de Josie sobre por que ela continuou, por que insistia em voltar para mais e mais:

> Eu meio que simplesmente entrei naquela cena e gostei. Continuei e entrei em alguns grupos desvairados. E sabe de uma coisa? Foi realmente empolgante. Eu me achava o máximo. Tipo, *olha só para mim, ganhando coisas de graça, fazendo coisas de graça. Só curtindo numa boa.* Olho para trás e penso, não quero que meus filhos façam isso, mas na época era ótimo. Acho que qualquer um que disser o contrário vai estar mentindo. Não me entenda mal, a rebordosa no dia seguinte e os sentimentos e tudo isso são infernais. Sempre vai ter o lado ruim no final. Mas, no momento de fazer todas essas coisas, era ótimo. Eu amava. Eu me lembro disso e penso, cara... Eu não conseguiria fazer isso agora – não faria agora, eu tenho filhos –, mas era bom demais. Era muito divertido.

Aqui, Josie está descrevendo com todas as letras que as pessoas – em especial as que usam drogas – correm riscos porque isso pode ser muito bom, e elas voltam para repetir a dose porque estão em busca dessa sensação prazerosa.

A busca por sensações aumenta na adolescência por uma boa razão evolutiva. Se a pessoa quiser tornar-se um adulto plenamente funcional, precisa aprender o que é e o que não é seguro, e descobrir como fazer esses julgamentos – e isso envolve fundamentalmente correr alguns riscos. Portanto, em parte a busca por sensações tem um incremento na adolescência porque essa fase impulsiona um comportamento mais independente e aventureiro. Se os pais e mães e outros adultos tentarem impor muitos obstáculos – em um esforço para evitar esses comportamentos e, assim, impedir que seus adolescentes sofram algum revés –, podem acabar inadvertidamente prejudicando o processo de independência e investigação – o que resulta em todo tipo de problema, como veremos mais tarde.

Modelo de sistemas duais

Também é possível que, quando alguma coisa proporciona uma sensação muito boa, o cérebro dos adolescentes não disponha de "freios" suficientemente fortes para impedi-los de usufruir dessa coisa, mesmo que seja potencialmente perigosa. A melhor síntese disso está numa teoria da exposição dos adolescentes ao risco conhecida como *modelo de sistemas duais*,[8] a qual afirma que existem no cérebro duas redes principais que são relevantes no que diz respeito à decisão dos adolescentes de correr riscos. A primeira é o *sistema de controle cognitivo*, localizado nas regiões frontais do cérebro e responsável pelo tipo de pensamento sofisticado que diferencia os humanos de outros animais: tomada de decisão, planejamento, inibição de reações impulsivas, esse tipo de coisa. O segundo é o *sistema socioemocional*, enterrado nas profundezas das regiões mais antigas do cérebro e responsável pelas emoções e pela experiência de recompensa. De acordo com a teoria dos sistemas duais, durante a adolescência o sistema de controle cognitivo se desenvolve mais lentamente do que o sistema socioemocional. Isso significa que o impulso emocional para correr riscos e a gratificante sensação que se obtém a partir disso tornam-se muito mais robustos, e que o sistema de controle geralmente responsável por amortecer e gerenciar esses impulsos não é forte o suficiente. O resultado final é um bocado de comportamentos de risco, impelidos por emoções intensas e recompensas – por exemplo, dizer "sim" quando um cara de quem você gosta lhe oferece um comprimido.

As evidências científicas do modelo de sistemas duais são ambíguas. Certos estudos descobriram que pelo menos alguns adolescentes mostram essa incompatibilidade no desenvolvimento cerebral entre os dois sistemas, ao passo que outros estudos não.[9] Pode ser que a ideia de sistemas duais seja mais relevante para alguns tipos de comportamento de risco do que outros. Em termos específicos, os pesquisadores consideram que é especialmente relevante para a exposição a riscos impulsiva, o tipo de comportamento que acontece no calor do momento – o que é conhecido como *exposição a riscos reativa*. Mas nem toda exposição a riscos é assim. Fator decisivo é que muitos adolescentes escolhem de caso pensado fazer coisas potencialmente imprudentes, às vezes de forma precoce, muito antes do tempo.[10] Esse *comportamento de risco deliberado* é premeditado e calculado, e é fundamental para entender a complexidade do comportamento adolescente que, à primeira vista, pode parecer uma rematada estupidez. Nas palavras da psicóloga Julie Maslowsky e seus colegas, alguns adolescentes são "capazes de canalizar suas habilidades cognitivas em processo de amadurecimento e seu impulso por novas sensações de modo a lhes dar o feitio de comportamentos que alcançam um benefício desejado".[11] Dê uma espiada por trás da cortina cognitiva e você verá que esses adolescentes não são, de forma alguma, inconsequentes.

Influência dos pares

Uma coisa essencial a ser observada é que, de modo geral, os adolescentes não correm riscos sozinhos. Eles correm riscos com os amigos. Em um famoso estudo de psicologia realizado em 2005,[12] doze participantes foram divididos em três faixas etárias: adolescentes intermediários (13 a 16 anos), adolescentes tardios (de 18 a 22 anos) e adultos (24 anos ou mais). Eles foram convidados a ir a um laboratório de pesquisa para jogar um jogo de simulação de direção de carros, que media a propensão do jogador a correr riscos. O objetivo desse jogo é fazer um carro se deslocar pelo trajeto mais longo possível, na maior velocidade possível, sem colidir. Ao longo do jogo, aparecem semáforos que se alternam de verde para amarelo e vermelho, assim como na vida real. Se o carro do participante ainda estiver em movimento quando o sinal ficar vermelho, ele baterá, o que custará um tempo valioso. Mas esperar em um sinal vermelho também custa tempo. Assim, cada vez que o sinal fica amarelo, os jogadores devem tomar uma decisão: precaver-se e, evitando o risco, esperar; ou se arriscar e seguir em frente. É importante ressaltar que, nesse estudo, cada participante jogou o jogo duas vezes. Da primeira vez, o participante jogou sozinho em uma sala. Na segunda vez, jogou na presença de duas pessoas da mesma idade, que, posicionadas atrás dele, observavam seu desempenho (o estudo foi randomizado para qual das duas versões cada participante jogava primeiro.) As pessoas que assistiam ao jogo foram informadas de que poderiam, aos gritos, dar conselhos ao jogador para continuar em frente ou parar o carro. Os pesquisadores constataram que os participantes de todas as três faixas etárias se arriscavam mais (ou seja, atravessavam mais sinais amarelos) quando eram observados pelos colegas, um importante lembrete de que adultos não são imunes aos efeitos da influência dos pares. Mas o efeito foi muito mais pronunciado para os adolescentes, sobretudo o grupo mais jovem. Os jovens de 13 a 16 anos foram os mais afetados ao jogarem sob o escrutínio de colegas da mesma idade, assumindo consideravelmente mais riscos na frente dos colegas do que quando estavam sozinhos.

Hoje esse efeito dos pares foi estabelecido em uma série de outros estudos que mediram de várias maneiras diferentes o comportamento de risco, e há uma série de explicações para a descoberta. Uma teoria é de que a presença de amigos cria uma situação de "cognição quente", que leva o adolescente a vivenciar vigorosas sensações de estresse, empolgação ou outras emoções intensas que sobrecarregam sua capacidade de sopesar riscos e tomar decisões cuidadosas (isso faz referência a situações de "cognição fria", nas quais as decisões podem ser tomadas de forma mais sensata porque a pessoa está sob menos tensão emocional).[13] Mas parte disso remonta ao propósito biológico da adolescência. De uma perspectiva evolutiva, faz sentido que os adolescentes sejam inerentemente programados para se sentirem bem ao correr riscos perto de amigos. Correr riscos com os outros propicia a oportunidade de um indivíduo desenvolver independência, ao mesmo tempo em que se encaixa numa tribo e é protegido por ela. Se ele se sentir bem, os outros membros do grupo estarão mais inclinados a fazer a mesma coisa, e, portanto, colherão esses benefícios. Quando os adolescentes tentam fazer coisas imprudentes com os amigos, isso pode ter um efeito estimulante – e ao mesmo tempo os ajuda a crescer e se tornarem adultos independentes.

Mais do que isso, correr riscos sinaliza para *todos os demais* que o adolescente está progredindo e dando passos largos e importantes rumo a se tornar um adulto maduro e independente. Comportamentos de risco são amiúde parte do que os psicólogos chamam de *comportamento pseudomaduro* – tentativas dos adolescentes de parecerem mais velhos do que de fato são. São ou coisas que os adultos podem fazer, mas os adolescentes não (por exemplo, fumar e beber) ou que envolvem a rebelião contra a lei ou alguma outra forma de aprovação ou regra do mundo adulto (por exemplo, atos de vandalismo ou faltar à escola, ou simplesmente desobedecer a regulamentos que regem o uso de uniformes). Em outras palavras, correr riscos comunica uma mensagem: "Eu sou independente e maduro e não dou ouvidos aos adultos", e é uma estratégia extremamente bem-sucedida para ganhar a aprovação dos outros, como vimos. Isso ajuda a explicar outro interessante fenômeno: os adolescentes tendem a evitar fazer coisas preventivas que poderiam ajudá-los a se manter sãos e salvos, mesmo quando esses comportamentos envolvem pouco esforço e são eminentemente sensatos – por exemplo, usar capacete ao andar de bicicleta, usar o cinto de segurança ou protetor solar. Muitas vezes é importantíssimo que os adolescentes rejeitem, e sejam vistos rejeitando, esses comportamentos de segurança endossados por adultos.

Evitar o risco social

Vimos que a equação de ganho e perda é substancialmente diferente para os adolescentes em comparação com os adultos. Na verdade, os adolescentes superestimam a possibilidade de resultados ruins, mas o que eles têm a ganhar é ainda muito maior. Além disso, há outro elemento aqui: o que eles têm *a perder* por *não* correr riscos, o que vira a equação inteira de cabeça para baixo.

Várias vezes neste livro, vimos e continuaremos a ver que, quando se rebelam contra seus pares, os adolescentes estão correndo um enorme risco. O que nos mostra que, quando um adolescente se sujeita às regras de seus pares, ele está na verdade sendo avesso ao risco. Quando o comportamento em questão é arriscado em si (por exemplo, fumar, praticar bullying), então o adolescente está fazendo uma troca entre, de um lado, um risco de saúde, legal ou moral, e, de outro, o risco social de ostracismo. Trocando em miúdos, o que pode parecer um comportamento de risco é na verdade uma tentativa de evitar um risco de um tipo diferente – um "risco social".[14] Nas palavras da neurocientista cognitiva Sarah-Jayne Blakemore, "o risco social de ser rejeitado pelos pares supera outros resultados potencialmente negativos de decisões, como ameaças à saúde ou a perspectiva de ser pego em flagrante".[15]

Em 2020, contribuí para um estudo, sob a batuta de Jack Andrews, que demonstrou que a preocupação em correr um risco social muda com a idade.[16] Para fazer isso, elaboramos uma lista de comportamentos de risco à saúde (por exemplo, "Comer alimentos que passaram da data de validade" e "Atravessar uma rua principal quando o semáforo estiver vermelho"). Não eram riscos extremos, porque queríamos que fossem coisas às quais muitas pessoas de diferentes idades tivessem sido expostas. Elaboramos também uma lista separada de comportamentos de risco social (como "Defender uma opinião impopular na qual você acredita" e "Admitir que ouve um cantor ou banda de que nenhum dos seus amigos gosta"). Em essência, todos os riscos sociais se resumiam a ser diferente dos amigos, o que, como já vimos, pode resultar em exclusão social e críticas, consequências bastante negativas. Pedimos então aos participantes com idades entre 11 e 77 anos para classificarem seu grau de preocupação quanto a correr esses diferentes tipos de riscos.

Descobrimos que, para ambos os tipos de riscos, a preocupação diminuiu gradualmente ao longo da idade – os adolescentes se mostraram mais preocupados que os adultos com as coisas todas. Mas a taxa desse declínio foi acentuada sobretudo para os riscos sociais. Com o decorrer da idade, a preocupação com os riscos sociais caiu muito rapidamente – o que significa que os adolescentes estavam de fato preocupados com a possibilidade de serem diferentes dos seus pares, ao passo que os adultos não davam tanta importância assim. Isso confirma nossa suspeita: divergir dos amigos, defender seus próprios gostos e opiniões ou dizer "não" são coisas realmente assustadoras de se fazer quando se é jovem, e desconfio que isso ocorre porque na juventude as consequências são muito piores.

O mito da pressão dos pares

Até agora, evitei usar a expressão *pressão dos pares*. Quando se trata de comportamentos de risco, a verdade é que, no geral, os adolescentes desempenham um papel muito mais consciente e autônomo do que os clichês da pressão dos pares talvez nos façam acreditar. Já vimos uma série de razões para isso: busca por sensações, segurança do grupo, busca de independência, comportamentos pseudomaduros que elevam o status social de alguém. De fato, em 2000, o acadêmico de serviço social Michael Ungar entrevistou 41 adolescentes sobre o que eles fazem junto com os amigos e concluiu que, quando os participantes concordam com o que os amigos estão fazendo e os acompanham, geralmente é uma decisão voluntária e deliberada.[17] O título do artigo é "O mito da pressão dos pares" – Ungar concluiu que os adolescentes que adotam o comportamento e a aparência de seus pares estão lançando mão de uma "estratégia conscientemente empregada para aumentar o poder pessoal e social".

Isso foi demonstrado em um estudo realizado em 1996 com o intuito de investigar por que razão os adolescentes começam a fumar cigarros.[18] Os pesquisadores pediram a crianças de 12 a 14 anos que preenchessem questionários e participassem de grupos focais para discutir vários aspectos do comportamento adolescente, incluindo o tabagismo. Eles concluíram que, muitas vezes, nem sempre correspondia à verdade a ideia de que um adolescente era pressionado para, a contragosto, começar a fumar. Eles afirmaram: "Os dados deste estudo nos levam a rejeitar definições de pressão dos pares como unidirecional e coercitiva, e suposições sobre adolescentes como indivíduos incompetentes e vulneráveis em termos sociais". Os adolescentes do estudo, os pesquisadores argumentaram, tomaram suas próprias decisões sobre se queriam começar a fumar ou não. Se não quisessem fumar, "evitavam situações e contextos sociais específicos associados ao comportamento de fumar, ou escolhiam amigos não fumantes ou, se necessário, abandonavam amigos que tinham começado a fumar". Os adolescentes não estavam totalmente à mercê do que seus amigos faziam – eles podiam decidir por conta própria o que queriam fazer. Na verdade, os pesquisadores alegaram que os adolescentes que começam a fumar já decidiram até certo ponto que *querem* começar a fumar e, em seguida, buscam o tipo de situação social em que são maiores as chances de fumar. Nas palavras dos autores: "Nós elaboramos a hipótese de que os estudantes que estão prontos para fumar convivem de caso pensado com colegas que facilitarão sua entrada no comportamento tabagista. Eles não ficam surpresos nem chateados com as ofertas de cigarros que surgem".

Farinha do mesmo saco

Quando duas amigas adolescentes como Chloe e Natalie se envolvem em comportamentos arriscados juntas, talvez sejamos levados a concluir que uma delas deve estar influenciando ou pressionando a outra, de forma explícita ou implícita. Mas o que torna as coisas um tanto complicadas para os pesquisadores (e até mesmo os pais e as mães) que estão tentando entender a influência dos pares é que, em primeiro lugar, adolescentes parecidos entre si tendem a gravitar em direção um ao outro – a ideia de "farinha do mesmo saco" ou "diga-me com quem tu andas e te direi quem tu és". No caso de Chloe, ela disse que ela e Natalie "provavelmente foram ambas feridas de maneiras parecidas e buscavam coisas semelhantes". E, evidentemente, ambas eram propensas a correr riscos. Esse fenômeno é conhecido como *efeitos de seleção* e é essencial para entender a influência entre amigos. Quando amigos adolescentes bebem álcool, furtam em lojas ou fazem tatuagens juntos (ou juntos fazem algo menos nocivo, como jogar videogame), parte do motivo é que ambos estavam inclinados a fazer essas coisas de qualquer maneira, e de fato foi isso que, para começo de conversa, os levou a serem amigos. No entanto, pode ser que adolescentes afins se aproximem logo nos primeiros dias por causa de suas personalidades e desejos semelhantes, mas depois se influenciem uns aos outros ao longo do tempo. Isso é conhecido na psicologia como *efeitos de socialização*: parte da razão pela qual os amigos se comportam de maneiras semelhantes entre si é que, à medida que a amizade se aprofunda, eles influenciam e encorajam o comportamento uns dos outros de forma dinâmica, muitas vezes recíproca.

Uma série de estudos já demonstrou que tanto os efeitos de seleção quanto os de socialização são importantes para o entendimento de todos os tipos de coisas que os amigos adolescentes fazem. Ambos os processos explicam por que os amigos tendem a se envolver em níveis semelhantes de uso de substâncias (incluindo álcool, drogas recreativas e cigarros) e por que os amigos tendem a mostrar atitudes e comportamentos semelhantes relacionados ao sexo – se usam ou não preservativos ou se já tiveram relações sexuais.[19, 20] Ambos os processos são relevantes para o comportamento antissocial também, incluindo o bullying, como veremos no próximo capítulo, mas também para cometer crimes de forma mais ampla: adolescentes que têm tendência a comportamentos antissociais gravitam em direção uns aos outros e, então, influenciam uns aos outros a se comportarem cada vez pior quando se tornam amigos.[21]

Aspecto curioso e importante é que os efeitos de seleção e socialização podem ser relevantes também para os sintomas de saúde mental. Por exemplo, há evidências de que adolescentes propensos à depressão tendem a ter amigos que também são predispostos a essa doença.[22] Muitos estudos descobriram também que os amigos são relevantes no que diz respeito à automutilação – ou seja, a destruição deliberada do próprio tecido corporal, cuja forma mais comum é o ato de cortar a pele com uma lâmina, o que em geral se faz para buscar alívio ou se distrair de pensamentos e sentimentos negativos.[23] Assim como acontece com muitos problemas de saúde mental e comportamentos de risco, o mais usual é que a prática de automutilação comece na adolescência: um estudo, relatando dados de quase 600 mil participantes em 41 países, constatou que a idade média de início de comportamentos autolesivos era aos 13 anos.[24]

Cerca de metade dos que se automutilam só fazem isso uma ou duas vezes, mas é um comportamento preocupante, porque os adolescentes que se automutilam de modo persistente são mais propensos a também ter pensamentos suicidas, tentar o suicídio ou se envolver em outros nocivos comportamentos de risco, a exemplo do uso excessivo de álcool.[25] Isso significa que é importante antever quem pode acabar se automutilando, e um claro fator de risco para determinar se algum adolescente se automutilará é se ele tem algum amigo que já esteja fazendo isso.[26] A questão mais complicada, tanto no que tange aos sintomas depressivos quanto à automutilação, é se os adolescentes vulneráveis são simplesmente atraídos uns pelos outros de qualquer maneira (efeitos de seleção) ou se eles se influenciam ativamente (efeitos de socialização); embora haja alguns indícios que corroboram os efeitos de seleção, até agora as pesquisas se mostraram inconclusivas.[27,28] Uma vez que ainda não se chegou a qualquer decisão peremptória a respeito, as pesquisas continuam: porque, se os adolescentes podem influenciar uns aos outros a ter mais problemas de saúde mental ao longo do tempo, ou a agravar transtornos e sofrimento preexistentes a ponto de descambarem em automutilação física, então a dinâmica da amizade será um foco fundamental para o tratamento e o trabalho de prevenção.

Quando se trata de correr riscos, tudo isso é importante porque nos diz que os adolescentes que têm amigos que são uma "má influência" para eles não necessariamente se sentem infelizes por estarem presos nessa amizade, tampouco sofrem qualquer pressão desses amigos perniciosos para se envolverem em comportamentos de risco. Na verdade, por vezes há adolescentes que se expõem a riscos de forma tão extrema que de fato levam alguns de seus amigos a pisar no freio e se arriscar menos. Isso foi destacado por Chloe:

> Pra ser honesta, acho que eu era a mais sensata de nós duas. A Natalie era muito, muito mais vulnerável do que eu. Então, embora eu fosse vulnerável e me colocasse em situações estúpidas, ela estava se colocando em situações ainda piores. E realmente sinto que, observando alguns dos erros dela – porque me identifico muito com ela, de verdade –, fui capaz de ver o que estava acontecendo com ela, e isso me deteve. Há o potencial de que eu teria corrido riscos muito mais sérios e talvez nem estivesse mais aqui. Quando era mais jovem, me coloquei em muitas

situações temerárias, coisas que não deveria ter feito, e olho para trás e penso, "Porra, como é que consegui sair viva?". Mas me segurei por causa de alguns dos riscos a que ela se expôs. Portanto, eu poderia ter levado as coisas mais longe. Em alguns aspectos, por causa dela não fiz isso.

Então Natalie realmente ajudou Chloe a pisar no freio no que diz respeito à sua própria exposição a riscos. Mas isso não as tornou exatamente avessas ao risco, e esse tipo de informação não confortará um pai ou mãe preocupados com o que o filho ou filha adolescente anda fazendo com os amigos. Infelizmente, quando um jovem desenvolve uma amizade com alguém propenso a correr riscos, isso apresenta o cenário hipotético com o qual todos os pais e mães se afligem: seu filho ou filha está se associando, por vontade própria, a outro adolescente, o que significa que juntos acabarão em todos os tipos de situações potencialmente vulneráveis ou perigosas, talvez muito mais do que se nunca tivessem se conhecido. Pode ser difícil aceitar que ambos os jovens são, provavelmente, agentes ativos nessa exposição a riscos. Na verdade, nessa situação, às vezes pode ser mais aceitável para um pai ou mãe culpar o amigo, de modo a evitar admitir que seu filho ou filha também pode querer fazer essas coisas de qualquer maneira.

Quando os pais e mães frustram a exposição a riscos

Lamentavelmente, quando um adolescente se expõe a um risco e as coisas dão errado, podem dar muito, muito errado. Adolescentes que tomam decisões arriscadas podem acabar desfigurados, incapacitados, com um registro de antecedentes criminais ou com uma criança para cuidar, quando eles próprios mal saíram da infância (falaremos mais sobre isso no capítulo 6). Por um bom motivo, então, existem setores da economia e campos de pesquisa inteiros dedicados a reduzir a gravidade ou as consequências da exposição a riscos por parte dos adolescentes: incentivando-os a fazer sexo protegido por meio da distribuição gratuita de preservativos; dissuadindo-os de fumar por meio da exibição de horríveis imagens de pulmões comprometidos por graves doenças e enfisemas; ou incentivando-os a dirigir mais devagar por meio da instalação nos carros de caixas-pretas e gravadores de dados de velocidade, ou via redução no valor do prêmio do seguro. Todos esses esforços funcionam com base no princípio de que não é possível erradicar por completo o comportamento de risco, mas é possível colocar em prática proteções com o intuito de diminuir os danos potenciais; sem dúvida, essas medidas já salvaram vidas e evitaram inúmeras outras consequências ruins.

Ao mesmo tempo, os adolescentes precisam da oportunidade de correr riscos. O objetivo dessa fase, afinal, é que as crianças aprendam gradualmente a ser independentes, e cometer alguns erros é uma parte essencial do processo. Os pais e mães devem, portanto, descobrir como colocar limites sem eliminar por completo a exposição a riscos, porque isso traz suas próprias consequências negativas. Quando se nega sistematicamente a um adolescente a oportunidade de tomar suas próprias decisões, de tentar as coisas por si mesmo, ou a liberdade de desenvolver seus próprios relacionamentos sociais, os psicólogos se referem a isso como *parentalidade superprotetora* ou *superproteção parental*. Desenvolver autonomia – literalmente, independência, o estado de ser autogovernado, de tomar suas próprias decisões – é uma tarefa essencial da adolescência, e pais superprotetores frustram esse processo.

Heather, que hoje tem 50 anos, entrou em contato para me contar sobre as restrições que sua mãe impunha a ela na adolescência. Heather cresceu em West Midlands e estudava em uma escola de ensino médio mista no centro da cidade, e cujo corpo discente abrangia um amplo espectro demográfico ("No final do ensino médio, algumas pessoas foram para Oxford ou Cambridge, e algumas foram para cadeia", ela me contou a título de ilustração). Heather morava com o pai, a mãe, dois irmãos mais velhos e seu cachorro golden retriever. Em suas palavras, era uma configuração familiar típica de classe média baixa, e sua infância foi simples e previsível: "Se o meu pai não estivesse em casa às cinco em ponto, e se não tomássemos chá às cinco e meia em ponto, isso seria uma coisa muito incomum", ela me contou. Mas, quando Heather chegou à adolescência, os problemas começaram a surgir:

Minha mãe era muito rigorosa. Em relação a tudo, a simplesmente... ter uma vida. Era severa sobre me deixar sair e nunca me autorizava a botar os pés para fora de casa sem um toque de recolher obrigatório que me forçava a voltar bem cedo. Ela era rígida sobre os lugares aonde eu estava autorizada a ir, as coisas que eu tinha permissão para fazer. Ela vivia preocupada com a possibilidade de eu engravidar, de ter uma gravidez na adolescência. Acho que esse sempre foi o xis da questão. Cem por cento. Ou tinha medo que eu abandonasse a escola ou... sei lá. Medo de algo terrível. Mas o terrível no mundo dela seria que a minha vida saísse dos trilhos, da esteira rolante em que eu estava. E o pavor dela era que eu fizesse algo por estar com as pessoas erradas ou simplesmente indo aos lugares errados.

Talvez tudo isso pareça bem normal. Como veremos no capítulo 6, é muito comum que os pais e mães se sintam desconfortáveis com a perspectiva de seus filhos adolescentes fazerem sexo, e é razoável que se preocupem com uma gravidez indesejada. Muitos pais e mães impõem algum grau de restrição acerca do que seus filhos e filhas adolescentes podem fazer: com quem saem, aonde vão, até que horas podem ficar fora de casa. Mas, evidentemente, a mãe de Heather levou isso ao extremo, e Heather era essencialmente incapaz de ver seus amigos, exceto na escola. A raiva que ela sente em relação a isso ainda hoje é palpável.

Nada disso acontecia na escola. Quando eu estava na escola, éramos um grupinho unido andando por aí juntos. O problema era quando queríamos nos encontrar fora da escola. Por exemplo, houve uma vez que era o último dia de aula e todas as minhas amigas marcaram de ir à casa de alguém depois da escola. E, até onde me lembro, sem motivo algum – não era tarde da noite nem nada –, eu simplesmente não tinha permissão para ir. Tinha que voltar da escola direto para casa. E inventei uma mentira sobre o porquê de não poder ir, em vez de dizer, sabe, "A minha mãe não deixa".

E o que realmente me frustrava – esta é a parte fundamental que ainda me frustra – era sentir que meu pai e minha mãe não confiavam em mim. Minha mãe sempre foi muito assim, sabe, "Ah, não tem a ver com você. É nas outras pessoas que eu não posso confiar". Mas parecia que o problema era eu. E o mais irritante era o seguinte: eu nem queria fazer a coisa com a qual minha mãe estava preocupada. Tenho certeza de que fui a última das minhas amigas a fazer sexo. Eu provavelmente era a virgem mais velha da cidade. Quando as minhas amigas começaram a fazer sexo, fiquei tipo, "Ai, meu Deus, você está louca?". Queria dizer para a minha mãe: "Nem quero fazer isso! Nesse ponto estamos de acordo. O que quero fazer é ir à casa noturna com minhas amigas e dançar". Ela estava me impedindo de fazer algo que eu nem queria fazer.

Esta é a triste ironia da criação superprotetora. Na tentativa de proteger seus filhos adolescentes de qualquer forma de dano, pais e mães superprotetores roubam deles a oportunidade de desenvolver e aprofundar relacionamentos sociais, de investigar o mundo por si mesmos, de cometer erros saudáveis e aceitáveis, e aprender com eles. E isso pode realmente tirar o brilho das coisas. Para Heather, o impacto em sua vida social é evidente décadas depois:

> Eu sei, do ponto de vista intelectual, que tenho alguns amigos muito, muito próximos a quem posso recorrer, em quem posso confiar, e que realmente me apoiam. Eu sei disso, de fato. E tenho vários grupos diferentes de amigos. Sou uma pessoa sociável, adoro conhecer pessoas novas e tenho curiosidade sobre as pessoas. Eu recebo energia das pessoas e realmente curto isso. Mas, ao mesmo tempo, com muita facilidade posso sentir emocionalmente algo do tipo, "Oh, mas eles não são meus amigos de verdade, são?". Ou pensar que os meus relacionamentos são unidirecionais. Isso deixa meu marido bastante confuso. Ele fica tipo, "Como é possível você pensar uma coisa dessas? Seus amigos pensam isto, seus amigos pensam aquilo... Seus amigos adoram você. Eles adoram passar tempo com você". Mas ainda assim tenho minhas crises em que digo, "Meu Deus, eu não tenho nenhum amigo, e ninguém gosta de mim". Talvez tenha a ver com a tentativa de

dar conta de estar em mais de um grupo. Talvez seja em parte isso. Mas também tem a ver com minha incapacidade de me sentir segura em um grupo de amigos. Eu penso, "Sim, estou aqui, mas se não estivesse, o grupo de amigos ainda existiria. Eu simplesmente não estaria nele".

Na adolescência, Heather aprendeu uma lição que, está evidente, permaneceu com ela: seu grupo de amigos poderia continuar perfeitamente feliz sem ela. Insistir em impedir um adolescente de se encontrar com os amigos também tem outros efeitos nocivos. Um passo inevitável e necessário para um indivíduo estabelecer sua própria identidade é se desvencilhar da identidade que lhe é dada pelo pai, mãe e familiares, e a única maneira de fazer isso é passando um tempo longe deles, descobrindo o mundo sozinho ou com amigos e, assim, vendo a si mesmo através de uma lente diferente. Parte desse processo exige que o indivíduo esconda partes de si mesmo do pai e da mãe: é impossível alcançar a verdadeira independência se eles continuarem a saber tudo que diz respeito ao indivíduo. Sair com amigos ou se trancar no quarto são maneiras simples e importantes de construir esse novo limite. Claro que os adolescentes podem esconder informações do pai e da mãe porque estão preocupados em serem julgados ou se meterem em encrenca. Mas, se o pai ou a mãe insiste em manter um controle constante sobre o filho ou filha adolescente, esse meio essencial de desenvolvimento de identidade se torna difícil ou impossível.

É difícil dizer se as novas tecnologias tornam esse equilíbrio mais complicado de ser alcançado. Na Grã-Bretanha, 88% das crianças têm um smartphone quando completam 12 anos,[29] e muitos pais e mães, de modo compreensível, querem protegê-los contra os perigos e males das mídias sociais e da internet de forma mais ampla e resolvem isso monitorando o que as crianças fazem em seus celulares. Para ajudar nessa tarefa existem até aplicativos capazes de bloquear certos sites e gerenciar remotamente o tempo de tela, escanear todas as palavras que a criança envia e recebe em e-mails, mensagens e postagens em mídias sociais, e alertar os pais e mães caso encontrem algo que possa indicar problemas como bullying, automutilação ou conteúdo sexual. Para crianças mais novas, é absolutamente razoável tomar essas precauções. Mas o que acontece quando essas crianças ficam mais velhas?

No passado, os pais e mães não tinham acesso a todas as coisas que os filhos adolescentes falavam e faziam com os amigos. Mas, agora que essas interações e relacionamentos se dão, cada vez mais, no ambiente online, os pais e mães que monitoram de perto o uso do telefone dos filhos adolescentes são teoricamente capazes de testemunhar ou saber tudo. Os smartphones de hoje em dia têm a funcionalidade que permite aos pais e mães rastrearem fisicamente os filhos, de modo que saibam exatamente onde as crianças estão o tempo todo. Novamente, isso faz sentido de uma perspectiva de segurança, sobretudo em se tratando de crianças mais novas. Mas qual é o limite? Se o pai ou a mãe rastreia a localização do filho de 12 anos e se sente à vontade com isso, algum dia aceitará com serenidade a ideia de desligar o aplicativo?

O discurso de marketing de um aplicativo afirma: "Para um pai ou mãe ocupado, ler todas as mensagens de texto, postagens e e-mails simplesmente não é realista"[30] – como se a situação ideal fosse de fato aquela em que cada interação do filho ou filha pode ser monitorada e verificada, o único problema sendo a falta de tempo. Mas, em algum momento, os adolescentes precisam ser livres para ter conversas privadas. Em algum momento deve ocorrer uma difícil e delicada transição entre uma situação em que interações online complicadas ou conteúdos "inadequados" exigem intervenção do pai ou da mãe e uma situação em que essas coisas devem ser resolvidas pelo próprio adolescente, sozinho, como parte do processo de crescimento. Decidir *quando* isso acontece vai variar, dependendo do conteúdo: um jovem de 17 anos pode precisar de espaço para trocar mensagens íntimas com um parceiro romântico, mas ainda precisa de conselhos do pai e da mãe se, por exemplo, receber uma ameaça anônima. Da mesma forma, em algum momento os adolescentes precisarão viver o tipo de aventura fora de casa que inclui ir parar em algum lugar espontâneo e não necessariamente aprovado pelo pai e mãe; portanto, haverá um ponto vago e confuso em que o rastreamento de localização provavelmente deve ser desligado para sempre.

Em uma minoria de casos, a parentalidade superprotetora é parte de um padrão mais amplo de abuso que priva uma criança de experiências amorosas típicas e de um desenvolvimento saudável e normativo. Na maioria das vezes, é uma equivocada expressão de amor: uma tentativa absolutamente compreensível de proteger a criança de perigos que os pais e mães nem sequer entendem em sua plenitude, e uma simples continuação do papel que desempenharam na vida de seus filhos e filhas até o momento. Muitas vezes, advém do medo e da falta de compreensão sobre as necessidades de um adolescente. Vejamos o que Heather me contou sobre a criação que sua mãe teve:

> A conclusão a que chego cada vez mais conforme envelheço tem a ver com a infância da minha mãe. Ela era a mais nova de duas filhas e, quando estava com 3 anos, sua irmã de 5 anos morreu afogada. E então ela foi efetivamente criada como filha única por um pai e uma mãe que lhe diziam: "Certo, vamos te colocar em uma bolha. E vamos manter você longe do mundo. Não vamos ensiná-la a nadar. Não vamos deixar você chegar nem perto da água. Vamos fazer você ter muito medo da água. Vamos fazer ter medo de todas as coisas da vida".
>
> Ainda assim, aos 16 anos, ela conheceu meu pai. Alguém que se parecia com David Bowie e era superbacana e que se deu mal no vestibular* porque aprontava demais, tinha uma inteligência brilhante, mas era desobediente e aprontava à beça. Tenho dois irmãos mais velhos, sou a mais nova de três filhos, e somos todos muito barulhentos, espalhafatosos.

---

* No original, *A-levels*, abreviação de *General Certificate of Education Advanced Level* (GCE A-level, ou Certificado Geral de Educação em Nível Avançado). Ou seja, os cursos *A-levels* são uma qualificação para os alunos que concluíram o ensino médio, preparando-os para as disciplinas que serão importantes para a sua área de estudo na universidade. Seria quase como os nossos "cursinhos", um preparo intensivo para os exames de admissão ao ensino superior. Para conseguir essa qualificação, é preciso ser aprovado em alguma das provas do GCE. Ao fim do ensino obrigatório os estudantes prestam os GCSEs (General Certificate of Secondary Education, ou Certificado Geral de Educação Secundária) e, para entrar na faculdade, fazem os *A-levels*, que comprovam nível avançado. [N.T.]

E acho que minha mãe se sentia, tipo, "Não sei como fui parar nesta família, e a verdade é que não sei o que fazer com vocês". Era confusão e desconhecimento, e acho que ela não sabia o que fazer. Ela estava com medo. Com medo e despreparada para lidar com a gente.

O custo da ansiedade

Os adolescentes precisam correr alguns riscos e precisam de pelo menos alguma dose de liberdade para fazer isso se quiserem descobrir o mundo por si mesmos. Mas uma pequena proporção de adolescentes enfrenta um obstáculo: adolescentes que sentem elevados níveis de ansiedade – em alguns casos, o suficiente para justificar um diagnóstico de transtorno de ansiedade. É importante enfatizar que esses transtornos são extremamente incapacitantes: adolescentes com esses diagnósticos são prisioneiros de preocupações, reféns de um pânico implacável e avassalador que perdura por meses ou anos. O foco específico pode variar – no transtorno de ansiedade social, gira em torno do receio de ser julgado e avaliado negativamente pelos outros; o transtorno de ansiedade generalizada é caracterizado pelo nervosismo e preocupação excessivos em relação a diversas atividades ou acontecimentos; o transtorno do pânico é um ciclo repetitivo de repentinos ataques de pânico e medo de crises de pânico. Mas um ponto comum em todos esses transtornos é a ansiedade ser de tal modo perturbadora que afeta a vida cotidiana da pessoa – por exemplo, impedindo-a de ir à escola ou de socializar com amigos. Essa interferência no desempenho funcional das atividades cotidianas é a característica decisiva que diferencia os transtornos de ansiedade do tipo de preocupação e estresse que de vez em quando todos nós sentimos em variados graus.

Pesquisadores descobriram que adolescentes propensos à ansiedade evitam, de maneira constante, correr riscos. Uma tarefa psicológica bastante utilizada para avaliar isso é a Balloon Analogue Risk Task (Tarefa de Risco Analógico do Balão, ou BART, na abreviação em inglês).[31] Diante de um balão que aparece na tela do computador, os participantes são informados de que cada vez que pressionarem um botão, o inflarão um pouco. Quanto maior deixarem o balão, mais pontos ganharão, o que se traduz em mais dinheiro para levar para casa. Porém, se o balão estourar, o participante perde todos os pontos e qualquer possibilidade de ganhar dinheiro. Como é de se esperar, os jovens ansiosos invariavelmente inflam menos o balão do que seus pares não ansiosos, o que é interpretado como evidência de que esse grupo tende a ser mais geralmente avesso ao risco.[32]

Vimos que pode ser um tremendo problema quando pais e mães impedem totalmente os adolescentes de correr riscos; no caso de adolescentes ansiosos, o obstáculo para a adequada exposição a riscos podem ser eles mesmos. Isso significa que jovens ansiosos talvez precisem de fato ser estimulados a correr alguns riscos. É interessante apontar que há algumas evidências de que esses adolescentes têm *mais* propensão a certos comportamentos de risco no mundo real, sobretudo quanto ao uso de álcool. Pode ser porque beber os faça sentir mais relaxados ou mais capazes de enfrentar situações que provocam ansiedade.[33] Mas isso não é verdade para os riscos do dia a dia que nos permitem sondar e praticar nossa independência: pegar o transporte público sozinhos, fazer provas, ir a eventos sociais.

Às vezes, a ansiedade é tão debilitante que um jovem precisa de muito mais do que uma bajulação suave. No caso de um transtorno de ansiedade, isso é verdade por definição. É quando o apoio de um terapeuta pode ser útil, em especial a terapia cognitivo-comportamental (TCC). Um princípio fundamental da TCC é que as pessoas que estão lutando contra a ansiedade devem colocar em prática a tentativa de, aos poucos, fazer exatamente aquilo que as deixa ansiosas.[34] A técnica é chamada de *terapia de exposição gradual*, o que significa elaborar um plano passo a passo para encarar os estímulos causadores de ansiedade; o ritmo com que a pessoa é colocada frente a frente com os estímulos ela teme é controlado e vai aumentando gradativamente, bem como o nível de ansiedade que esses estímulos provocam. A ideia é que a pessoa vá subindo na lista, praticando técnicas de relaxamento e enfrentamento à medida que vence cada etapa de estímulos e permanecendo na situação até que a ansiedade diminua e até se sentir confortável para passar para o desafio seguinte.

O princípio-chave aqui é que, quando a pessoa evita aquilo que a deixa ansiosa, sua ansiedade é aliviada no curto prazo, mas ao custo de ser mantida ou mesmo exacerbada no longo prazo. Isso ocorre porque quando uma pessoa faz algo que provoca ansiedade, ela aprende duas lições. Primeiro, que a coisa que teme pode não ser tão ruim quanto ela pensava. Segundo – e acho que este é o aspecto mais importante –, aprende que é capaz de enfrentar seus temores, por mais terríveis que sejam. Pesquisas mostram que pessoas propensas à ansiedade rotineiramente não apenas superestimam o quanto as coisas serão ruins e negativas, mas também subestimam sua própria capacidade de lidar com algo ruim que de fato vier a acontecer.[35, 36] Quando se encontram em situações temidas, pessoas ansiosas costumam lidar melhor do que julgavam de antemão. Se adolescentes (e adultos) evitarem situações que provocam ansiedade, jamais aprenderão essas duas lições – portanto, a ansiedade nunca diminuirá.

Nos últimos anos houve enormes esforços, com algum êxito, no sentido de desestigmatizar problemas de saúde mental, incluindo ansiedade e transtornos de ansiedade. Ao mesmo tempo, à medida que cresce a conscientização, cada vez mais os adolescentes citam a ansiedade como uma razão para evitar certas atividades, por exemplo fazer uma apresentação oral num púlpito diante de seus colegas de classe ou prestar uma prova em uma sala coletiva. Faríamos muito bem se levássemos em conta que, exceto numa minoria de casos (por exemplo, os adolescentes autistas), receber permissão para não fazer as coisas que os deixam ansiosos pode, em última análise, ser genuinamente problemático para esses estudantes a longo prazo.[37] Logicamente, a solução não é forçar os jovens a fazer coisas que os aterrorizam – talvez haja a necessidade de uma rede de apoio, inclusive por meio de um terapeuta. Porém, à medida que buscamos aumentar a conscientização sobre a saúde mental e buscamos dar apoio aos adolescentes que sofrem de ansiedade, não devemos perder de vista o valor e a importância de correr riscos.

Ao longo dos quatro primeiros capítulos deste livro, vimos como muitos comportamentos adolescentes são moldados pela influência dos pares: os amigos com quem convivem, as roupas que vestem, os riscos que correm. Quase todos os momentos de cada dia, a maneira como os adolescentes pensam, se sentem e se comportam é influenciada por aquilo que seus pares estão fazendo. Os pares exercem influência até mesmo quando não estão fisicamente presentes: mesmo na segurança do lar da família, um jovem pode relutar em fazer certas coisas por imaginar que seus amigos ou colegas de classe talvez desaprovem. Tudo isso é motivado por uma necessidade extraordinariamente poderosa de pertencimento e um medo igualmente robusto de se destacar ou ser rejeitado. Nada disso é necessariamente um problema: ser suscetível à influência dos pares na adolescência é amiúde apenas parte da jornada para se tornar um adulto autoconfiante e bem ajustado. Mas a influência dos pares também é crucial para a compreensão de um dos aspectos mais preocupantes e formativos da adolescência: o bullying.

Capítulo 4
A psicologia do bullying

O romance *Heaven* [Paraíso], de Mieko Kawakami, é escrito da perspectiva de um garoto de 14 anos. Nunca ficamos sabendo seu nome, apenas que, por causa da ambliopia, os valentões da escola lhe deram o apelido de "Olhos". A história é centrada na amizade secreta que ele desenvolve com uma garota de sua classe, que também é alvo dos colegas de turma. Em certo ponto do romance, o narrador é arrastado para uma sala de aula vazia pelo valentão Ninomiya – um aluno inteligente e bonito com alto status social. Ninomiya e os amigos mandam o narrador enfiar um pedaço de giz no nariz e depois tirá-lo e desenhar algo no quadro-negro – "algo que os faça cagar nas calças". O narrador fica paralisado, então Ninomiya muda de tática e lhe diz para comer três pedaços de giz, enquanto seus amigos assistem a tudo e riem. O narrador obedece à instrução:

> Até então eu tinha sido forçado a engolir água da lagoa, água da privada, um peixinho dourado de aquário e restos de vegetais da gaiola do coelho, mas esta foi a primeira vez que comi giz. Não tinha cheiro nem gosto. Eles gritaram para eu mastigar mais rápido. Fechei os olhos e quebrei o giz dentro da boca, concentrando-me na mastigação, não no que era. Ouvi os estalos. Os pedaços quebrados arranharam o interior das minhas bochechas. Meu trabalho era manter o maxilar se movendo e engolir, então engoli. O interior da minha boca se revestiu de giz.

Fiz isso com todos os três pedaços. Um dos caras gritou "Limonada! Limonada!" e me trouxe um copo de plástico manchado de tinta e cheio de um líquido leitoso sujo. O pó de giz se dissolveu na água. Encurralado contra a parede, o copo pressionado no meu rosto, bebi tudo. Enquanto o líquido descia pela garganta, senti vontade de vomitar e, quando dei por mim, tinha vomitado tudo. Lágrimas e saliva pingavam das minhas narinas e dos meus olhos – eu arfando, com ânsia, ambas as mãos no chão. Um dos caras me perguntou que merda eu estava fazendo e deu um passo para trás, mas estava batendo palmas. Aplaudindo. Eles empurraram meu rosto contra a sujeira e disseram: "Limpe isso". Todos estavam sorrindo, gargalhando.

Muitas vezes, o termo "bullying" é desdenhado como algo leve ou brincalhão, ou como parte do inevitável e turbulento vale-tudo do crescimento, mas é muito mais do que isso. É abuso crônico e implacável: uma campanha de crueldade direcionada, exclusão e humilhação contra um indivíduo vulnerável. Para algumas pessoas, é a história que define sua adolescência.

Até mesmo uma experiência como a descrita no romance de Kawakami pode ser traumática o suficiente para aumentar o risco de uma pessoa ter problemas de saúde mental quer perduram por muitos anos depois. Vítimas de bullying, por definição, vivenciam esse abuso como uma ocorrência regular. Na verdade, a constante expectativa da crueldade é parte do que torna o bullying tão nocivo. Em um estudo, um homem de 35 anos que sofreu bullying na escola resumiu assim o suplício: "Eu me lembro de um constante sentimento de desconfiança e expectativa em relação ao que aconteceria comigo naquele dia, de novo. Eu sabia que aconteceria e sabia que seria horrível, só não sabia exatamente o quê".[1]

Por que as pessoas se tornam agressores?

Para entender por que o bullying acontece, precisamos examiná-lo do ponto de vista de líderes de gangue como Ninomiya. O comportamento dessas pessoas é mais do que mera agressão ou violência.

Eles não estão apenas perdendo a calma por se sentirem ameaçados ou frustrados. É uma ação repetida e deliberada, o que indica que tem alguma consequência previsível e benéfica para o valentão intimidador. Pesquisas mostram que jovens que praticam bullying tendem a ter uma especial preocupação com status social: por exemplo, relatam que gostam de obrigar os outros fazerem o que eles mandam.[2] Observe também que a maioria dos episódios de bullying na escola – cerca de 88% – acontece quando há uma plateia de outros pares.[3] O bullying, então, é um meio de ganhar, demonstrar e sustentar poder social. Por meio de atos públicos de intimidação física e, de maneira decisiva, humilhação psicológica, os praticantes de bullying anunciam que estão em um lugar mais acima na hierarquia social. Uma vez alcançado esse status, o valentão dá continuidade a seu comportamento como uma forma de manter sua posição.

Claro, o bullying é apenas uma das formas de alcançar status social, então a questão se torna: por que alguns jovens acabam seguindo esse caminho específico? Uma das muitas explicações propostas é que alguns adolescentes aprendem a praticar bullying em casa.[4] De acordo com a *teoria dos sistemas familiares* (ou teoria familiar sistêmica) do comportamento, introduzida pelo psiquiatra Murray Bowen em 1966,[5] o comportamento de um indivíduo não pode ser compreendido isoladamente, e suas causas só se tornam evidentes no contexto de sua unidade familiar, a rede de interações e relacionamentos que vivenciam em casa. Aplicada ao bullying, a teoria dos sistemas familiares sugere que ou o jovem que se torna um bully (o agressor que comete atos de bullying) tem pais ou irmãos que foram abusivos com ele, ou aprendeu em casa que se comportar como um agressor leva a benefícios (ou ambas as coisas). De qualquer forma, o ambiente doméstico ensinou à criança que atormentar física ou psicologicamente outras pessoas é uma maneira de obter resultados ou fazer com que se sinta segura, então leva essa postura para a escola e a aplica a seus pares.

De forma semelhante, alguns jovens se tornam agressores porque eles próprios foram vítimas de bullying na escola. Eles sentem na pele como é ser tratado como fraco e, então, aprendem a imitar as ações do seu próprio agressor com outras pessoas como uma forma de se elevar e se proteger. Talvez não seja surpresa que os jovens desse subgrupo não fazem a transição completa em que deixam de ser vítimas de bullying para se tornar praticantes; em vez disso, muitos caem em um papel em que são tanto agressores para alguns colegas quanto vítimas de outros – a chamada dinâmica "bully/vítima".[6]

Outras explicações se concentram mais na psicologia do indivíduo do que em seu ambiente. Uma teoria é que as pessoas que praticam bullying têm uma capacidade limitada para dois sentimentos-chave que ajudam a inibir o comportamento violento na maioria das pessoas: empatia e culpa.[7] Há evidências de que, mesmo em crianças de apenas 3 anos, aquelas que mostram níveis especialmente baixos de empatia e culpa têm mais propensão a acabar praticando atos de bullying quando forem mais velhas.[8,9] Talvez não seja surpreendente que esses jovens quase sempre tenham pais e mães que mostram características semelhantes. Isso significa que o jovem pode ter herdado geneticamente essas predisposições, mas também que provavelmente seja alvo de tratamento cruel em casa e talvez aprenda isso como uma estratégia social viável.[10]

Mas entender por que um jovem pode acabar se tornando um bully não explica por que o bullying é uma prática tão preponderante e tão difícil de controlar. Para entender isso, precisamos ampliar nossa perspectiva além do agressor e sua vítima, porque pensar no bullying como um relacionamento entre duas pessoas é negligenciar sua característica mais importante. Como destaca a cena no romance *Heaven*, o bullying é uma atividade de grupo. Não envolve apenas uma vítima e um agressor; quase sempre há uma plateia. Na verdade, a dinâmica de grupo do bullying é tão bem estabelecida que as pesquisas identificaram uma série de papéis, uma série de personagens, que aparecem de maneira recorrente e consistente.[11] Há sempre um líder como Ninomiya, mas há vários outros papéis-chave, e eles abrangem cada uma das pessoas na sala de aula – *todos* desempenham um papel relevante no bullying. A maioria permite que o bullying aconteça: eles o incentivam diretamente ou dele participam (são os *reforçadores* ou *apoiadores ativos*) ou se desvinculam do ato, permitindo passivamente que aconteça (os *indiferentes*). O último e decisivo grupo – os *defensores* – são os adolescentes que intervêm para impedir o bullying e prestar apoio à vítima. O comportamento de cada personagem é moldado pelo comportamento de outras pessoas na classe.

Freddie, que hoje tem 29 anos, compartilhou comigo sua experiência de sofrer bullying na adolescência. Freddie cresceu no leste de Londres e foi acossado por quase toda a vida escolar, entre os 7 e os 16 anos. Isso significa que começou a ser alvo de agressões no ensino fundamental e continuou no ensino médio – porque, segundo ele me contou, já era uma pessoa vulnerável naquela época: "As crianças são capazes de farejar uma vítima do mesmo jeito que tubarões farejam sangue a quilômetros de distância". O bullying era verbal, físico e realizado online (naquela época o Facebook tinha acabado de aparecer). O colégio de ensino médio que ele frequentou era uma grande escola pública em uma área carente – "uma das mais violentas do bairro" –, e ele me disse que a homofobia e a islamofobia eram galopantes, assim como o machismo, e as meninas eram "tratadas como propriedade por muitos dos meninos". Esse ambiente ajuda a explicar por que, depois de alguns anos iniciais sendo intimidado por um grupo de colegas, ele acabou sendo oprimido por quase todos os alunos de sua faixa etária:

> Era como estar em um ambiente de prisão. Era um mundo cão, um pega para capar. Muitas pessoas faziam o que podiam para sobreviver. Pensando bem, acho que algumas das crianças que me intimidavam, me provocavam e pegavam no meu pé eram simplesmente pessoas maldosas, mas outras faziam isso como forma de sobreviver. Era por medo do agressor líder. Nesse ambiente, você tem que ser uma pessoa de grande força física ou mental para enfrentar alguém. Ou precisa ter status social suficiente para não se sentir ansioso em relação a defender alguém que não tem status social e correr o risco de perder seu próprio capital social.
>
> Havia algumas garotas que me defendiam, e até hoje sou amigo delas. Em geral, são as únicas pessoas da época do ensino médio de quem ainda sou amigo. Elas eram garotas muito fortes, com quem os garotos não se metiam, digamos assim. Até os garotos que me agrediam tinham medo delas. Então as garotas que estavam nessa posição conseguiam me defender. Mas isso era raro.

O poder das normas

Ao longo da vida, em todas as situações, olhamos para os outros a fim de entender o que é a coisa "normal" a se pensar ou fazer e geralmente imitamos o exemplo alheio. A ideia de normas sociais assumiu grande importância durante a pandemia de covid-19: tornou-se uma norma estabelecida usar máscara no transporte público, por exemplo. Depois de algum tempo, a norma começou a se dissipar: assim que alguém deu uma olhada pelo vagão do metrô e viu que outras pessoas já não estavam de máscara, ele provavelmente não demorou para abandonar a sua também. Como já vimos ao longo deste livro, na adolescência as normas sociais reinam supremas – e isso também é verdade para o bullying. O processo de bullying começa quando um líder seleciona uma vítima. Mas o bullying é *mantido* quando essa dinâmica agressor-vítima é testemunhada pelo resto do grupo de pares. Isso desencadeia uma complexa série de eventos nos quais a classe inteira (e às vezes todos os estudantes da mesma faixa etária) podem, mais cedo ou mais tarde, passar a ver como normal que aquele adolescente específico seja vitimizado.

Pesquisas mostram de forma consistente que, antes de sofrerem bullying, as vítimas já estão de alguma forma isoladas, inseguras ou fisicamente mais fracas do que o agressor.[12] Como o objetivo do bullying geralmente é estabelecer ou manter o status social, faz sentido que os agressores tenham como alvo os indivíduos que já têm status social mais baixo. Segundo a psicóloga Christina Salmivalli, selecionar vítimas fracas "permite que os agressores demonstrem repetidamente seu poder para o resto do grupo e renovem sua posição de alto status sem medo de serem confrontados".[13] Em 2019, os psicólogos Robert Thornberg e Hannah Delby pediram a jovens de 13 a 15 anos que descrevessem suas experiências de testemunhar atos de bullying e qual era, a seu ver, a razão para o bullying acontecer.[14] De acordo com a descrição de um dos participantes, para uma pessoa se tornar vítima de bullying basta um único comentário:

> Por exemplo, se alguém desse uma resposta errada a uma pergunta na sala de aula, eles gostavam de trazer isso à tona

semanas depois... ou se dissesse algo banal no almoço e eles achassem que era algo errado de se dizer, então trariam isso à tona e se meteriam no seu caminho e diriam: "Não, você não pode fazer isso"; ou, agindo pelas costas da pessoa, convenceriam os outras a não gostarem dela, meio que dizendo coisas maldosas e intencionalmente fazendo a pessoa se sentir excluída.

Thornberg e Delby resumem esse processo como "construção de vítima". Tendo decidido quem é chato, diferente ou vulnerável, em seguida o bully promove essa mensagem por meio de "xingamentos, boatos e exclusão social, o que significa que a vítima é rotulada como desviante e estigmatizada com veemência ainda maior". Assim, uma vez que se considera que a vítima violou certas normas, todo o grupo de pares, sob pena de acabar se tornando um alvo, deve então seguir uma nova norma: concordar com o bully e condenar a vítima ao ostracismo. A situação não é diferente de um Estado autoritário, no qual a violência extrema infligida a alguns indivíduos incute tanto medo na população que todos começam a policiar uns aos outros, por medo de que a violência se volte contra si mesmos.

Exceto pelo fato de que, nas escolas de ensino médio, nem todos obedecem a essas regras. A cada ano há um punhado raro de alunos que estão cientes dessas normas sociais, mas decidem afrontá-las. São os "defensores" que já mencionei – e entender esse pequeno grupo é fundamental para entender como reduzir a incidência de bullying.

Rejeitando as normas

No capítulo 1, conhecemos Alex, que foi estudar em um internato só para meninos e passou boa parte da adolescência experimentando diferentes estilos de moda e música para descobrir sua identidade. Esses experimentos podem nos dar uma pista de que Alex é um exemplo de alguém que era suficientemente confiante para decidir por si mesmo quais normas sociais ele queria seguir – e isso se estendeu à escolha de quem ele queria ser amigo na escola:

Nos primeiros anos comecei no grupo dos descolados, mas não gostava muito deles. Depois comecei a descobrir que muitas das pessoas que eram do tipo mais geek e nerd fã de ciências eram muito mais interessantes do que as pessoas do grupo dos descolados e dos jogadores de rúgbi, sabe? Então, me peguei tendo conversas fascinantes com muitas dessas pessoas. Eu gostava delas de verdade. E pensei, "Por que é que quando converso com alguém que supostamente tem um 'status inferior' em termos dessa hierarquia de merda, todo mundo diz 'Eca! Eu vi você falando com fulano de tal. Por que você estava falando com fulano de tal? Ele é um babaca'". E eu dizia, "Olha, ele é muito interessante, e eu gosto dele". E eles retrucavam, "Credo, seu otário, como você pode gostar daquele cara? Que baita babaca você é". E aí a gente pensa, "Nossa, isso é horrível. Por que temos uma hierarquia?". Esses eram os pensamentos que passavam pela minha cabeça na adolescência, sabe? "Por quê?" Perguntas sobre a natureza humana. "Por que estou nesta estrutura autoritária do século XIX, em que até os professores são tão agressivos e intimidadores?" Parecia muito tacanho, muito estranho.

Mas senti que, à medida que os anos da adolescência avançavam, a coisa da hierarquia de status parecia se intensificar. A idade de 14 a 16 anos parecia ser o pior período, em que tudo ficava muito intenso em termos de todos querendo ser o mandachuva, o maioral. E havia muito conflito e muito bullying. Eles dominavam a cena usando humilhação, bullying e brutalidade. Era bem horrível ver isso acontecer. E simplesmente estava achando aquelas pessoas entediantes. Eu não tinha nada em comum com elas. Pensei, "Há muitas outras pessoas na escola que considero muito, muito interessantes, e não quero fazer parte da hierarquia idiota que essas pessoas estão impondo". E eram as pessoas no topo que pareciam impor isso.

O cenário que Alex descreve não é especialmente raro, mas muito mais raros – por causa dos riscos do ponto de vista social – são os adolescentes que, a exemplo de Georgia no capítulo de abertura deste livro, afrontam as convenções. Assim como Georgia, a decisão de Alex teve consequências significativas:

> Como me afastei e comecei a me misturar com quem eu quisesse, passei a ser visto com desconfiança. Acho que as pessoas olhavam para mim e pensavam: "Não consigo enquadrar você numa caixinha. Isso é difícil, portanto, acho que você é difícil e ameaçador". E então, como eu era bastante criativo, estava interessado em muitas coisas diferentes, músicas diferentes, lia muitas coisas diferentes, houve uma fase em que todos diziam: "Você é um esquisitão. Você é só um esquisitão". Começou esse tipo de coisa. E foi duro, sabe, foi muito difícil. Foi muito perturbador.
> Acho que o caminho que escolhi foi bastante doloroso, porque envolveu as pessoas se voltarem contra mim. Mas acho que há um aspecto do meu caráter que é teimoso para caramba e foi muito tipo, "Quer saber de uma coisa? Dane-se todo mundo, vou fazer o que é certo para mim". Mas também havia grandes ansiedades. Então havia esses dois lados. Havia uma boa dose de "Meu Deus, talvez eles pensem que sou um babaca" e todo esse tipo de coisa – isso estava lá, com certeza. Minha adolescência foi cheia de ansiedade, como a de todo mundo. Mas acho que havia essa teimosia subjacente que parecia ser mais forte.
> A experiência toda me ajudou a descobrir que realmente não gosto de pensamento hierárquico orientado pro status. Realmente acho que a noção de que algumas pessoas são melhores do que outras é uma das piores ideias que os seres humanos já tiveram. Isso é algo que levei para a vida adulta – eu pensava: "Não quero concordar com isso na vida adulta". Acho que era algo que estava determinado a fazer no final do ensino médio. Sem dúvida esse é um valor que trago comigo dos tempos de escola, sabe?

Pesquisas mostram que, para reduzir efetivamente a incidência de bullying, é necessário tomar medidas em vários níveis. A isso se chama de *abordagem de toda a escola*, que pode incluir estratégias como envolver pais e mães, facilitar a mediação entre agressores e vítimas, punir os agressores e/ou monitorar quaisquer "pontos críticos" de bullying na escola (sem nenhuma surpresa, a maior parte dos episódios de bullying acontece em espaços não supervisionados).[15] Mas um componente-chave dessas intervenções é mudar o comportamento dos "espectadores", ou seja, qualquer um que testemunhe o bullying. Pesquisas confirmam que, em âmbito privado, muitos espectadores se sentem como Alex: profundamente infelizes e angustiados com o bullying que presenciam. Isso significa que, em teoria, esses alunos são um excelente grupo para atingir a redução do problema: eles já têm a *atitude* certa, precisam apenas de incentivo para *se comportarem* de forma útil.

Há maneiras de fazer isso que mostram algum grau de eficácia – por exemplo, conscientizar todos os alunos sobre seu papel e aperfeiçoar os sistemas de denúncia –, mas é difícil. Em termos realistas, apenas um pequeno número de alunos será capaz de assumir o risco social envolvido no enfrentamento dos agressores. Um estudo de 2010 com crianças de 10 a 15 anos descobriu que os alunos que defendiam as vítimas tendiam a ter altos níveis de empatia e uma forte convicção de que poderiam ocasionar mudanças (a chamada "autoeficácia"), mas os defensores mais ferrenhos tinham essas duas características *e* altos níveis de popularidade percebida, ou seja, eles próprios detinham altos níveis de status social.[16] Mesmo que suas ações não sejam suficientes para erradicar o bullying, as intervenções desses alunos podem ser incrivelmente poderosas e reconfortantes para as vítimas. Lembre-se das meninas que intervinham para ajudar Freddie, aquelas com quem os garotos "não se metiam": assim como muitos outros em sua posição, Freddie ainda se lembra da generosidade delas mais de uma década depois.

A influência dos pares adolescentes envolve comportamento pró-social também

Não se trata de uma tarefa fácil: identificar em cada escola o número relativamente pequeno de alunos que têm altos níveis de empatia, autoeficácia e status social e esperar que eles tomem medidas em todos os episódios de bullying. Mas há algo mais que pode ser feito, algo mais sutil. Novamente, depende do poder das normas sociais. Assim como os adolescentes podem ser influenciados por seu grupo de pares a se comportarem de forma antissocial, também podem ser facilmente influenciados a se comportarem de forma pró-social.

Em 2016, realizei com um grupo de colegas um estudo no qual pedimos a 755 participantes de todo o mundo, com idades entre 8 e 59 anos, que completassem uma tarefa simples no computador.[17] Durante a tarefa, mostramos aos participantes uma lista de comportamentos pró-sociais, atos destinados a ajudar outra pessoa que a maioria de nós tem a oportunidade de fazer. Nossa lista incluía "Arrecadar dinheiro para caridade", "Carregar a mochila de um amigo" e "Cuidar de um familiar quando ele estiver doente". Pedimos aos participantes que classificassem a probabilidade de realizarem cada ato, em uma escala variável que ia de "Nem um pouco provável" a "Muito provável". Em seguida os participantes tiveram acesso a avaliações médias – supostamente de outros participantes, mas na verdade geradas de forma aleatória – e receberam a oportunidade de alterar sua primeira resposta. Queríamos ver se os participantes mais jovens eram mais propensos a mudar suas respostas do que aos adultos, e eram: crianças e adolescentes (de 8 a 18 anos) mudaram significativamente suas respostas depois de ver a avaliação média dos participantes, ao passo que os adultos mantiveram suas respostas.

Esse estudo teve uma limitação importante: estávamos perguntando sobre comportamento *hipotético*, em vez de medir o comportamento pró-social real, e sabemos por meio de outras pesquisas que aquilo que as pessoas dizem que fariam não necessariamente corresponde a seu comportamento efetivo. Mas minha descoberta foi corroborada por pesquisas mais recentes indicando que os adolescentes são de fato especialmente propensos a receber influência de seus pares *de forma positiva*. Por exemplo, um estudo de 2020 analisou doações de caridade feitas por pessoas de 11 a 35 anos e descobriu que, em comparação com os participantes mais velhos, os mais jovens eram mais propensos a aumentar o valor das doações se soubessem que colegas de idade semelhante haviam doado mais dinheiro.[18]

É esse aspecto que torna o fenômeno relevante para o bullying. Um estudo avaliou mais de 16 mil alunos do ensino médio (de 9 a 16 anos) na Alemanha ao longo de aproximadamente dois anos[19] e descobriu que os adolescentes que estavam em salas de aula com altos níveis médios de comportamento pró-social em um ano eram mais propensos a ter postura pró-social dois anos depois. (Neste estudo, "comportamento pró-social" incluía coisas como ajudar uns aos outros com as tarefas escolares e ajudar a apaziguar divergências.) Na verdade, os pesquisadores descobriram que, para começo de conversa, o impacto de estar em uma sala de aula muito pró-social era especialmente forte entre os alunos que exibiam níveis *mais baixos* de comportamento pró-social. O motivo disso não está claro, mas o que podemos dizer é que em diferentes salas de aula prevalecem diferentes normas e que o comportamento pró-social se perpetua e se espalha ao longo do tempo.

Também sabemos, por meio de vários estudos, que um melhor fator de previsão do comportamento de um adolescente individual é sua *percepção* do que seus pares pensam e fazem (por exemplo, a quantidade de álcool que eles *acham* que seus colegas bebem), não o que seus pares estão *de fato* pensando ou fazendo.[20] Nas palavras dos pesquisadores Whitney Brechwald e Mitchell Prinstein: "As normas sociais estão nos olhos de quem vê".[21] Isso pode parecer bastante óbvio, afinal só temos acesso às nossas próprias percepções de outras pessoas. Mas tem implicações realmente importantes para reduzir o comportamento problemático em adolescentes, porque as normas sociais *percebidas* são algo que pode ser influenciado e potencialmente corrigido. Digamos que um adolescente esteja relutante em usar preservativo durante a relação sexual porque acredita que nenhum de seus pares usa preservativo, embora na verdade eles usem. Se sua percepção equivocada pudesse ser corrigida por meio de uma campanha de saúde pública ou mesmo em uma conversa privada, ele mudaria seu comportamento, aumentando a probabilidade de praticar sexo seguro.

Uma estratégia para reduzir a incidência de bullying tem sido simplesmente exibir nas escolas cartazes destacando aos alunos o número de pares que desaprovam o bullying.[22] Em um estudo sobre essa técnica, os pesquisadores descobriram que, antes dos cartazes serem afixados, os adolescentes acreditavam que o número de seus pares que tinha atitudes positivas em relação ao bullying era muito maior do que de fato correspondia à realidade. Então todas as escolas ganharam cartazes com dizeres como: "95% dos alunos desta escola acreditam que os alunos NÃO devem empurrar, chutar, bater, fazer tropeçar ou puxar o cabelo de um colega". (Essas eram estatísticas reais, com base em um levantamento anônimo que os pesquisadores realizaram em cada escola.) Os pesquisadores constataram que, após a intervenção, as atitudes em relação ao bullying melhoraram e o número de episódios diminuiu. Um ano e meio depois, as maiores mudanças foram mantidas nas escolas cujos alunos tinham uma lembrança mais nítida das mensagens divulgadas nos cartazes.

Outros estudos descobriram que fazer com que os adolescentes compartilhem informações antibullying entre seus pares pode ser eficaz na redução do bullying e que isso é mais eficaz do que fazer com que os adultos ensinem as mesmas mensagens. Claro, o sucesso dessa tática "encabeçada pelos pares" depende muito do adolescente que compartilha a mensagem. Um estudo verificou que uma campanha desse tipo era mais eficaz quando o adolescente que espalhava a palavra era "bem relacionado" (ou seja, muitos alunos relataram querer passar tempo com ele).[23]

O xis da questão é que, para reduzir o bullying em uma escola, é necessário contar com a adesão e o envolvimento de alunos que tenham algum tipo de posição social estabelecida. Em escolas nas quais os prestimosos alunos de elevado status são muito poucos e esparsos, ou onde a cultura do bullying é muito arraigada, ou não há adultos suficientes dispostos ou capazes de apoiar a mudança, qualquer tentativa desse tipo dificilmente terá sucesso. A realidade é que, apesar de enormes quantidades de investimento em pesquisa, as melhores intervenções, estratégias e ações preventivas antibullying de que dispomos reduzirão a ocorrência de bullying em cerca de 15% a 16%, em média.[24] Infelizmente, a adolescência de muitas pessoas continua sendo definida por esse que é o mais problemático dos comportamentos humanos. Para elas, a única opção é lidar com as consequências – o que nos leva de volta a Freddie.

Recuperando-se do bullying

Acossado por quase todos os pares de sua faixa etária, Freddie suportou uma adolescência excepcionalmente solitária e difícil. Embora de temperamento extrovertido, ele "tentou ficar mudo na sala de aula por uma ou duas semanas ou algo assim, apenas para que as pessoas pudessem mudar de opinião a meu respeito", mas não funcionou. Aos 16 anos, depois que Freddie voltou das férias em família, o bullying culminou em um episódio no qual um dos meninos de seu próprio círculo social mais próximo criou um grupo no Facebook com uma foto constrangedora de Freddie. O menino convidou todos os colegas da classe a participar e os estimulou a insultar Freddie. Algumas semanas depois, quando se sentiu como uma "casca seca de ser humano, sem nada mais a oferecer", Freddie me contou que chegou muito perto de tirar a própria vida.

Não é incomum que pessoas que sofrem bullying tenham pensamentos suicidas ou tentem suicídio. Isso é verdade não apenas para os adolescentes de países ocidentais de alta renda, mas do mundo inteiro. Em um estudo de 2019, pesquisadores analisaram dados de quase 135 mil adolescentes de 12 a 15 anos que viviam em 48 países predominantemente de baixa e média renda, a exemplo de Afeganistão, Costa Rica e Tailândia, e descobriram que os participantes que relataram ter sofrido mais bullying no mês anterior ao estudo eram mais propensos a ter tentado suicídio.[25] No grupo de adolescentes que relataram não ter sofrido bullying, 5,9% mencionaram uma tentativa de suicídio no ano anterior; para o grupo que relatou ter sofrido bullying de vinte a trinta dias em um mês, esse número foi de 32,7%. Jovens que sofrem bullying correm maior risco não apenas de tentativas de suicídio, mas de uma série de problemas de saúde mental, seja concomitantemente aos episódios de bullying, seja muitos anos depois.[26]

No fim das contas, Freddie sobreviveu à adolescência, e há sinais de esperança em sua história. Durante a adolescência, junto do melhor amigo de fora da escola, ele fez parte de um time de críquete, no qual, Freddie me contou, sempre se sentiu incluído. ("Eles não eram gentis comigo por simpatia ou porque eram forçados. Eles eram gentis porque realmente gostavam de mim, de quem eu era e do que eu trazia ao grupo. Foi uma sensação muito estranha perceber isso pela primeira vez.") Depois de um bom desempenho nas provas finais do ensino médio, ele se transferiu de sua escola para uma escola pública a fim de cursar dois anos de preparação para a universidade, e as coisas começaram a melhorar consideravelmente:

> Lembro muito nitidamente que, numa prova de língua e literatura inglesa de nível intermediário, fiquei a apenas três pontos de acertar 100%, e os meninos reagiram tipo, "Fred, você arrasou no exame!". E fiquei tão surpreso, porque na minha escola de ensino médio as pessoas pegavam no seu pé por ser estudioso, elas te chamavam de crânio, de CDF, te desprezavam e essencialmente te repreendiam por isso. Demorou um momento até cair essa ficha de mudança de mentalidade, até perceber, "Ah, certo! Quer dizer que aqui trabalhar duro e ser estudioso tem uma recompensa social". Aquela escola preparatória foi uma experiência muito positiva, e ainda tenho amigos de longa data de lá. Eu não era o garoto mais popular, mas era muito querido e respeitado. Então, sim, foi uma boa pausa [do bullying] e isso me ajudou a entrar mais facilmente na universidade.

Na universidade, as coisas continuaram melhorando. Freddie fez amigos, volta e meia era convidado para festas – "levei muito tempo para me acostumar com isso" – e passou a década de seus 20 anos colocando em dia as experiências sociais que nunca teve na escola. Ele também criou uma plataforma chamada VENT,* que incentiva todas as pessoas, especialmente meninos e homens, a falar sobre saúde mental, e na qual o próprio Freddie fala e escreve regularmente sobre suas experiências. Ele me contou que, nos seis anos desde que a criou a VENT, a plataforma se desdobrou em um site, um podcast e uma noite musical semestral. Mas, o que não chega a ser uma surpresa, as cicatrizes do bullying eram profundas. Freddie fez oito anos de terapia

---

* Do verbo *to vent*, desabafar, exprimir, expressar, desafogar. [N.T.]

para ajudar a processar o que aconteceu com ele, incluindo terapia cognitivo-comportamental e terapia de dessensibilização e reprocessamento através dos movimentos oculares (EMDR, na sigla em inglês), uma forma especializada de tratamento para pessoas com transtorno de estresse pós-traumático:

> Essa terapia realmente me ajudou a sair do que eu chamaria de uma espécie de trauma permanente ou estado de vitimização. Foi como se uma venda tivesse sido retirada dos meus olhos; finalmente consegui me livrar do protetor subconsciente que havia acionado e que me ajudou a sobreviver naquela fase. Percebi que todos aqueles anos foram meus "anos perdidos", porque eu não estava a) totalmente no controle, b) totalmente autoconsciente nem c) totalmente curado. Acho que para mim isso foi o mais importante. Infelizmente, o que [a terapia] também fez foi me dar a noção de que tenho muita vida a recuperar. As coisas normais que muitas crianças fazem durante a adolescência, eu simplesmente não tive a chance de fazer. É por isso que jamais poderia assistir à série de TV adolescente *Skins*, porque eu ficaria com uma baita ansiedade, um medo de estar perdendo alguma coisa. Tenho conseguido fazer essas coisas agora, no entanto, na casa dos 20 e poucos anos, o que tem sido ótimo. Em 2022, fiz minha primeira viagem de "férias com a galera", por exemplo. E diria que agora estou no melhor estado mental que já estive.

Perto do final da entrevista, timidamente fiz a pergunta que ficou na minha mente durante toda a nossa conversa. Queria entender como ele se sente agora em relação aos meninos que tornaram sua adolescência tão sofrida. Ele os perdoou? Até esse ponto da entrevista, Freddie se mostrara sempre muito animado, mas agora, pela primeira vez, fica em silêncio. Em seguida me contou que, depois que saiu da escola, um dos agressores fez contato com ele:

> O cara que criou o grupo do Facebook sobre mim me enviou uma mensagem online, alguns anos atrás, pedindo desculpas. No entanto, para ser honesto, pela maneira com que ele se expressou, o pedido de desculpas não soou genuíno, e acho

que ele estava dizendo aquilo só para se sentir melhor. Infelizmente, durante um tempo isso ferrou minha cabeça. Fiquei muito irritado quando vi a mensagem e o nome dele na tela do celular, fiquei com muita raiva. Respirei fundo, pensei e conversei com alguns amigos, pedindo conselhos antes de escrever qualquer coisa de volta. Acabei respondendo algo como "Obrigado por sua mensagem. Ainda estou trabalhando para resolver o que você e os outros fizeram comigo. Mas considere esta mensagem como seu encerramento e não entre em contato comigo de novo" e depois bloqueei o sujeito. Acho que foi a resposta mais educada possível. Ainda estou muito orgulhoso de como respondi. Eu poderia ter xingado o cara de todos os nomes feios que existem, mas, no final de tudo, isso só me faria sentir pior, e agora estou em grande medida curado. Mais do que qualquer coisa, fiquei triste pelos rumos que a vida dele tomou.

Eu diria que os perdoei? É difícil dizer. Quero me inclinar para o "sim", mas ainda assim uma parte de mim diz "não". Acho que fiz as pazes com 95% da história. Eu me perdoei, o que é a coisa mais importante. No começo, lidei com muita culpa de vítima. Tive que me perdoar por não ter lutado o suficiente, foi isso que tive que trabalhar na terapia. Além do mais, por muito tempo senti muita culpa de sobrevivente, quando ouvia sobre tantos outros meninos e homens que tiraram a própria vida. Era a coisa em que eu mais pensava. Por que eu sobrevivi e eles não? Levei um bocado de tempo para realmente processar isso. Porque, quando eu estava passando pela minha adolescência, não me via vivendo além dos 16 anos. Eu tinha uma visão muito finita de como seria minha vida ou de quem eu poderia ser. E aí, quando comecei a recuperação, eu realmente quis viver, porque vi a grandeza da vida e o que poderia potencialmente fazer com a minha vida. É realmente estranho como essa mentalidade muda.

Então, será que os perdoei de verdade? Sabe, vou ser muito honesto e dizer que não sou capaz de responder completamente a essa pergunta. Gostaria de dizer que sim, mas ainda há uma parte de mim que hesita. Como disse antes, perdoei a mim mesmo, o que é a coisa mais importante.

Freddie nos mostra que as consequências de longo prazo do bullying podem ser profundas. No entanto, sua história nos oferece uma esperança cautelosa: a de que, com uma boa dose de apoio, é possível superar até mesmo os capítulos mais difíceis da adolescência e levar uma vida adulta rica e gratificante. Retornaremos a essa ideia no final do livro. Mas, por ora, vamos dar uma olhada no outro extremo do espectro. Dedicamos um tempo considerável à reflexão sobre a convivência em grupos de pares e como isso pode ser difícil. Agora vamos dar uma olhada em algo que envolve apenas duas pessoas – e no quanto isso pode ser maravilhoso.

Capítulo 5
Primeiro amor

Meus pais não levaram muito a sério, e isso não ajudava em nada. Agora, como mãe, pretendo lidar de forma bem diferente com meus filhos. Porque, nessa idade, é algo que consome tudo. Você fica de coração partido quando desmorona. Mas não podia compartilhar isso em casa, porque ninguém levava a sério. Então tinha que esconder o quanto era importante para você, porque para outras pessoas ou para os adultos é uma piada... mas para você, é horrível.

Tess falou comigo sobre um relacionamento romântico que teve na adolescência, agora já há mais de trinta anos. Como acontece com muita frequência, a importância desse relacionamento não foi reconhecida na época. O pai e a mãe de Tess o descartaram como algo trivial, o tipo de afeição adolescente fugaz chamada de "paixonite". Esse desdém talvez não seja surpresa nenhuma: o relacionamento que ela descreveu em seu relato durou apenas seis meses e aconteceu quando estava com apenas 14 anos. Mas este é o xis da questão sobre o amor adolescente: ele é muito mais importante e tem consequências muito mais relevantes do que a maioria de nós percebe.

Em um estudo de 2003, os psicólogos David Rubin e Dorthe Berntsen pediram a mais de 1.300 adultos que relembrassem o momento da vida em que sentiram várias emoções com mais intensidade, e uma das perguntas tinha a ver com amor: "Se você tem pelo menos uma lembrança de se sentir muito apaixonado, quantos anos você tem nessa lembrança?".[1] Os participantes do estudo tinham entre 20 e 94 anos. Os pesquisadores descobriram que os participantes na faixa dos 20 anos tendiam a relatar estar mais apaixonados agora, no momento presente, mas para todas as outras faixas etárias o pico era aos 15 anos. Em outras palavras, o amor adolescente é excepcionalmente vigoroso, e ninguém deveria se surpreender com o fato de que ele deixa marcas indeléveis que perduram por toda a vida. Na adolescência, como veremos ao longo deste capítulo, muitas pessoas vivenciam os relacionamentos mais intensos em termos emocionais de toda a sua existência.

Romance no início da adolescência

Os brotos verdes do romance geralmente aparecem por volta dos 11 aos 13 anos. Isso não se aplica a todos os jovens adolescentes, é claro – como vimos com Vicky no capítulo 1, alguns deles simplesmente não estão interessados nessas experiências ainda; outros terão experiências românticas tolhidas por pais e mães, pela religião ou sua cultura mais ampla. Mas, em média, e por ora restringindo nossa visão à atividade heterossexual, nessa idade ocorre uma significativa reorientação social que estimula o surgimento da atividade romântica.

No começo do ensino fundamental, as crianças fazem amizade quase exclusivamente com colegas do mesmo sexo; meninos e meninas se veem do outro lado do muro com cautela ou desinteresse. Mas, com a transição para os últimos anos do fundamental e o ensino médio e a repentina chegada dos hormônios da puberdade, os interesses começam a mudar, e meninos e meninas passam a confraternizar com o inimigo. Feito cordeiros recém-nascidos aprendendo a andar, essas investidas iniciais são afetadas e desajeitadas. Normalmente há muita discussão sobre quem gosta de quem, e não tanta interação real. Se alguém chega a um relacionamento oficial de "namoradinho e namoradinha", isso em geral pode ser contado em semanas ou até dias. Jovens adolescentes podem se beijar – é comum que haja muitos beijos no grupo de colegas, na verdade –, mas provavelmente não farão sexo. Isso ocorre em parte porque, na prática, um casal de jovens adolescentes pode jamais chegar ao ponto de ficar sozinho. De fato, nessa idade um casal pode facilmente estar "em um relacionamento" sem nunca ter falado um com o outro.

Isso ocorre porque as interações românticas iniciais não acontecem apenas *entre* os pares, elas acontecem *por causa* dos pares. Nos primeiros anos, os pares agem como mensageiros românticos, retransmitindo às partes interessadas informações sobre quem gosta de quem. Muitas vezes é o grupo de pares mais amplo, e não um par individual, que decide quem vai "namorar" e quem vai se beijar. Do ponto de vista do desenvolvimento, isso faz sentido: o envolvimento dos amigos fornece suporte social ao frágil novato no mundo dos namoros, e confiar nos amigos para transmitir mensagens ao seu interesse amoroso protege a pessoa de um possível constrangimento em uma idade especialmente vulnerável.

Se os amigos estão envolvidos, a pessoa também pode ter certeza de que tem a aprovação deles. Na verdade, encaixar-se em um grupo de pares e alcançar status social pode ser a verdadeira razão para o relacionamento: de acordo com o psicólogo B. Bradford Brown, relacionamentos românticos nesses primeiros anos "tornam-se veículos (ou possivelmente obstáculos) para atingir os objetivos".[2] Se o jovem de fato se sente atraído por um parceiro ou uma parceira ou se é compatível com ele ou ela provavelmente é menos importante do que como o relacionamento afetará seu status entre os pares. Nas palavras de Brown: "Namorar a pessoa 'errada' ou conduzir relacionamentos românticos da maneira 'errada' pode prejudicar seriamente a posição de alguém no grupo. Essas preocupações podem acabar ofuscando o interesse de alguém no relacionamento em si. Alguns indivíduos chegam ao ponto de fingir interesse romântico por alguém simplesmente para promover sua própria posição no grupo de pares; eles podem manter um relacionamento com essa pessoa se isso servir aos seus próprios interesses de status".[3] Em outras palavras, nesses primeiros anos os relacionamentos são mais como performances, encenadas para uma audiência de pares. Cada grupo de amigos ditará as normas sociais específicas às quais um relacionamento deve obedecer: a idade em que começa, quando diferentes atividades sexuais devem ocorrer, mas também *com quem* o jovem ou a jovem tem permissão para se envolver nessas atividades.

Os perigos da beleza

De muitas maneiras, ter os atributos da beleza convencional é vantajoso para jovens adolescentes – já vimos que é um caminho rápido para obter popularidade. Contudo, em um mundo no qual relacionamentos heterossexuais têm o poder de alterar o status de alguém entre pares do seu próprio gênero, ser especialmente bonito ou bonita também pode ser arriscado, sobretudo no caso das meninas. Lauren, que hoje tem 54 anos, aprendeu essa lição quando foi transferida para um internato misto por volta dos 14, 15 anos, quando seus pais se mudaram para o exterior. (Note que Lauren era alguns anos mais velha que os adolescentes descritos na seção anterior, mas as normas variam de escola para escola.) Nessa nova escola, de forma repentina e inesperada, Lauren descobriu que era considerada linda pelos meninos.

> Eu era uma garota muito puritana, comportada, muito certinha. Achava que amizades eram coisas bem estranhas. Eu tinha amigos, um grupo muito bom de amigos que deixara na minha cidade natal e com quem mantinha contato. E era um grupo de amizades bem sólido. Mas naquela antiga escola eu era uma garota nerd, de óculos e cheia de espinhas. Aí me mudei para uma nova escola e de repente eu tinha cabelos longos e loiros que haviam sido descoloridos pelo sol porque fui visitar meu pai e minha mãe no verão. Comecei a usar lentes de contato, tinha amadurecido um pouco fisicamente e de repente passei a ser percebida de forma totalmente diferente, como uma verdadeira gata.
>
> Fiquei simplesmente impressionada com isso. Não conseguia acreditar e me peguei pensando, "Uau! Isso é uma coisa nova para mim. Isso é demais!". E as meninas pareciam realmente gostar de mim. Eu estava despertando o interesse dos garotos e até beijei alguns deles. Não eram relacionamentos de verdade. Mas o fato de ter beijado mais de um garoto no espaço de algumas semanas, tudo mudou e de repente eu era "uma vagabunda" e eu era persona non grata e era horrível. Eu estava "dando para todo mundo feito uma piranha", embora só tivesse beijado os caras. De repente, fui condenada

ao completo ostracismo e fiquei absolutamente chocada com isso. Simplesmente não entendia o que estava acontecendo. Interpretei mal as regras daquela nova escola, entendi tudo errado. E, como era um internato e meu pai e minha mãe estavam a milhares de quilômetros de distância, não tinha para onde escapar. Eu não tinha para onde ir.

Em determinado momento, as meninas da classe de Lauren fizeram um caderno no qual o nome de todos os colegas estavam listados, e todos foram convidados a escrever comentários uns sobre os outros – na verdade, isso segue exatamente o enredo do filme *Meninas malvadas*, de 2004. Lauren sabia da existência do tal caderno, mas não tinha permissão para ler o conteúdo ou fazer uma contribuição. Quando finalmente o viu, os comentários sobre ela eram "abomináveis". Ela passou os dois semestres seguintes quase sem falar com ninguém e não contou à família o que estava acontecendo. Aparentemente os professores também não notaram que havia algo errado, porque Lauren continuou a estudar com afinco e a ter bom desempenho acadêmico. "A crueldade e a natureza inconstante das amizades entre meninas naquela idade ainda me surpreendem", ela me disse. "Isto me moldou por um longo tempo: a vontade de querer desesperadamente agradar e ser amada, para evitar aquela solidão e sensação de rejeição novamente."

Garotas adolescentes que são consideradas bonitas andam em uma corda bamba: ter as características da beleza convencional e ficar na companhia dos garotos populares proporciona elogios sociais e popularidade; porém, se elas forem desejáveis *demais*, bonitas *demais*, tornam-se uma ameaça dentro de um grupo de amigos. (O excesso de beleza pode ocasionar dificuldades semelhantes para meninos adolescentes, mas, de forma surpreendente, existem pouquíssimas pesquisas a respeito disso.) O que é especialmente interessante no caso de Lauren é que a pessoa que encabeçou as hostilidades contra ela era outra aluna nova, que entrou na mesma época que ela. "O fato é que ela pegou pesado e deu a punhalada, e foi horrível. Ela meio que fez todas as outras garotas pensarem: 'Ah, sim, na verdade você é horrível'", Lauren me contou. Em outras palavras, duas garotas novas entraram para uma escola que já tinha seus grupos de colegas estabelecidos, e ambas estavam tentando encontrar seus lugares e posição social. Parece provável que a outra garota nova tenha achado a beleza de Lauren ameaçadora porque a aceitação de Lauren no grupo de colegas e sua elevação a um status superior a deixariam ainda mais vulnerável e isolada do que já estava. Humilhar Lauren e fazer com que ela fosse condenada ao ostracismo teria sido uma maneira de evitar isso – um clássico exemplo de "agressão relacional", que é comum nessa faixa etária.

Relacionamentos no final da adolescência

À medida que os adolescentes passam pela metade e pelo final da adolescência, os relacionamentos românticos começam a mudar de forma. Obter aprovação dos amigos ainda é importante, mas menos intensamente, por vários motivos. Nessa idade, os adolescentes começam a ter um senso de si mais estável, então passam a ser um pouco menos dependentes da aprovação dos pares, e também adquirem uma noção melhor quanto a quem os atrai. As panelinhas que eram precárias e voláteis começaram a se estabelecer na forma de associações mais sólidas. A probabilidade de ser expulso do grupo de amigos diminui e, portanto, há uma redução nos riscos associados aos namoros de modo geral. Além disso, a maioria dos adolescentes terá que se resignar com o fato de não fazer parte de uma panelinha de alto status e, portanto, admitir que seu parceiro também não fará – e assim o conjunto de parceiros de namoro potencialmente aceitáveis começa a aumentar.

Os relacionamentos também se tornam mais genuínos. Podem durar vários meses ou até anos; os casais começam a passar tempo sozinhos juntos; a atividade sexual tem início. Há mais vulnerabilidade e intimidade entre os dois parceiros, pois o gerenciamento de impressões dá lugar a uma autorrevelação mais honesta: quanto mais tempo os namorados passam juntos, mais difícil é mentir e fingir sobre quem são de fato. Esses relacionamentos envolvem compreensão mais profunda, vulnerabilidade mais profunda – e sentimentos resultantes mais profundos. Começam a surgir as características dos relacionamentos românticos adultos: empatia, comprometimento, confiança. Em outras palavras, por volta da metade da adolescência, os adolescentes realmente começam a se apaixonar de verdade.

É lógico que seus relacionamentos continuam a diferir dos relacionamentos dos adultos de várias maneiras. Os adolescentes não apenas continuarão vivendo separados, mas a quantidade de tempo que poderão passar juntos e a privacidade que terão juntos serão limitadas por fatores externos: a ingerência de pai e mãe, os horários escolares, a religião de cada um. Eles continuarão a ter amizades intensas fora da parceria romântica também, mais do que os adultos, e continuarão dependendo do pai e da mãe para pelo menos algumas de suas necessidades práticas e emocionais. Mas isso não torna esses relacionamentos menos reais. Na verdade, desvencilhados das responsabilidades e praticidades dos relacionamentos adultos, os relacionamentos adolescentes são livres para ser *mais* intensos. Os amantes adolescentes podem se concentrar apenas em seus sentimentos um pelo outro – e num momento em que o corpo e o cérebro estão programados para se importar mais com esse tópico.

Naomi, que hoje tem 50 anos, cresceu na Irlanda do Norte na década de 1980. Era um ambiente dos mais complicados para vivenciar um romance adolescente: predominava uma rigorosa expectativa religiosa de que não deveria haver sexo antes do casamento, bem como havia a constante ameaça e perigo dos Troubles [a guerra civil irlandesa, o conflito entre católicos e protestantes]. Apesar disso, Naomi conheceu um garoto de outra escola, Peter, e se apaixonou. Ela explicou que, entre os católicos na Irlanda do Norte que tinham uma casa de férias, era comum que essa casa fosse no sul do país:

> Todo mundo foi para a minha casa de férias quando fiz 18 anos, e o Peter fazia parte daquele grupo de amigos. E é nessa ocasião que me lembro de me divertir à beça com ele. Nunca dei tanta risada na minha vida. Ele tinha uma namorada, mas lembro que, depois dessa viagem, percebi que estava se afastando dela e queria passar tempo comigo. E aí ele terminou com ela e me mandava poemas, fitas cassete gravadas com coletâneas... eu sentia um arrepio toda vez que o via e quando o ouvia dizer que gostava de mim. A coisa foi aumentando,

se intensificando aos poucos antes de sabermos se estávamos namorando ou não. Cada gesto era muito, muito atencioso. Ele era absolutamente o oposto do tipo de garoto com quem meu pai queria que eu ficasse. Ele era guitarrista. Ele era legal. Ele era incrivelmente lindo. E metido. E nem um pouco estudioso.

Mas simplesmente encontrei alegria total nele. Ele era muito criativo, ficávamos no quarto juntos, e ele tocava guitarra. Nós nem fazíamos nada, transar nem sequer era parte do nosso pensamento. Não me lembro tanto dos nossos amassos, me lembro mais da sensação de estar com ele, realmente me amando 100%, apenas me curtindo, curtindo tudo o que eu era – e eu o amando. Eu tinha a forte sensação de pertencer à família dele. A mãe dele sabia cozinhar. Minha mãe nunca cozinhava. Eles não eram ricos, mas tinham um lar muito amigável e acolhedor. O pai dele me dava carona até a casa dele, e nós fazíamos refeições deliciosas. Nas noites de domingo, ele e eu apenas ficávamos de bobeira e nos divertíamos feito crianças, brincando de luta livre. Tínhamos nossa própria linguagem. Tínhamos nossas próprias palavras um pro outro. Era simplesmente uma delícia. Era um barato sem igual. Uma vez, eu estava trabalhando de babá e cuidando de uma criança de 2 anos, e Peter veio me buscar à meia-noite. O pai e a mãe da criança não estavam em casa, mas chegaram logo depois, e nós dois estávamos rindo tanto que eles pensaram que eu estava bêbada. Nunca mais me aceitaram lá. Mas eu estava apenas me divertindo, porque ficávamos tontos perto um do outro, sabe?

Em meio a todo o medo e drama dos relacionamentos adolescentes, uma verdade simples muitas vezes se perde: eles podem propiciar uma rara oportunidade de relaxamento total e pura diversão. E, quando dão certo, podem ser uma maneira crucial para os adolescentes desenvolverem uma compreensão de si mesmos. Em um texto de 1968, o psicólogo Erik Erikson resumiu o amor adolescente como uma "tentativa de um indivíduo de chegar à definição de sua própria identidade projetando sua autoimagem difusa em outrem e vendo-a assim refletida e gradualmente aclarada".[4] Quando o relacionamento é amoroso, o resultado pode ser um reforçado senso de autoestima que dura para sempre, como Naomi mostra:

> Acho que esse relacionamento deu o tom pro fato de que não preciso ser ninguém além de mim mesma. Ele me amava de verdade. E me lembro dele dizendo que não importava o que acontecesse na vida, sabe, ele ainda me amaria. Outro dia recebi uma mensagem de uma grande amiga minha de Belfast, contando que estava num pub e ele estava tocando música lá. E ela me disse: "Ele ainda está tão lindo como sempre". Nenhum dos meus sentimentos mudou por ninguém que um dia eu já amei. Se os amei, ainda os amo. Ele ainda é lindo e adorável. Por que eu pararia? Sabe, eu nunca deixei de amá-lo.

Então, por que eles não ficaram juntos por mais tempo? Por que não estão juntos agora? Apesar do poder do relacionamento e do amor que sentiam um pelo outro, Naomi escolheu terminar o relacionamento depois de um ano. Ela me contou que sabia, mesmo naquela época, que nunca se casaria com ele:

> Ele simplesmente não era nem um pouco ambicioso. Ele odiava todas as coisas que eu amava sobre aprender. E sempre fui ambiciosa em relação a mim mesma. O triste fim desse relacionamento, a sentença de morte, foi quando parti para Londres no verão. Conheci outra pessoa, um homem que era dez anos mais velho que eu, e pensei: "Uau. Esse homem é tão inteligente. E ele tem um doutorado. E isso é incrível". Quando voltei para casa… É tão doloroso pensar sobre isso, mas contei a ele que tinha conhecido esse outro cara. Fui bem honesta. Expliquei que ainda o amava, mas queria arriscar. E ele disse: "Você não me quer, Naomi, quer? Não quer". Então ele não me deixou voltar para ele. Mas eu não teria voltado. Não era o tipo de relacionamento que eu sentia que merecia do ponto de vista intelectual.

Como veremos, sofrer as consequências de um rompimento na adolescência – ser amado por alguém e depois vivenciar a mudança dos sentimentos da outra pessoa – pode ser devastador e ter efeitos substanciais a longo prazo, mas a história de Naomi serve como um lembrete de que também para a pessoa que toma a iniciativa do rompimento a separação pode ser desesperadamente triste, e a ruptura também pode afetá-la por um longo tempo. Foi o caso de Naomi quando ela reencontrou Peter, muitos anos depois:

> Alguns anos atrás, numa noitada em Belfast, eu o vi com a namorada. Não vou dizer que foi fácil. Porque, quando você não mora em um lugar, geograficamente falando, você fica preso no tempo. Mas a vida dele se transformou por completo. Eu volto no tempo, para mim ele ainda é o apelido, sabe, que nós dois usávamos, ainda tenho essa lembrança. Para mim, estou sempre presa no tempo nesses relacionamentos. Ainda espero ser especial, mas nunca perguntaria isso a ele. Acho que desencadear esse tipo de conversa é realmente perigoso. Porque se eu descobrisse que ele nem sequer pensa sobre isso... Seria muito doloroso para mim. Eu não quero saber. Quero ter a história que faz sentido para mim, a minha construção de significado. E ele pode se lembrar de mim como alguém que foi muito ruim com ele. Eu não sei. Acho que nunca saberei de verdade.

Quando se trata de entender os eventos da nossa adolescência, muitas vezes chegamos à história que faz mais sentido para nós, a que é mais fácil de suportar. A maneira de fazer as pazes com o que aconteceu conosco não é recontando repetidamente meros fatos, mas criando uma narrativa lógica, muitas vezes reconfortante, em torno desses fatos. Uma história. Isso é tão útil para nós que, como mostra o relato de Naomi, qualquer oportunidade de atualizar a história com novas informações ou perspectivas é vista como indesejada. Quando se trata de relembrar relacionamentos românticos significativos, o final da história geralmente envolve pintar o primeiro namorado ou a primeira namorada como alguém que, em algum nível, ainda deve gostar de você agora, tantos anos depois. Isso é inevitavelmente importante para aqueles que têm o coração partido, como veremos em breve com Tess. Mas para aqueles que tomam a iniciativa do rompimento, como Naomi, essa narrativa pode ser igualmente importante. Ninguém quer acreditar que está alojado na mente de outra pessoa por razões dolorosas, que está registrado na história de outra pessoa como um destruidor de corações. Parte da solução é acreditar que essas pessoas ainda se importam com você, mas outra parte pode ser dizer a si mesmo que, a longo prazo, elas estão melhores sem você. Foi o caso de Naomi, quando ela viu Peter com a nova parceira:

> Quando eu o vi com a namorada, pude notar que ele a amava. Percebi que eles tinham o que nós dois tínhamos. Ela era muito parecida comigo nessa dinâmica, sabe? Estava na cara a razão pelas quais ele a amava. E eles se casaram. Acho que, com ela, ele provavelmente encontrou muitos dos elementos que tínhamos em nosso relacionamento. Mas com alguém que o amava pelo que ele era. Alguém que não queria que ele mudasse.

Quando namorar é mais difícil – ou impossível

Embora o fim do relacionamento de Naomi tenha sido repleto de tristeza e continue sendo uma lembrança agridoce, esse relacionamento também a deixou com um profundo e duradouro senso de autoestima. Da mesma forma, adolescentes cuja oportunidade para tais experiências é tolhida por alguma forma de restrição podem sofrer intensamente com essa falta, não apenas no momento, mas a longo prazo. Alguns adolescentes não têm desejo de namorar, ao passo que outros querem – e muito – vivenciar experiências românticas e sexuais, mas são incapazes de encontrar um parceiro recíproco. Em vez disso, são escanteados e, do lado de fora, resta-lhes apenas testemunhar esses relacionamentos acontecerem com seus amigos e colegas. Na adolescência, estar nessa posição à margem pode ser uma experiência profundamente solitária para o jovem que anseia por ser compreendido, amado, tocado, mas que, incapaz de concretizar essa intensa aspiração, pergunta-se o que pode estar errado consigo, por que razão não consegue ser desejado da maneira como todo mundo parece ser.[5, 6] Para tornar as coisas ainda mais difíceis, alguns adolescentes ouvirão de seus pares uma explicação explícita de por que são rotulados "inamoráveis": geralmente a culpa é de algum aspecto de sua personalidade ou aparência que é considerado pouco atraente. É compreensível que isso possa ter profundos efeitos na autoestima e confiança, que acompanharão a pessoa em seus relacionamentos adultos muitos anos mais tarde.

Há outro grupo para o qual a aventura romântica e sexual adolescente é quase sempre mais complexa e, às vezes, totalmente impossível: aqueles que são lésbicas, gays, bissexuais ou que pertencem a outros grupos de minorias sexuais. Isso ocorre em parte porque, para que esses adolescentes estabeleçam, entendam e expressem sua orientação sexual, eles devem primeiro enfrentar um tremendo desafio, o que a socióloga Mary Robertson descreve como "violação da heteronormatividade compulsória";[7] a heteronormatividade é a suposição incorporada à sociedade de que existem apenas dois gêneros "opostos" – homens e mulheres (ou meninos e meninas) – e que relacionamentos românticos e sexuais "normais" devem existir apenas entre esses dois gêneros opostos. Nos últimos anos, isso começou a mudar – e históricas mudanças na legislação sobre casamentos homoafetivos desempenharam um papel importante. Mas o pressuposto implícito ainda vigora: como os relacionamentos heterossexuais são a maioria, qualquer outra coisa é, de alguma forma, desviante ou indigna de representação. É o que acontece apesar do fato de que quase 7% dos jovens de 16 a 24 anos na Inglaterra e no País de Gales se identificam como gays, lésbicas, bissexuais ou outra orientação sexual minoritária, o que equivale a 436 mil jovens – não é exatamente um grupo pequeno.[8] A esperança é que os adolescentes de hoje se vejam mais bem refletidos no mundo ao seu redor, mas isso certamente não aconteceu no passado, e o progresso é lento. Nas palavras de Robertson, "a sociedade é bombardeada com imagens heteronormativas" – na publicidade, nos livros infantis, na mídia –, "e tudo isso sugere aos jovens *queer* dia após dia que seus desejos e comportamentos sexuais são errados".[9] Embora a representação tenha melhorado, isso não resolveu o problema. Nas palavras dos psicólogos Daniel Alonzo e Deborah Buttitta, "não podemos presumir que tudo é fácil em uma cultura simplesmente porque há um aumento no número de personagens lésbicas, gays e bissexuais na televisão".[10]

É óbvio, mas vale a pena lembrar: adolescentes heterossexuais não precisam passar pelo processo de tomar consciência de que são héteros, porque geralmente são considerados héteros por padrão, por via de regra. Os adolescentes de minorias sexuais, por outro lado, devem compreender que são diferentes da maioria, diferentes do que se espera deles, e que seus desejos e identidade se desviam dessa forte expectativa e roteiro culturais. Para muitos, a sensação de ser diferente surge primeiro na infância e depois se solidifica na adolescência, quando mudanças no cérebro e no corpo significam que a atração romântica e sexual começa a tomar o centro do palco na mente de uma pessoa.

A dificuldade pode ser imensa, porque um dos lugares no qual a heteronormatividade é mais difundida é o ensino médio. Sobretudo no convívio entre adolescentes, em que calúnias homofóbicas podem ser usadas rotineiramente, da maneira mais indiscriminada e despreocupada, há consideráveis riscos pessoais envolvidos – tanto em termos de ostracismo social quanto de danos físicos – para quem ousar se aventurar abertamente em relacionamentos gays. Infelizmente, já está muito bem estabelecido na literatura que adolescentes lésbicas, gays e bissexuais, além dos adolescentes que questionam sua orientação sexual, são mais propensos a sofrer bullying do que seus pares heterossexuais,[11] o que, por sua vez, pode aumentar o risco de problemas de saúde mental e reduzir a frequência escolar; tudo isso pode ter substanciais consequências a longo prazo.

"Saindo do armário"

Para alguns indivíduos, sobretudo de gerações mais velhas do que os adolescentes de hoje ou aqueles que vivem, digamos, em países ultraconservadores, ser capaz de expressar sua verdadeira identidade sexual talvez nunca seja possível. Mesmo nas sociedades mais livres e tolerantes de hoje, muitas vezes os adolescentes gays, lésbicas e bissexuais namoram dentro do grupo que as expectativas determinam que namorem, pelo menos de início, porque estão tentando com todas as forças disfarçar, esconder de seus pares sua verdadeira orientação sexual. Com o tempo, no entanto, a maioria dos adolescentes chegará a um ponto em que a necessidade de expressar sua orientação e compartilhá-la com os outros superará as barreiras e desincentivos potenciais que eles enfrentam. É o processo de "sair do armário" – que, é importante ressaltar, não é um evento único. Sair do armário é um processo lento no qual um indivíduo primeiro entende a si mesmo e, em seguida, aos poucos revela sua orientação sexual aos outros, várias vezes em muitos contextos diferentes. De acordo com Alonzo e Buttitta, "há que se enfatizar que sair do armário não é um evento identificável no tempo... É um processo complexo, não linear e sem fim".[12]

À medida que a sociedade se torna mais progressista, o conceito de sair do armário passa por mudanças. Para começo de conversa, a esperança é que, em uma sociedade menos heteronormativa, pode haver menos necessidade desse tipo de revelação e divulgação: se fôssemos todos mais tolerantes com as muitas variações da sexualidade humana, haveria menos demanda no sentido de alguém anunciar que se desvia do suposto padrão. Mas a noção de sair do armário está mudando também porque há um melhor reconhecimento de que para algumas pessoas a orientação sexual pode ser fluida e, portanto, a ideia de um indivíduo fazer uma declaração singular e repetida sobre sua identidade perde o sentido.[13] Mas ainda estamos nos estágios iniciais dessa mudança, e há um longo caminho a percorrer. Por enquanto, pelo menos, de maneira geral ainda há a necessidade de os jovens anunciarem que sua orientação sexual é algo diferente de heterossexual.

Quando fazem isso, alguns adolescentes recebem apoio e aceitação; pode até ser que sua orientação sexual não seja uma surpresa para a pessoa com a qual se confidencia. (É uma anedota conhecida: um adolescente cria um bocado de coragem a fim de se assumir para sua mãe, apenas para que ela responda: "Ah, sim, já sei disso há muitos anos".) Mas, para outros, os riscos são extraordinariamente altos: eles podem enfrentar reações de vergonha e humilhação; alguns são rejeitados pela família ou expulsos de casa. Estudos mostram que os indivíduos ponderam cuidadosamente e de antemão sobre os custos e benefícios potenciais de sair do armário, quase sempre ao longo de anos a fio.[14] E, no entanto, sair do armário e se assumir é uma parte crucial do desenvolvimento e da autocompreensão de uma pessoa. Nas palavras dos psicólogos Daye Son e Kimberly Updegraff, "independentemente das implicações familiares positivas ou negativas, a revelação da identidade sexual para a família em si serve como um importante avanço no desenvolvimento da identidade durante a adolescência", porque facilita a "integração da identidade" – ou seja, múltiplos aspectos do eu podem ser reunidos e conhecidos pelos outros –, bem como "autoaceitação e autoempoderamento".[15]

Scott é um homem bissexual, agora com 27 anos, que cresceu no nordeste da Inglaterra. Ele foi matriculado em uma escola de ensino médio mista, um lugar onde a homofobia era abundante e normalizada: "A impressão que tive daqueles meninos era de que qualquer atividade sexual com meninos ou homens era inerentemente, você sabe, meio nojenta. Eles agiam como se [sentir repugnância] fosse uma coisa inata e reflexiva", ele me contou. Mas Scott sabia, em seu íntimo, que não sentia o mesmo. Ele tinha atração por garotos, e durante algum tempo teve dúvidas sobre ser gay ou não, mas também sabia que isso não era bem verdade. O que se seguiu foi uma experiência bastante comum para adolescentes bissexuais: um período de tentar entender qual é exatamente sua sexualidade, diante de um estigma considerável e inexistência de modelos úteis:

> Passei por uma fase em que pensei que talvez eu apenas estivesse em negação sobre o que estava acontecendo e que simplesmente eu era gay. E passei por uma fase de dizer isso às pessoas. Mas então percebi que não era verdade. Era tipo, "O que estou reprimindo aqui? É homossexualidade ou heterossexualidade?". Sabe como é, ninguém nunca fala sobre isso. Não é algo que seja de fato investigado de forma significativa na cultura popular. Existe um tropo comum de que, se um homem diz que é bissexual, deve estar apenas fingindo gostar de mulheres. Levei anos para aceitar que não é isso que está acontecendo e que, na verdade, simplesmente não tenho uma grande preferência a esse respeito. Eu gosto dos dois.

Scott teve experiências sexuais precoces com garotos da escola, mas aos 17 anos engatou um relacionamento de longo prazo com uma garota. Ela ouviu rumores sobre os relacionamentos anteriores dele com garotos e perguntou se isso era verdade. "Na época, meu instinto foi de que seria uma trabalheira danada tentar lidar com a situação", ele me contou. "Então pensei, 'Simplesmente vou negar. Vou dizer que não, que são apenas boatos'. Não ia mudar coisa alguma. Não queria terminar o namoro e pensei que, de qualquer maneira, ela simplesmente não entenderia."

Scott decidiu não contar a verdade à namorada, o relacionamento seguiu seu curso por mais alguns meses e terminou por outros motivos. Mas ele se deu conta de que seu instinto – sua relutância quanto a dizer a verdade – era bem fundamentado quando, um ano depois, aos 18 anos, iniciou um relacionamento com outra garota. Essa nova namorada acabara de perder um amigo próximo, um rapaz que era gay e decidiu tirar a própria vida. (Em parte por causa do estigma e do preconceito, adolescentes lésbicas, gays e bissexuais, bem como os transgêneros ou não binários, correm um risco maior de comportamento suicida.[16]) Após a morte do amigo, a namorada de Scott passou a apoiar muito ativamente os direitos dos gays, manifestando-se sem papas na língua "sobre o quanto é trágico o fato de o tratamento recebido por pessoas gays ser tão ruim, e tudo o mais", Scott me disse. "Então pensei: 'Bem, ela vai entender. Talvez não seja tão arriscado'. Mas não foi o resultado que obtive." Pelo contrário, quando Scott revelou à namorada que era bissexual, a reação dela foi profundamente perturbadora:

> Ainda me lembro nitidamente da expressão no rosto dela quando contei, e era simplesmente de absoluto nojo. Uma verdadeira repugnância ao ouvir minhas palavras. E depois ela disparou uma saraivada de perguntas tipo, "Você já tomou alguma providência em relação a isso? Com quem você fez isso? Quantas? Quantas pessoas?". Era quase como se tivesse acabado de dizer a ela, "Talvez você tenha contraído aids", ou algo assim, sabe? E me lembro de ter pensado, "Isto é horrível. Este relacionamento não vai durar". Não tomei nenhuma atitude imediatamente, mas nós terminamos logo depois. Porque depois disso não tem como seguir em frente.

Logo depois disso, uma tentativa de contar ao pai e à mãe também não teve sucesso. Sua mãe, Scott me disse, não pareceu incomodada, mas o pai não reagiu bem: "Tenho um bom relacionamento com meu pai, mas a impressão foi a de que ele não queria reconhecer isso, não queria pensar sobre [a bissexualidade] no contexto de seu próprio filho. Eu me lembro de ter pensado na época em voltar atrás e me retratar bem rapidinho. Porque não há como contornar isso. Não é algo que as pessoas vão entender".

Vários anos depois, quando Scott estava prestes a ir morar com uma namorada de longa data, mais uma vez sentiu uma relutante obrigação de contar a ela sobre sua bissexualidade. Fazia cinco anos que tinham começado a namorar, e ele jamais havia mencionado a questão:

> Pensei que ela precisava saber. Se fosse outro caso de "Ah, acho repulsivo e não quero mais nada com você", então tínhamos que saber, porque estávamos prestes a assumir um grande compromisso financeiro. Se ela acabasse descobrindo mais tarde, não seria certo. Mas tive que ficar muito, muito bêbado para conseguir contar a ela, porque realmente não queria que as coisas tomassem o mesmo rumo que tinha tomado com as outras pessoas. Não queria que isso acontecesse de jeito nenhum.

Dessa vez, a admissão de Scott não foi recebida com asco, mas sim com uma nova dificuldade:

> E ela ficou realmente chateada quando contei. Chateada mesmo, de verdade. Não foi o mesmo tipo de aborrecimento que vi nas outras pessoas – ignorando a verdade ou julgando que eu estava mentindo ou achando repugnante. Era simplesmente a pura preocupação de que ela não seria suficiente, que de alguma forma eu teria que ter homens e mulheres na minha vida. O que não é verdade. Eu não tinha a intenção de deixá-la. Mas ela ficou preocupada que no futuro eu a abandonaria por um homem.

Levando em consideração essas experiências, talvez não seja surpreendente que agora, na vida adulta, Scott quase nunca diga nem sequer uma palavra sobre sua orientação sexual. Ele conta às pessoas com base exclusiva no critério de "esta pessoa precisa saber" e, para ele, a maioria das pessoas simplesmente nunca precisa saber. Ele se recusa a contar aos colegas, a se juntar aos grupos LGBTQIA+

no trabalho e até mesmo a admitir sua sexualidade em formulários anônimos de monitoramento demográfico. Ele nunca mais falou com o pai ou a mãe a respeito. Claro, a maioria das pessoas prefere não falar sobre suas preferências e atividades sexuais no trabalho ou entre os familiares, mas quase sempre as pessoas revelam sua sexualidade de outras maneiras – por exemplo, referindo-se ao parceiro pelo nome. E a maioria das pessoas não passou pelas situações que Scott passou durante a adolescência: cada uma de suas tentativas de revelar quem ele é teve um resultado doloroso ou humilhante. Seus motivos para manter silêncio sobre esse aspecto de si mesmo são de uma ordem completamente diferente.

Ele não está sozinho: as pesquisas já estabeleceram de forma cabal que pessoas bissexuais continuam enfrentando dificuldades para sua identidade ser aceita e reconhecida.[17,18] Elas amiúde sentem que são negligenciadas e vivenciam ceticismo e desconfiança de todos os lados. No entanto, a situação pode estar melhorando, conforma indica um estudo de 2020 que avaliou 1.491 participantes com idades entre 18 e 60 anos que se identificaram como gays, lésbicas ou bissexuais. Os participantes eram de três diferentes coortes de nascimento – ou seja, três gerações diferentes –, e os pesquisadores lhes perguntaram que idade tinham quando vivenciaram os cinco chamados "marcos de desenvolvimento da identidade sexual":[19] em que momento o participante sentiu atração pela primeira vez por alguém do seu próprio sexo (note que "sexo", e não "gênero", foi a formulação original dos pesquisadores); em que momento percebeu que era gay, lésbica ou bissexual; quando fez sexo pela primeira vez com alguém do mesmo sexo; a primeira vez em que revelou sua orientação sexual a um amigo heterossexual; e quando fez essa revelação a um familiar. Os pesquisadores descobriram que havia diferenças consideráveis entre os grupos de indivíduos. Por exemplo, o grupo mais velho – os de 52 a 59 anos – relatou ter descoberto sua orientação sexual em uma idade média de 19 anos. Para o grupo do meio (34 a 41 anos), a idade média era de 16 anos, e para o grupo mais jovem (18 a 25 anos), a idade média era de 14. Agora que há menos estigma em relação às minorias sexuais (e melhor conscientização sobre o tema) e, por exemplo, mais discussões abertas na internet, pode ser que os adolescentes consigam encontrar mais facilmente as palavras de que precisam para se descrever e se entender.

A outra descoberta deste estudo é que indivíduos gays, lésbicas e bissexuais estão se assumindo mais cedo. As pessoas do grupo mais velho revelaram sua identidade pela primeira vez a um parente aos 26 anos, em média; para os integrantes do grupo do meio, isso aconteceu aos 22 anos, e para os do grupo mais jovem, isso aconteceu aos 17 anos. Em outras palavras, os participantes da coorte mais jovem entendiam melhor a si mesmos já em uma idade mais jovem e se sentiam capazes de compartilhar essa identidade com seus familiares mais cedo. No que diz respeito à coorte mais jovem, talvez o aspecto mais pungente tenha sido que a primeira experiência sexual com alguém do mesmo gênero e a primeira revelação de identidade a um amigo heterossexual aconteceram quase simultaneamente: os participantes tiveram uma experiência sexual importante e de imediato foram capazes de discuti-la com os amigos – uma experiência que a maioria dos adolescentes heterossexuais dá como favas contadas e vê com a maior naturalidade. Os indivíduos das duas coortes mais velhas, por outro lado, relataram ter esperado anos até que pudessem contar a um amigo. Isso sintetiza bem a dolorosa situação em que muitos adolescentes gays, lésbicas, bissexuais e outras minorias sexuais ainda se encontram: descobrem uma parte fundamental de sua identidade, mas são obrigados a mantê-la em segredo. O mencionado estudo, pelo menos, dá alguma esperança de que as coisas podem estar mudando para melhor.

Por fim, embora de maneira geral seja verdade que adolescentes gays, lésbicas e bissexuais são mais vulneráveis do que seus pares ao bullying e à discriminação, há também, segundo o argumento da socióloga Eleanor Formby, "a necessidade de cautela sobre exagerar esses 'riscos' e retratar pessoas (jovens) LGBT como 'vítimas' inerentes".[20] Ela vai além: "Apresentar jovens LGBT como intrinsecamente necessitados de proteção continua a marcá-los como pessoas fundamentalmente diferentes de seus pares heterossexuais e/ou cisgêneros, o que pode não ser útil a longo prazo".[21] Ao fim e ao cabo, para qualquer adolescente, receber a pecha de diferente, esquisito, anormal, e ter a sensação de não ser aceito pelo grupo mais amplo – seja da forma como for – é o que causa a dor duradoura.

Término

Até mesmo os relacionamentos mais bonitos e intensos vividos na adolescência quase sempre terminam. De fato, a maioria desses relacionamentos é efêmera – um estudo descobriu que 74% dos casais adolescentes duram menos de um ano.[22] E para cada adolescente como Naomi, que toma a iniciativa da separação, há um Peter, seu namorado, para quem o fim pode chegar de repente, de forma inesperada. A lembrança dessa experiência pode permanecer dolorosa para sempre. Tess, que conhecemos no início deste capítulo, estava no 9º ano (13-14 anos) quando começou a gostar de Rob, um dos meninos de sua faixa etária:

> Ele era amigo de alguns dos meninos do meu grupo de tutores. Mas eu não o conhecia muito bem. Ele ficava meio de lado nas rodas de conversa, não era muito sociável. Pelo que me lembro, era um pouco misterioso, acho. Eu me lembro de que ele era conhecido por ter um temperamento forte. E era bem comum as pessoas saírem com alguém por algumas semanas e depois saírem com outra pessoa, e eu não era diferente. Mas ele nunca saía com mais ninguém. Acho que gostei bastante disso, do fato de que ele não fazia parte do esquema. Achei que era impressionante por ser um pouco distante. Isso fazia parte do apelo, infelizmente.
>
> Tive relacionamentos com outras pessoas do meu ano, mas para mim aquilo foi completamente diferente. Eu me apaixonei de verdade por ele. Éramos conhecidos por estarmos sempre um com o outro e passávamos o tempo todo juntos. Ficamos juntos aquele verão inteiro, e me lembro de que meio que relaxei. Sei que parece estranho, mas simplesmente me sentia muito à vontade com ele. É difícil dizer se era amor. Pensei muito a respeito disso. Estou com meu marido há 25 anos e, sabe como é, *isso* é amor. E não consigo ver muitos paralelos entre as duas coisas. Mas com certeza parecia amor na época. Foi avassalador.

Eles foram muito próximos por seis meses – "o que naquela idade parecia uma vida inteira" –, mas, perto do Natal no 10º ano, as rachaduras começaram a aparecer. Primeiro, Rob começou a ser mais distante e então, de repente, ele terminou com ela, deixando-a "completamente destroçada". Cerca de dez dias depois, pediu para sair com ela de novo, e Tess aceitou. Mas, após duas semanas, ele a largou de novo:

> Então as coisas realmente mudaram, de verdade. Correram boatos de que ele tinha dito que eu era gorda. Os garotos começaram a rir quando eu passava. Não consigo lembrar do quanto as coisas se agravaram a partir daí... talvez a gente tenha tido uma briga por causa disso. Sei que ele me chamou de "vadia gorda". E, a partir daí, todos os amigos dele também fizeram isso. Daquele ponto em diante, por dois anos – até ele sair da escola –, ele não falou comigo nem olhou para mim, e quase todos os amigos dele fizeram o mesmo, exceto para me chamar de Vadia Gorda. E era um grupo numeroso de pessoas.
>
> Até hoje não tenho ideia de por que ele mudou tão de repente. Na época surgiram muitas teorias. Acho que ele foi acolhido dentro do grupo por ter saído comigo, e aí se tornou um pouco mais acessível para outras garotas e, portanto, elas também eram acessíveis para ele. Devia haver outras pessoas de quem ele gostava e, bom, agora era alguém que as pessoas poderiam escolher. Então acho que ele precisava se afastar de mim. Um dos amigos dele continuou mais ou menos educado comigo – e isso era genuinamente raro porque quase nenhum deles nem sequer reconhecia minha existência –, e em algumas ocasiões nós falamos sobre a situação e a visão dele era, sabe, tipo "Ele gosta de verdade de você, mas ele tem que esconder isso". Muitas pessoas me disseram algo neste sentido: não há nenhuma razão concreta para ele se esforçar tanto para ser tão maldoso se não houvesse algum apego emocional ali.
>
> As reverberações foram enormes. Eu naturalmente tenho um temperamento explosivo, e a situação se tornou sobrecarregada. Eu passava o dia todo, todos os dias, esperando, à procura de um ataque. E comecei a acreditar no que ouvia a meu respeito. Minha forma física poderia ser melhor, só que nunca estive acima do peso. Mas comprei roupas grandes demais para mim. Eu me sentia nojenta. Eu não conseguia me ver com clareza no espelho, me enxergava muito maior do que eu era. Eles me

tratavam como se eu fosse repugnante. Eu era ridicularizada, xingada. E talvez piores ainda fossem os momentos em que era tratada como se não existisse. Isso me fez acreditar que eu era repulsiva. Sei que é uma palavra forte – acabei de me surpreender um pouco ao dizer isso, de onde veio isso? –, mas foi assim que eles me fizeram sentir.

Há uma série de razões pelas quais ser abandonado na adolescência pode ser muito mais doloroso do que na vida adulta. É óbvio que, quando um casamento de longo prazo termina, pode ser absolutamente devastador. Mas, na adolescência, os relacionamentos acontecem em grande medida em público e com o envolvimento dos pares, e isso o torna excepcionalmente difícil. Como costuma acontecer em relacionamentos adolescentes, Tess teve que continuar indo à mesma escola que o ex-namorado todos os dias. Nem mesmo os adultos que têm filhos juntos precisam necessariamente se ver todos os dias, a menos que trabalhem no mesmo lugar. Na adolescência, se o ex-namorado ou ex-namorada frequenta a mesma escola, a pessoa não tem saída. Mesmo que não frequente, é provável que tenham um grupo de pares em comum. Não há nenhuma das oportunidades de privacidade disponíveis para um adulto, e são muito maiores a oportunidade e a probabilidade de crueldade e ostracismo social pelos pares. O que Tess sentiu na pele foi uma forma cruel e explícita de bullying que é simplesmente muito menos provável de ocorrer entre adultos após um término de relacionamento amoroso.

E, é claro, na adolescência é muito mais provável que essa crueldade tenha um impacto duradouro. Comentários sobre a aparência física ficam gravados na alma do adolescente, mesmo quando não são feitos por pessoas a quem ele ama. É a primeira vez que a pessoa realmente se torna consciente da própria aparência, a primeira vez que reconhece que outras pessoas podem avaliar sua atratividade e capacidade de encantar, e a primeira vez que essa avaliação afeta o grau com que se valoriza. Na adolescência, formamos a base de como nos sentimos em relação a nós mesmos; então, ainda que as pessoas sejam bondosas e generosas conosco mais tarde, os comentários delas pairam apenas de leve sobre alicerces profundamente enraizados e arraigados.

No caso de Tess, não era apenas uma pessoa lançando um insulto único: era um grupo inteiro de pares, dizendo a mesma coisa repetidas vezes, e esse grupo incluía a pessoa a quem ela amava. Como acontece com tantos outros indivíduos, pouco importa a quantidade de aprovação e validação que ela recebeu mais tarde, ou o quanto seus parceiros românticos posteriores tentaram apoiá-la – seu sentimento duradouro é que aqueles adolescentes estavam dizendo a verdade, e até hoje carrega consigo a avaliação que fizeram sobre ela:

> Esse sentimento, essa imagem de mim mesma como uma garota acima do peso e nojenta, ficou comigo. Estou em um relacionamento de longo prazo agora, trinta anos depois, que ainda é impactado por essa visão internalizada de mim mesma. Meu marido e eu temos uma vida feliz juntos – temos nossos filhos, sucessos objetivos na vida e uma maior compreensão um do outro, e tudo o mais – mas, apesar de tudo isso, ainda sinto – não *penso*, mas *sinto* – que ele me acariciaria com mais vontade se eu fosse "mais atraente". Ainda sinto uma vergonha aflitiva de sofrer uma rejeição, como se parte de mim estivesse presa à adolescência.

O que é tão interessante nesses sentimentos, que continuam a afetar Tess, é que perduram apesar do final incomum de sua história. Dez anos depois de seus colegas terem prestado vestibular, deixado a escola e seguido caminhos separados, Tess foi convidada para uma reunião dos ex-alunos da escola. Naquela época, Tess tinha 25 anos. Ela trabalhava como professora havia vários anos e estava em um relacionamento com o homem que se tornaria seu marido. Ela me contou que havia chegado a um ponto de sua vida em que se sentia mais confiante. Quando o convite chegou, ela imediatamente conjecturou se Rob estaria lá. De fato, teve a esperança de que ele fosse, porque percebeu que queria revê-lo:

> A questão é que eu ainda gostava muito dele. Em algum nível, ainda havia uma parte de mim que queria vê-lo e queria descobrir se ele falaria comigo. Porque, embora ele tivesse sido maldoso logo que terminamos, com o tempo ficou evidente

que os malvados eram os outros. Eram elas que falavam comigo de forma direta e explicitamente perversa. Ele literalmente me ignorou. Agiu como se eu não existisse. Não olhava na minha cara. Então eu pensava comigo mesma, "Será que ele conseguiria sustentar isso?".

A reunião de ex-alunos foi realizada na escola, e Tess se lembra de ter sentido frio na barriga no caminho até lá. O evento principal aconteceu em um dos refeitórios, e num momento em que ela estava em pé ao redor de uma das mesas com algumas outras pessoas, notou que Rob estava por perto. Tess me contou que havia previsto a possibilidade de estar no mesmo recinto que ele, mas não necessariamente que iriam "se comunicar de fato". O que aconteceu depois foi muito mais do que ela esperava:

> Ele olhou para mim e sorriu abertamente, e me lembro de pensar, "Ai, meu Deus". Eu estava quase tremendo de nervosismo. E então ele simplesmente se virou para falar comigo, como se fosse a coisa mais normal do mundo. Quase desabei. E então, quando ninguém estava ouvindo, ele me disse: "Queria muito te ver. Realmente queria me desculpar".
>
> Fiquei agradecida de coração pelo pedido de desculpas. Não deve ter sido nada fácil para ele. E isso me fez perceber… obviamente o que decidiu fazer tinha um significado especial para ele também. Uma coisa que guardou por tanto tempo, e o esforço de trazer tudo à tona. Porque eu não teria feito isso. Tenho certeza de que não. Não que eu seja retraída ou acanhada, mas bastaria ele ter falado comigo normalmente como se nada tivesse acontecido, eu provavelmente aceitaria numa boa. Isso teria sido o suficiente. Mas ele se desculpar, foi simplesmente… uau.

Pelo resto da noite, Tess e Rob não saíram um do lado do outro. Isso significou que ainda estavam juntos quando a festa continuou em um pub próximo, momento em que todos já estavam bebendo havia horas a fio. E os dois continuaram juntos quando a noite começou a terminar; Tess disse a Rob que o parceiro de um amigo estava vindo buscar o pessoal e ia deixá-la em casa. Mas Rob não queria que ela fosse embora. Enquanto todos se abraçavam para se despedir, Rob "me abraçou por mais tempo do que provavelmente era necessário", ela disse, e em vez de beijá-la na bochecha, ele se inclinou para beijá-la nos lábios. "Eu me lembro dele dizendo: 'Não vá, não vá com eles, volte comigo para a minha casa'." Mas a carona já havia chegado: os amigos de Tess estavam indo embora, e ela foi com eles. O que, pensando bem, foi a decisão certa, ela me contou:

> E você sabe, se não tivesse carona... se as pessoas que sabiam não tivessem me levado embora... provavelmente teria ido para a casa dele. E foi bom não ter feito isso, porque eu já tinha meu parceiro, com quem estou até hoje. Mas não era meu eu adulto que estava respondendo aos acontecimentos. Era eu aos 15 anos. Sem dúvida.
>
> Acho que o reencontro propiciou um fim pro Rob e para mim, um fim para a nossa história. Isso me fez perceber que a história também significava muito para ele. E me fez perceber que, a julgar pelas aparências, ainda gostava de mim. Nesse aspecto, houve um encerramento. Mas não foi uma solução para a minha necessidade de receber validação. Meu foco na minha aparência. Não tira os dois anos em que me via como repugnante e todas as consequências disso. Ainda tenho muita vulnerabilidade em relação à minha aparência, sobre ser desejada, precisar que validem minha aparência. Isso é realmente importante para mim. E digo isso e é totalmente ridículo, porque não penso assim, mas com certeza eu *me sinto* assim. Realmente acho que são duas coisas diferentes. Do ponto de vista cognitivo, reconheço que é um absurdo, mas do ponto de vista emocional há em mim uma necessidade, uma vergonha associada a tudo isso. E é uma coisa muito poderosa.

Por que adolescentes terminam relacionamentos

Sem as armadilhas de um casamento, uma hipoteca ou filhos, os adolescentes são mais livres do que os adultos para apertar o botão de ejetar quando um relacionamento não está funcionando para eles. Isso é uma coisa boa, levando-se em conta a natureza experimental e de aprendizagem empírica do romance adolescente, mas resulta em muita tristeza e dor duradoura. Os motivos pelos quais Rob terminou com Tess e por que se comportou daquela maneira depois disso continuam sendo um mistério para ela, mas as razões pelas quais os adolescentes em geral tendem a tomar a iniciativa do rompimento foram bem estudadas. Essas pesquisas mostram, mais uma vez, que o que pode parecer um comportamento volúvel ou egoísta é, na verdade, muito mais complexo do que à primeira vista. Para pessoas como Tess, entender por que podem ter sido rejeitadas – e por que não foi culpa delas – é amiúde um passo crucial para fazer as pazes com o passado.

Em 2017, a pesquisadora Valeriya Bravo e colegas pediram a 268 jovens de 15 a 17 anos que haviam passado por um término de relacionamento no ano anterior que preenchessem um questionário sobre qual tinha sido, a seu ver, a causa para o fim do relacionamento.[23] Os motivos apresentados tendiam a se enquadrar em uma de cinco categorias. A primeira era o que os pesquisadores chamaram de *afiliação romântica*: um dos parceiros não estava mais apaixonado ou havia perdido o interesse no relacionamento porque a atração romântica não estava mais lá. A segunda era a *intimidade*: por exemplo, as pessoas julgavam que o parceiro não estava se comunicando bem, não estava se esforçando o suficiente ou estava sendo desonesto. Às vezes, essa desonestidade era mais explicitamente problemática: o terceiro motivo dado para um término foi a *infidelidade*. Quanto ao quarto motivo, alguns participantes deram explicações relacionadas à *autonomia*: sentiam que seu namorado ou sua namorada esperava grande comprometimento por parte deles, ou os impediam de passar tempo com os amigos ou em outras atividades. Por fim, e talvez o mais relevante de todos para a adolescência: alguns participantes terminaram com o parceiro por razões de *status*; eles sentiam que seu parceiro não fazia parte da turma certa e que isso estava afetando sua própria popularidade. Este último motivo talvez contenha uma pista para entendermos o que aconteceu com Tess. Quando ela e Rob começaram a namorar, houve uma significativa mudança no status social de Rob – uma mudança que, ironicamente, ela mesma provocou.

Em outras palavras, os adolescentes terminam as coisas quando sentem que o relacionamento está atrapalhando ou bloqueando certas necessidades fundamentais. Sim, os adolescentes têm uma robusta necessidade de experiências românticas e sexuais, o que *os impele a se envolver em relacionamentos*, mas isso acontece em paralelo com tudo o mais que sabemos que está acontecendo nessa fase, sobretudo a necessidade de ser independente e investigar a própria identidade, e de se encaixar e se divertir com seus pares. Um relacionamento representa uma oportunidade para todas essas coisas – novas experiências, afirmação pessoal, status social, diversão –, mas se isso os prende a um compromisso, num piscar de olhos pode acabar se tornando exatamente o oposto. Nas palavras das psicólogas Jennifer Connolly e Caroline McIsaac, "os problemas de relacionamento que levam à dissolução são a imagem espelhada dos atributos que inicialmente atraem os adolescentes para um relacionamento romântico".[24]

Como vimos muitas vezes, os adolescentes conhecem a própria mente e com frequência moldam de maneira ativa o mundo social ao seu redor para satisfazer a suas necessidades e buscar as experiências que desejam, muito mais do que os adultos tendem a fazer: eles abandonam grupos de amigos, expulsam outros de seu próprio grupo e buscam pares com ideias e gostos semelhantes. Eles podem ser atormentados por dúvidas e inseguranças, mas também podem ser famintos, ambiciosos e ousados. Não é surpresa que também sejam proativos em terminar relacionamentos românticos que não lhes servem mais – e que, como resultado dessa decisão, possam sentir uma forte sensação de libertação ou alívio. Infelizmente, porém, no relacionamento sempre há o outro parceiro, que ainda pode estar muito apaixonado. A identidade adolescente é frágil e, nessa idade, dependemos tremendamente do tratamento que recebemos dos outros e da percepção que os outros têm sobre nós para construir nossa autoestima. O adolescente que perde um relacionamento quando não quer que ele acabe corre o risco de sofrer um impacto devastador e profundo em seu senso de identidade, com efeitos que perduram por décadas e possivelmente para sempre.

Vale a pena?

Há um argumento de que a adolescência é mais simples e, em última análise, mais feliz para aqueles que *não* se apaixonam nessa idade. Muitas pesquisas mostram que os relacionamentos adolescentes podem envolver sentimentos extremos de ansiedade, raiva, ciúme e desejo.[25] Isso também é verdade para relacionamentos adultos, mas a preocupação de alguns acadêmicos, e na verdade de pais e mães, é que os adolescentes ainda não têm a capacidade cognitiva e emocional para lidar com essas complicações sem enfrentar uma considerável dose de angústia e dor. De acordo com essa concepção, provavelmente é melhor não se apaixonar na adolescência.

É lógico que adolescentes que não se envolvem em relacionamentos amorosos não são de forma alguma "esquisitos" ou disfuncionais. Em um estudo de 2019 realizado nos Estados Unidos, as pesquisadoras de saúde pública Brooke Douglas e Pamela Orpinas avaliaram quase 600 jovens de 15 a 16 anos e os categorizaram em um de quatro grupos, dependendo de quantos relacionamentos tinham tido.[26] As pesquisadoras descobriram que o grupo de alunos com menos experiência em namoros foi avaliado por seus professores – de maneira independente – como os adolescentes dotados de melhores habilidades sociais, a melhor capacidade de liderança e o menor número de sinais de depressão. O grupo que namorava com mais frequência, por outro lado, se saiu pior em todas as três medidas. Os participantes preencheram também seu próprio questionário sobre quaisquer sintomas depressivos que pudessem estar sentindo, e o mesmo resultado ficou evidente: os adolescentes com experiência mínima em namoro tiveram o menor número de sintomas; os mais namoradores relataram o maior número. É óbvio que o estudo não nos diz que o namoro foi a causa da depressão dos participantes; talvez os adolescentes especialmente propensos à depressão sejam mais atraídos pela vontade de namorar, em comparação com seus pares menos deprimidos. Mas o estudo fornece pelo menos evidências de que certamente os adolescentes que não namoram não são desajustados sociais. Nas palavras das autoras, "nossos resultados refutam a noção de que os adolescentes que não namoram são desprovidos de competência social geral ou socialmente isolados, pelo menos dentro dessa faixa etária".[27]

Então os adolescentes devem ser desestimulados de namorar? Não necessariamente. Relacionamentos românticos podem oferecer a um adolescente a oportunidade de descobrir e sondar sua identidade incipiente, de fazer experimentos nesse sentido com alguém que se importa com ele, que o considera bonito e atraente, e de ter essa identidade estimulada e validada. Impeça um adolescente de namorar e você reduz a dor de cabeça, mas ao mesmo tempo obstrui uma experiência potencialmente enriquecedora e profundamente afirmativa. Mesmo os relacionamentos adolescentes que dão errado ou terminam de forma dolorosa podem ensinar lições importantes – talvez até mais do que os relacionamentos que são um mar de rosas. Para começo de conversa, ensinam a valiosa lição de que todas as experiências, inclusive as mais maravilhosas, têm que acabar. Relacionamentos ruins também podem nos ensinar o que não queremos – as coisas que não estamos dispostos a tolerar em um parceiro –, assim como as coisas com as quais realmente nos importamos. Eles podem nos ensinar a como não nos comportar com futuros parceiros. No fim das contas, os relacionamentos românticos, bons ou ruins, podem nos ensinar a como entender, respeitar e amar melhor *a nós mesmos* – e há poucos efeitos mais importantes da adolescência do que esse.

    Vamos retornar agora ao tema que deixei de lado no início deste capítulo, o tema que está profundamente entrelaçado com os romances adolescentes e, no entanto, assim como na idade adulta, pode existir de forma muito separada deles. É o comportamento adolescente que, sem dúvida, causa mais problemas para professores, legisladores e ativistas da saúde, e o comportamento que leva até os pais e as mães mais progressistas a querer fazer vistas grossas. É, em alguns aspectos, a coisa mais perigosa que um adolescente pode fazer e, ao mesmo tempo, algo que muitos adolescentes fazem, o tempo todo, sem nenhuma consequência ruim. Ouso dizer: pode até ser uma fonte de prazer.

    É hora de falarmos sobre o sexo na adolescência.

Capítulo 6
Educação sexual

Eu não gostava dele nem um pouco. Ele ficou me mandando mensagens de texto e coisas assim depois que aconteceu, e nunca mais respondi as mensagens dele. Estava me sentindo muito envergonhada. Tipo, "Que merda eu fiz?". Soube imediatamente que era uma péssima ideia. Por que fui fazer aquilo? Uma estupidez. Ainda não consigo dizer o nome dele em voz alta, e pensar naquela noite me dá arrepios.

Keira, que hoje tem 34 anos, me contou sobre a primeira vez que fez sexo. Ela estava com 14 anos, frequentava o 9º ano em uma escola mista em Leicester ("Não era uma escola das boas", ela me disse). A melhor amiga de Keira tinha um namorado de 19 anos, e, certa noite, Keira conheceu um dos amigos dele, que também tinha 19 anos. Eles estavam todos sentados dentro de um trailer estacionado no jardim dos fundos da casa do namorado, matando tempo e fumando maconha. "Acho que devo ter dado meu número de telefone ao amigo, e ele de alguma forma acabou virando meu namorado, embora eu não gostasse dele nem um pouco. Eu nunca tinha tido esses sentimentos [de atração], então nem sabia como era", ela me relatou.

Depois da noite em que se conheceram, Keira e seu "namorado" trocaram mensagens de texto por várias semanas. Ele deve ter ido à casa dela em algum momento, ela se lembra, porque sua mãe os pegou se beijando. A mãe de Keira estava preocupada com a idade do namorado da filha, mas, para a própria Keira, a idade dele não era muito relevante para a história. Ela me confidenciou o motivo pelo qual acabou fazendo sexo com esse namorado, e teve muito pouco a ver com ele:

> Depois de algumas semanas, comecei a pressionar a mim mesma para fazer sexo com esse cara, apesar de ainda não ter sentimentos por ele. Então, certa noite – era dia de semana, eu tinha aula na manhã seguinte –, escapei da minha casa e pulei a cerca no quintal. Eu me lembro de não ter saído pela frente porque a entrada da garagem era de cascalho e barulhenta. Andei quilômetros até a casa dele e, sem dizer muita coisa, tirei todas as minhas roupas e fiz sexo com ele. Como você pode imaginar, foi doloroso e desagradável. Depois, ele chamou um táxi e fui embora para casa. Nunca mais o vi nem falei com ele. Literalmente, nunca mais falei com esse cara. Acabei tendo minha primeira boa experiência sexual aos 16 anos, com alguém de quem eu realmente gostava, e isso me fez desejar ter esperado mais tempo. Não consigo entender por que coloquei tanta pressão em mim mesma para fazer algo que nem queria fazer.

Esse homem estava infringindo a lei, porque Keira era menor de idade quando eles fizeram sexo. A idade mais comum para a primeira relação sexual para pessoas heterossexuais no Reino Unido é 16 anos, mas a experiência de Keira está longe de ser singular: cerca de 26% das mulheres (e 30% dos homens) fizeram sexo com penetração antes dos 16 anos.[1, 2] No entanto, as mulheres são muito mais propensas do que os homens a relatar que julgam que eram jovens demais quando fizeram sexo pela primeira vez, e Keira está longe de ser a única a se arrepender de sua primeira experiência.[3] As evidências indicam que quanto mais jovem uma pessoa é quando faz sexo pela primeira vez, maiores as probabilidades de se arrepender; um estudo descobriu que 70% das mulheres que fizeram sexo antes dos 16 anos afirmaram que gostariam que tivesse acontecido quando eram mais velhas.[4] Muitas pesquisas mostraram que, a exemplo de Keira, as meninas que fazem sexo pela primeira vez com meninos ou homens mais velhos são especialmente propensas a ter experiências ruins: elas demonstram menos tendência a usar anticoncepcionais e estão mais inclinadas a dizer que se arrependeram da experiência ou se sentiram pressionadas a ter essa experiência.[5] Para algumas meninas, a primeira experiência sexual é de agressão (com alguns meninos isso também ocorre, embora seja muito mais comum para meninas). O que é um tanto insólito no caso de Keira é que ela não foi pressionada a fazer sexo por seu parceiro – a pressão veio dela mesma, algo que evidentemente ainda a deixa perplexa até hoje. Por que ela colocou essa pressão sobre si mesma?

Quando falei com Keira sobre sua adolescência de forma mais geral, seu comportamento naquela noite começou a fazer mais sentido. Para as mulheres, sobretudo, fazer sexo envolve risco, ainda mais quando se trata de uma mulher jovem com um parceiro novo e relativamente desconhecido. Há o risco de gravidez indesejada ou infecções sexualmente transmissíveis, o risco de violência e coerção, e o risco social de ser condenada por seu comportamento ou julgada pela família ou seus pares. Este é o aspecto-chave do sexo adolescente que explica como ele é visto e tratado pela sociedade – como algo perigoso que idealmente deveria ser evitado –, mas também é fundamental para entender por que os adolescentes fazem sexo de qualquer maneira. Keira era, em geral, uma adolescente afeita a riscos. Quando ela me disse que era "um pouco travessa", pedi que me explicasse com mais detalhes o que ela queria dizer:

> Sou uma pessoa que não gosta de se destacar. Naquela época eu provavelmente estava me esforçando bastante para me encaixar. E acho que tenho uma natureza ligeiramente rebelde. Então, sim, meus anos de ensino médio foram interessantes. Eu me comportava muito mal, me metia em problemas, mas fazia o melhor que podia para esconder isso dos professores e do meu pai e da minha mãe. Na escola eram só as coisas típicas, por exemplo não dar ouvidos aos professores, não usar meu uniforme do jeito que eles queriam, simplesmente ser desagradável. E andar com a turma errada. Nós começamos a beber muito jovens. Meus amigos foram presos por furtar em lojas. E acho que meu pai e minha mãe ficaram muito chocados com isso. Eles achavam que eu estava completamente fora dos trilhos. Mas isso era mais ou menos normal entre meus amigos.

À primeira vista, esta é uma descrição clássica da exposição a riscos adolescente – uma jovem testando os limites, rebelando-se contra as regras, transgredindo a lei. Mas é a primeira coisa que Keira me disse que chega ao cerne do motivo pelo qual saiu escondida de casa naquela noite para fazer sexo: ela queria se encaixar com seu grupo de amigos. Já sabemos que os adolescentes são influenciados pelos amigos a correr riscos e que correr riscos lhes dá status social e os ajuda a se encaixar. Não é nenhuma surpresa, então, que fazer sexo – o comportamento pseudomaduro definitivo – se enquadre perfeitamente nessa categoria de comportamentos. Sem dúvida funcionou para Keira:

> A verdade é que sentia que não me encaixava. Mas eu tinha amigas de quem gostava de verdade e com quem me dava bem, então acho que ser meio safada e tal nos unia um pouco. E acho que eu estava procurando por algo, uma fuga. Fuga dos sentimentos de não me encaixar. Eu devia ter algum nível de ansiedade social, mas isso também estava associado a ser uma pessoa que gostava de ser travessa e correr riscos. E acho que essa é uma combinação bem perigosa. Significa que você fará qualquer coisa. Nos primeiros anos era fumar, depois, quando ficamos mais velhas, era consumir drogas e álcool. E depois veio o sexo. No 9º ano, quando eu tinha 14 anos, algumas das minhas amigas já faziam sexo regularmente, então parecia ser a norma.
>
> Também acho que receber a atenção dos garotos era visto como uma validação. Então, as minhas amigas que tinham namorados ou que estavam fazendo sexo pareciam ser as mais legais e descoladas, e isso num status muito elevado. Tipo, "Oooh, os garotos gostam de você". Então na verdade acho que estava atrás disso, de querer que os garotos gostassem de mim também. Mas nunca fui pressionada por [minhas amigas]. Com certeza veio de mim mesma. Era eu que olhava pras outras pessoas e via o que estavam fazendo e queria fazer o que elas estavam fazendo.

De muitas maneiras, essa única história é o ápice de tudo o que aprendemos até agora sobre a adolescência. O ato sexual específico acontece entre duas pessoas, mas está inserido em um contexto social.

O que os amigos e os pares estão fazendo é importante. Está bem estabelecido na literatura que, quando os colegas de um adolescente são sexualmente ativos, esse adolescente é mais predisposto a ter atitudes positivas em relação ao sexo, a ter sua primeira experiência sexual em uma idade mais precoce, a ter mais atividade sexual em geral e a ter um número maior de parceiros sexuais.[6] Adicione a isso o que já vimos sobre o fato de a desejabilidade romântica e sexual ser um indicador-chave de status social, assim como Keira disse, e o sexo entra em cena como um meio fundamental para legitimar uma identidade incipiente. Em outras palavras, o sexo na adolescência muitas vezes não gira em torno do sexo em si.

No entanto, em outras ocasiões, o clichê do adolescente com tesão é verdadeiro: muitos adolescentes fazem sexo simplesmente porque é bom, e é uma maneira de sondar e satisfazer sentimentos de desejo intensos e emergentes. A maioria dos conselhos de ética universitários reluta em permitir que pesquisadores façam perguntas sobre esses sentimentos a qualquer pessoa com menos de 16 anos, mas houve alguma investigação por meio de estudos retrospectivos, nos quais se pediu a adolescentes mais velhos e adultos que relembrassem experiências de quando eram mais jovens. Essa pesquisa mostrou que é bastante comum que até mesmo adolescentes mais jovens relatem experiências de desejo sexual: ou seja, pensar em sexo, sentir-se atraído por outras pessoas e reconhecer que outras pessoas se sentem sexualmente atraídas por eles.[7] Por exemplo, um estudo descobriu que, em uma amostra de jovens de 18 anos, 26,8% dos meninos e 22,5% das meninas se lembravam de pensar em sexo regularmente quando tinham de 11 a 12 anos.[8] Também é comum que adolescentes se masturbem, como um meio de investigar seu crescente interesse pelo prazer sexual. Um estudo entrevistou mais de 2.100 jovens estadunidenses de 14 a 17 anos e constatou que, aos 17 anos, 80% dos meninos e 58% das meninas relatam que se masturbam (os meninos relatam que fazem isso com mais frequência).[9]

Assim, não é nenhuma surpresa que, quando os relacionamentos com os pares começam a se aprofundar e amadurecer, esse interesse sexual começa a impulsionar o comportamento sexual concreto. Um estudo pediu a jovens sexualmente ativos de 15 a 21 anos que documentassem todas as vezes em que fizeram sexo durante o período de uma semana e sua principal razão para isso; na maioria dos casos (71%), os participantes relataram que sua principal motivação envolvia desejo ou intimidade – por exemplo, queriam expressar que estavam apaixonados ou simplesmente queriam a experiência física do sexo.[10] Essa foi a principal razão apresentada por homens e mulheres. Outras razões alegadas pelos participantes incluíam querer se distrair ou melhorar seu humor, o que também tem indiscutivelmente a ver com o prazer físico do sexo. O simples fato do desejo sexual, somado aos potenciais benefícios sociais, é a chave para entender por que os adolescentes continuam se envolvendo nesse comportamento, às vezes de forma imprudente. Mesmo quando – como veremos – eles são repetidamente estimulados a não fazer isso.

Por que os adolescentes não usam anticoncepcionais

Emma, que hoje tem 24 anos, cresceu no noroeste da Inglaterra, onde estudou em uma escola pública mista. Ela morava com a mãe e o irmão mais novo, e passava bastante tempo sem supervisão, em parte porque o irmão participava de competições esportivas, o que significava que a mãe viajava para acompanhá-lo de uma ponta à outra do país. A própria Emma admitiu que se comportava mal e tendia a fazer o que lhe desse na veneta, sobretudo na ausência da mãe e do irmão. Aos 13 anos, Emma começou a conversar com um garoto da escola, Luke, dois anos mais velho que ela:

> Ele costumava se sentar ao meu lado na sala durante as aulas de geografia. Ele ficava me encarando antes de entrar nas aulas e então acabou me mandando uma mensagem no Facebook para perguntar por que eu ficava olhando para ele. A partir daí, começamos a conversar o tempo todo por mensagens de texto. No começo, nós não nos víamos direito, só trocávamos mensagens. Ele sumia por alguns dias e depois aparecia de novo, tanto na escola quanto com uma nova mensagem. Era mais uma questão de quando era conveniente da parte dele falar comigo. Então, um dia, ele me pediu para ir à casa dele, e começamos

a nos encontrar pessoalmente. Ele não era meu namorado. Nós nos víamos o tempo todo, mas da perspectiva dele era: "Você não é minha namorada, mas quero todos os benefícios de você ser minha namorada".

Um desses benefícios era sexo. Emma fez sexo com Luke pela primeira vez em seu aniversário de 14 anos e depois disso continuou a vê-lo esporadicamente. Cinco meses depois, em janeiro do 10º ano na escola, suas amigas começaram a perceber que algo a estava incomodando. Ela tentou dizer às amigas que não era nada: "Acho que já sabia, mas não queria cogitar a ideia. Acho que não queria contar para a minha mãe a respeito disso"; mas as amigas de Emma insistiram no assunto, e uma delas se ofereceu para ir ao médico com ela. Quando Emma marcou a consulta, estava grávida de cinco meses e meio.

A enfermeira do consultório disse: "Converse com quem mora com você na sua casa", e respondi: "Sim, sim, vou falar", mas eu não tinha intenção de contar a ninguém. Simplesmente fui para casa e chorei. Mas a minha amiga falou com a escola no dia seguinte e, obviamente, por razões de proteção, eles tinham que informar o responsável por mim. Na época fiquei furiosa com a minha amiga, mas na verdade acho que isso tornou tudo mais fácil, pelo menos para mim. Mas não para a minha mãe. Fui levada à sala da direção da escola e me perguntaram à queima-roupa se eu estava grávida, e simplesmente comecei a chorar. E então lembro que ligaram para ela, dizendo: "A senhora precisa vir à escola o mais rápido possível".
Ela foi à escola imediatamente e ficou... transtornada. Não sei se estava tão zangada por estar chateada ou tão chateada por estar zangada. Ela só ficava repetindo: "Por que você não me contou? Por que tive de saber disso por outra pessoa?". E é claro que ela também ficou zangada por eu estar grávida. Acho que era por causa de tudo, tipo, "Como foi que esta merda de situação aconteceu?". Mas não foi culpa dela. Nesse tipo de situação, as pessoas se apressam em culpar o pai e a mãe. Mas a minha mãe não tinha a menor ideia do que eu estava fazendo. Ela não tinha. Nunca levei problemas para

dentro de casa. Então a minha mãe nunca pensou: "Ah, ela está aprontando alguma". Ela simplesmente não sabia.

Quando Emma foi ao médico, já era tarde demais para avaliar a possibilidade de um aborto. Após uma decisão inicial de dar o bebê para adoção, ela mudou de ideia e deu à luz seu filho no final do 10º ano da escola. Como era mais jovem que seus colegas de classe, ainda tinha apenas 14 anos.

Há bons motivos pelos quais pais, mães e formuladores de políticas públicas estão preocupados com a gravidez na adolescência. Para começo de conversa, as mães adolescentes têm maior risco de complicações médicas, incluindo pré-eclâmpsia e anemia na mãe, recém-nascidos com menor peso, infecções e restrição de crescimento nos bebês e partos prematuros.[11] Não se trata da biologia da jovem mãe em si: existem evidências de que, contanto que haja assistência médica acessível e de boa qualidade (incluindo consultas de acompanhamento adequadas), as adolescentes grávidas não têm resultados médicos piores do que as mulheres grávidas mais velhas.[12] Mas há fatores específicos que aumentam as chances de uma adolescente engravidar – por exemplo, status socioeconômico mais baixo, viver em uma área urbana carente, fazer parte de uma minoria étnica, ter problemas de saúde mental –, e são esses fatores que afetam o apoio médico, material ou social que uma jovem mãe receberá, o que eleva o risco de resultados ruins da gravidez.[13, 14] Contudo, o que talvez esteja na vanguarda das preocupações dos adultos são os resultados sociais: em relação às mães mais velhas, as mães adolescentes são alvo de forte estigmatização e também propensas a ter menor desempenho acadêmico, concluir menos anos de educação formal, ser relegadas ao desemprego ou a ter um emprego mal remunerado.[15, 16] Novamente, há alguma dificuldade em destrinçar até que ponto a gravidez em si leva a esses resultados em relação às vulnerabilidades ou características preexistentes de mães jovens –, mas é inevitável que a imensa reviravolta física, emocional e prática de ter um bebê pelo menos atrapalhe os planos de uma adolescente de se preparar para a vida adulta.

Levando-se em consideração o nível de estresse e as consequências de uma gravidez nessa idade – capaz de causar transformações profundas e duradouras na vida da pessoa –, a questão é por que adolescentes como Emma e Luke não usam anticoncepcionais. Quando se trata de relutância em tomar a pílula anticoncepcional ou implantar um dispositivo intrauterino, pesquisas descobriram que adolescentes (de 14 a 19 anos) expressam preocupações sobre efeitos colaterais como ganho de peso e sangramento irregular, desconfiam da eficácia dos métodos, têm dificuldades em acessar as consultas médicas necessárias ou se preocupam que a família descubra.[17] Há também alguma sugestão de que, quando as adolescentes tomam a pílula, são mais propensas a esquecer de tomar o medicamento todos os dias, o que reduz a eficácia do método.[18] Mas a maioria das pesquisas que investigam por que os adolescentes usam contraceptivos – ou melhor, por que eles *não* usam – se concentra nos preservativos. Sem dúvida, o fácil acesso a preservativos é um pré-requisito para seu uso – se eles são caros ou difíceis de obter, então não deve surpreender ninguém que não sejam utilizados. Mas a questão do acesso é apenas parte da história. Sabemos que muitos adolescentes que têm uma camisinha numa gaveta ao lado da cama ou carregam uma consigo dentro da carteira ainda assim fazem sexo desprotegido. Qual é a explicação?

Perguntei a Emma por que ela e Luke não usaram anticoncepcionais:

> Acho que há um bocado de estigma associado a jovens adolescentes que usam anticoncepcionais. Isso faz com que sintam vergonha de ir a uma clínica. Mesmo hoje eu não gostaria de entrar em uma farmácia para comprar preservativos! Eu me sentiria muito envergonhada, então consigo imaginar como um jovem adolescente se sentiria. E ter a conversa com o pai e a mãe também é difícil. Algumas pessoas simplesmente não têm o tipo de relacionamento com o pai e a mãe em que podem chegar e dizer com todas as letras: "Ah, acho que preciso usar anticoncepcionais". E a pílula do dia seguinte também, há muito estigma em torno dela. Acho que é por isso que especialmente as meninas não querem ir comprá-la. Muitas vezes são atendidas por um farmacêutico homem. Mesmo hoje, eu não me sinto à vontade para dizer a um farmacêutico homem que preciso da pílula do dia seguinte.

E naquele momento... Eu simplesmente não quis perguntar a ele [sobre o uso de preservativo]. E também acho que às vezes os meninos também não querem fazer essa pergunta, apenas pensam, "Ah, vai ficar tudo bem", e simplesmente presumem que as meninas estão tomando anticoncepcionais. E, se nenhum dos parceiros quer perguntar, então a conversa não acontece, simples assim. E algumas pessoas pensam, "Ah, é a primeira vez, não vai acontecer nada". Quer dizer, também pensei isso. Essa foi provavelmente a parte mais assustadora.

É importante lembrar que fazer sexo desprotegido não é um comportamento exclusivamente adolescente. Adultos fazem isso o tempo todo, sabendo muito bem dos riscos envolvidos. Assim como os adolescentes, os adultos geralmente fazem sexo quando estão bêbados, quando os riscos parecem mais distantes e menos reais (psicólogos se referem a isso como "miopia alcoólica"). Pesquisas mostram que a bebedeira aumenta a probabilidade de sexo desprotegido entre indivíduos que já são ambivalentes quanto ao uso de preservativos, o que talvez seja o menos surpreendente de todos os resultados na história dos estudos psicológicos.[19] Porém, mesmo sóbrias, muitas pessoas (de todas as idades) optam por não usar preservativos. Então, é crucial entender essa ambivalência.

O fato é que sexo com camisinha é diferente de sexo sem camisinha, e muitas pessoas preferem sem. Quando se pede a indivíduos (de qualquer idade) que articulem por que razão não gostam de usar camisinha, suas justificativas geralmente se dividem em três campos: as camisinhas reduzem a sensação física prazerosa do sexo; reduzem a sensação de intimidade ou conexão emocional; e "quebram o clima", atrapalhando o que os participantes alegam que deveria ser uma trajetória espontânea e suave em direção ao sexo com penetração.[20] Então, mesmo sóbrias e de cabeça fria, muitas pessoas não estão interessadas – e as decisões sobre a camisinha são tomadas no calor do momento, quando a névoa psicológica e fisiológica da excitação sexual obscurece o pensamento das pessoas e amplifica seu objetivo de prazer sexual.[21] Na exaltação do momento, esse estado de excitação pode anular quaisquer preocupações distantes sobre risco. Ademais, como os preservativos são uma precaução de segurança sensata, sugerir seu uso não somente vai diretamente contra o clima predominante – é como interromper uma sequência de ação em um filme para insistir que o protagonista vista o equipamento de segurança apropriado antes de salvar o mundo –, mas significa também que preservativos são uma medida simplesmente sem graça, pouco sofisticada. Como já sabemos, a ideia de comportamentos de segurança (por exemplo, usar um capacete de ciclismo ou usar joelheiras ao andar de skate) pode ser mortificante para adolescentes, que recebem elogios sociais por correr riscos e ignorar conselhos sensatos de adultos. Todos esses fatores conspiram juntos para tornar o uso do preservativo, para alguns adolescentes, uma perspectiva das mais desagradáveis.

No entanto, os adolescentes de hoje são bombardeados com a mensagem de que devem usar preservativos, e muitos deles estão – justificadamente – preocupados com os riscos de não fazer isso. Assim, em geral o que acontece logo antes do ato sexual é um processo que os psicólogos chamam de "negociação do preservativo": um debate sobre se devem ou não usar um preservativo durante o sexo,[22] envolvendo comunicação verbal e não verbal – trata-se de um "conjunto de comportamentos, não um ato singular". Pesquisas mostram que, quando um adolescente (ou adulto) quer que seu parceiro use um preservativo, ele enceta pelo menos uma de uma infinidade de estratégias de negociação. Ele pode recorrer à *coerção emocional* (por exemplo, ameaçar que ficará zangado ou chateado caso o parceiro não obedeça); *apresentar informações de risco* (por exemplo, lembrar a seu parceiro sobre os riscos de gravidez ou doenças sexualmente transmissíveis); *trapaça* (citar preocupações com a prevenção da gravidez, quando na verdade a principal preocupação é a prevenção de DSTs); *sedução* (usar a excitação sexual para estimular o uso do preservativo); *prometer recompensas* se o parceiro obedecer; e *negar sexo* se não obedecer.[23] Como se pode imaginar, empregar qualquer uma dessas táticas na adolescência, sobretudo diante de um parceiro relutante, exige consideráveis níveis de autoconfiança e afirmação.

Ainda mais porque existem também inúmeras estratégias de negociação para evitar o uso de preservativos. A fim de resistir a uma solicitação de uso de preservativos, alguns adolescentes (geralmente meninos) podem tentar *reduzir o risco percebido* (por exemplo, dizendo ao parceiro que foram testados recentemente e não têm uma infecção sexualmente transmissível), o que pode ou não envolver mentiras. Eles talvez empreguem a *sedução* (desta vez para distrair o parceiro da negociação); podem recorrer a *argumentos relacionados à qualidade do relacionamento* ("Você não confia em mim?"); citar a *falta de sensação física* ao usar um preservativo; ou podem simplesmente restringir ou *negar sexo*. Observe que alguns adolescentes (sobretudo as meninas) ameaçarão negar sexo se o casal *não usar* proteção; outros (geralmente meninos) negarão sexo se o parceiro solicitar que utilizem proteção. Nos piores cenários, alguns adolescentes – quase sempre meninos – empregarão *ameaças e força física* para resolver a negociação, obrigando o parceiro a fazer sexo desprotegido.[24]

Em outras palavras, a aparente simplicidade da instrução "use um preservativo" não condiz com uma interação social quase sempre muito complexa. Para citar a psicóloga Lynne Hillier e colegas, as estratégias de promoção do preservativo voltadas para os jovens são "baseadas em uma suposição de tomada de decisão racional em encontros sexuais e obscurecem a natureza não racional da excitação e do desejo, e as desiguais relações de poder que existem entre homens e mulheres jovens que praticam sexo".[25] Em suma, provavelmente deveríamos ficar mais surpresos com o fato de tantos adolescentes *usarem* preservativos do que com o fato de tantos *não usarem*. Infelizmente para essa faixa etária, os custos são muito mais altos do que para os adultos.

O que nos traz de volta a Emma. De forma previsível, tornar-se mãe aos 14 anos teve um impacto significativo em seu desempenho escolar e sua vida social. Ela me contou que, antes de engravidar, tinha optado por fazer algumas provas de seu GCSE (o diploma geral para o ensino médio) um ano antes –, oportunidade que lhe foi oferecida porque ela estava entre os melhores alunos da escola de matemática e inglês. Mas isso significou ter de revisar a matéria durante uma prolongada internação no hospital com o recém-nascido, porque seu filhinho veio ao mundo com algumas complicações de saúde. A rotina de Emma nas primeiras semanas, ela me disse, era "dormir numa cama de hospital, levantar, revisar conteúdos, ir à escola, voltar ao hospital". Ela me contou sobre os desafios que enfrentou também com as amigas, sobretudo o choque entre suas novas responsabilidades de adulta e as prioridades adolescentes das amigas:

> Quando o bebê nasceu, tudo foi glorificado [por minhas amigas]. Foi tudo ótimo no começo, logo que ele nasceu. Mas depois elas diziam: "Nós vamos sair hoje à noite", e eu tinha que dizer, "Bem, não posso ir". E elas insistiam, "Nós vamos sair", e eu repetia, "Eu não posso ir". E entendi que não podia mais fazer tudo o que elas podiam fazer. Eu entendi. E acho que se fosse o contrário, eu também não pararia o que estava fazendo só porque alguém não podia ir. Eu entendo. Mas na época não entendi. Eu fiquei tipo, "Por que minhas amigas não querem me ver?". Mas agora entendo. Elas eram crianças.

Isso condiz com o que sabemos até agora sobre a maternidade na adolescência: é um caminho solitário e que dificulta muito mais todas as coisas, desde ter sucesso na escola até se encaixar com os amigos, restringindo as perspectivas futuras de uma pessoa jovem. Para Emma, no entanto, a história acabou sendo muito diferente. Em certo ponto da nossa entrevista, perguntei sobre seu filho. Emma tem 24 anos, então imaginei que seu filho devia ter cerca de 10 anos, à beira da adolescência. Eu não estava nem um pouco preparada para a resposta dela: ela me contou que seu filho morreu aos 10 meses de idade. Ele tinha um distúrbio genético, transmitido pelo lado dela da família; o mesmo distúrbio que o levou a uma internação prolongada no hospital logo ao nascer. Emma não apenas enfrentou o excepcional desafio de ter um filho na adolescência, como também lidou com o excepcional infortúnio de perder um filho recém-nascido.

Emma me contou que, logo após a morte do filho, ela recebeu aconselhamento psicológico especializado, voltado a dar apoio a pais e mães que passam pela dolorosa experiência de perder um bebê; porém, como Emma era muito jovem, muitas das orientações e conselhos não se aplicavam a ela. Sentindo que estava sendo negligenciada e que ninguém lhe dava ouvidos, Emma parou de comparecer às sessões e se viu obrigada a se virar sozinha. O rescaldo inicial foi inacreditavelmente difícil:

Eu só queria passar desapercebida [na escola]. Porque ainda estava lidando com tudo. Eu ficava tipo, "Só me deixem em paz". E tinha explosões de raiva. Se as pessoas diziam a coisa errada, ou se faziam comentários depreciativos, era tipo... bum! Nunca era uma raiva constante, apenas explosões por certas coisas. Por cerca de um ano após a morte do meu filho, eu bebia muito com meus amigos, ficava por aí na rua até a hora que eu quisesse. Estava fazendo o que eu queria. Minha mãe tinha de ligar para a polícia, porque eu desaparecia, simplesmente sumia do mapa. Porque não sabia o que fazer. Eu não sabia como lidar. Eu não estava conseguindo dar conta, mas sabia também que a minha mãe não estava conseguindo dar conta, porque estava tudo em casa, sabe? Era como se ela fosse o pai dele. Então pensei, "Bem, não posso falar com a minha mãe, porque ela também está passando pela situação".

Essa situação continuou pelo resto do 11º ano, até Emma terminar seus exames finais do ensino médio. Em seguida ela se mudou para uma nova escola a fim de cursar os dois anos de preparação para a universidade e disse a si mesma que alguma coisa tinha que mudar. "Pensei com meus botões, 'Isto não pode continuar. Não vai me levar muito longe'. E sempre quis fazer algo com a minha vida", Emma me contou. Como poucas pessoas na nova escola sabiam o que tinha acontecido com ela, foi mais fácil começar um novo capítulo. Emma abaixou a cabeça, estudou com afinco para prestar os exames de admissão ao ensino superior e entrou na universidade. Na vida universitária, ela viu as pessoas ao seu redor "chutarem o balde" e "pirarem", mas ela simplesmente não queria mais se comportar dessa maneira desenfreada. Foi nessa época, ela me relatou, que as pessoas começaram a dizer que ela parecia muito mais velha do que realmente era. Isso não é surpresa: ela teve uma vida inteira de dificuldades antes mesmo de completar 16 anos. O mais importante, porém, é que Emma realmente fez algo com sua vida: por ocasião das nossas entrevistas, ela estava estudando para o doutorado e trabalhando meio período em uma escola de ensino médio exclusiva para meninos. Ela me disse que construiu um bom relacionamento com os alunos. Em conversas reservadas, sempre os incentiva a serem abertos com ela nas conversas sobre sexo:

Agora que construí um relacionamento muito bom com os meninos, eles me perguntam abertamente sobre sexo e outras coisas. E eles morrem de rir ou dão risadinhas abafadas, mas digo: "Tudo bem, prefiro que vocês venham falar comigo sobre isso e sobre o que estão fazendo. É melhor assim do que vocês me procurarem daqui a três meses para dizer: 'Engravidei uma garota'".

Educação sexual

A história de Emma ilustra como são elevados os riscos quando se trata de sexo na adolescência, e é por isso que muitos pais e mães, professores, profissionais de saúde e legisladores veem o sexo adolescente quase exclusivamente como um "comportamento de risco". Em algumas sociedades, a exemplo dos Estados Unidos, o sexo na adolescência é estigmatizado como imoral, como inerentemente desviante, uma "doença que é melhor prevenir", nas palavras da socióloga Amy Schalet. Nesses lugares, a principal metodologia de educação sexual é, via de regra, "somente abstinência". Isso pode ser resumido assim: *até que vocês se casem, crianças, simplesmente não façam sexo, nunca*.

Para muitos adultos de hoje, deve ter sido a única mensagem que receberam sobre sexo em seus tempos de escola. Tenha em mente o documentário de educação sexual *No Second Chance* [Sem segunda chance], de 1991, que promovia a abstinência antes do casamento com enfoque especial no risco de contrair HIV. Em certo ponto do documentário, uma professora explica a seus alunos a seguinte solução:

> Vocês podem pensar nisso em termos de uma roleta-russa. O que significa uma chance em seis de você morrer, certo? Quando você usa camisinha, é como se estivesse jogando roleta-russa. São menores as chances de que, quando você puxar o gatilho, levar um tiro na cabeça, mas quem quer jogar roleta-russa com camisinha?
>
> Então, da próxima vez que alguém quiser ir para a cama com você, com ou sem camisinha, simplesmente saiba que na verdade está indo para a cama com... não são só você e ele, ou

você e ela... você está levando um revólver carregado. E não só isso: quando você for transar com essa pessoa, não vai transar apenas com ela, mas também com todas as outras pessoas com quem essa pessoa já transou na vida. Então imagine que é como se toda essa gente estivesse se acotovelando junta em cima da cama.

Neste ponto, a professora começa a parecer mais alegre e diz ao grupo de adolescentes que tem uma solução. Se todos parassem de fazer sexo, ela diz, acabaria a diversão – mas há uma alternativa. Ela pergunta à classe qual seria a resposta para o dilema, e um dos alunos levanta a mão e diz: "Monogamia". A professora concorda: "Fazer sexo apenas com uma pessoa, no casamento, em um relacionamento monogâmico, pelo resto da vida. Essa é a resposta para o problema. Quando você faz isso, não precisa se preocupar com doenças de forma alguma". A maioria dos jovens da classe parece satisfeita com a solução. Mas então uma alma corajosa levanta a mão e pergunta o que acontece se a pessoa quiser fazer sexo *antes* do casamento. A professora não pestaneja: "Bem, acho que só precisa estar preparado para morrer".

O problema com a educação sexual baseada apenas na abstinência é que ela não funciona. Nas três décadas desde que o filme foi lançado, aprendemos que adolescentes que são ensinados sobre sexo dessa forma não são menos propensos a engravidar ou contrair uma infecção sexualmente transmissível (IST) do que adolescentes que não recebem nenhuma educação sexual.[26] Na verdade, entre os adolescentes que recebem educação sexual baseada apenas na abstinência são significativamente maiores as probabilidades de engravidar do que entre seus pares que têm acesso a programas abrangentes de educação sexual, nos quais são ensinados a fazer sexo com segurança em vez de não fazer sexo de jeito nenhum. Nos Estados Unidos, onde muitas regiões ainda adotam uma educação sexual baseada exclusivamente na abstinência, registram-se mais gestações na adolescência e ISTs do que em países desenvolvidos que são mais progressistas e aceitam melhor a sexualidade adolescente, caso de Dinamarca e Países Baixos.[27, 28] O motivo é bem simples: não importa o que se diga a eles, alguns adolescentes vão fazer sexo de qualquer maneira. É até possível aterrorizar alguns deles para que não façam sexo, mas não é factível vencer um imperativo biológico. Como afirma a psicóloga Kathryn Paige Harden: "De uma perspectiva evolutiva, o sexo é o fundamento da adolescência. A função preponderante das mudanças biológicas, intrapessoais e interpessoais da adolescência (maturação puberal, aumento da busca por novidades e reorientação social para longe dos pais e mães e para mais perto dos pares) é facilitar a reprodução".[29] Uma metodologia educacional baseada somente na abstinência é contraproducente porque nega aos adolescentes as informações sobre contracepção e práticas sexuais saudáveis que de fato reduziriam o risco de resultados ruins quando eles inevitavelmente acabarem fazendo sexo.

Adolescentes podem fazer sexo bom?

Há uma maneira melhor, e ela vai além de apenas ensinar adolescentes sobre como fazer sexo seguro. Hoje o *movimento da sexo-positividade* (ou positividade sexual) está bem estabelecido em alguns países europeus, caso dos Países Baixos, e tem um pequeno, mas crescente número de defensores no Reino Unido e nos Estados Unidos. Harden resume da seguinte forma essa atitude em relação à sexualidade humana:

> Os defensores da perspectiva da sexo-positividade consideram as atividades sexuais consensuais, para adolescentes e adultos, como potencialmente positivas e saudáveis. Assim, a sexo-positividade abrange uma variedade de comportamentos sexuais, identidades sexuais e identidades de gênero que são tradicionalmente vistas como desviantes, incluindo não apenas o sexo que foi considerado desviante com base na idade ou estado civil (como sexo adolescente), mas também orientações e experiências sexuais lésbicas, gays e bissexuais.[30]

Apoiar uma perspectiva sexo-positiva não significa pensar que todo sexo adolescente é uma coisa boa. De fato, nesse arcabouço, ainda pode ser que a abstinência seja a escolha preferida e melhor para um adolescente individual em dado momento (ou mesmo para todos os seus anos de adolescência). Na verdade, para adolescentes assexuais (que não sentem atração sexual por ninguém), a abstinência é totalmente apropriada e, via de regra, a opção mais desejada. Há muitos adolescentes que, por uma miríade de razões, não querem fazer sexo. Tudo isso é abarcado dentro de uma estrutura sexo-positiva, porque uma parte fundamental disso é respeitar as necessidades e desejos de um indivíduo.

O movimento da sexo-positividade não tem a ver com a banalização do risco. Promover sexo seguro é parte integrante de todo o conceito. Está mais para o seguinte: os apoiadores do movimento veem o gerenciamento de risco como uma base essencial para o sexo adolescente e acreditam ainda que a sexualidade saudável é mais do que evitar consequências indesejadas e que devemos ensinar isso também. Tal enfoque reconhece o sexo como uma parte normal e saudável do desenvolvimento adolescente, e suas três principais prioridades são prazer, consentimento e capacidade de ter controle sobre a própria vida.

Essas mensagens são especialmente importantes para meninas e mulheres, que não só correm mais risco de danos decorrentes do sexo, mas cujo prazer sexual é amiúde subvalorizado ou ignorado. Como vimos, as normas sociais influenciam todos os aspectos da vida dos adolescentes, e o sexo não é exceção. "Roteiros sexuais", de acordo com psicólogos, são as normas e expectativas culturais que as pessoas aprendem sobre sexo – que, tais quais atores e atrizes seguindo um roteiro de filme, ditam vigorosamente suas atitudes e comportamentos sexuais da vida real.[31] Repetidamente, pesquisas têm mostrado que esses roteiros são de gênero e heteronormativos de uma forma que não ajuda meninas e mulheres (e provavelmente, em última análise, tampouco é útil para meninos e homens).[32] De acordo com o roteiro sexual dominante nas sociedades ocidentais, homens heterossexuais buscam ativamente o sexo, priorizam o ato sexual em detrimento da conexão emocional e objetificam as mulheres. Espera-se que mulheres heterossexuais sejam passivas, usem sua aparência para atrair homens, priorizem as necessidades e o prazer dos homens e limitem seu próprio número de parceiros sexuais. Isso não é apenas uma teoria: pesquisas analisaram a maneira como o sexo é retratado e discutido na TV e no cinema populares e constataram que esses roteiros aparecem com grande frequência.[33] Nas palavras da psicóloga Janna Kim e colegas, essa mensagem "obriga meninas/mulheres a negar ou desvalorizar seu próprio desejo sexual, a procurar agradar meninos/homens, a 'desejar e esperar' para serem escolhidas, e a negociar sua própria sexualidade como se fosse uma mercadoria".[34] O resultado de tudo isso é que as adolescentes recebem grande quantidade de informações sobre sexo, orientadas para o risco e carregadas de julgamentos, mas pouquíssima orientação sobre como realmente esmiuçar ou defender seus próprios desejos e necessidades sexuais, muitas vezes intensos – problema que a psicóloga Deborah Tolman descreveu como "dilemas de desejo" das adolescentes.[35] Esse dilema persiste mesmo quando as meninas fazem sexo sozinhas: quando questionadas sobre sua atitude em relação à masturbação, é muito mais comum que as meninas (em comparação com os meninos) relatem sentimentos de vergonha, repulsa ou conflito interno sobre esse comportamento.[36]

Um estudo de 2017 recrutou participantes entre mulheres, transgêneros e não binários com idades entre 18 e 60 anos e lhes perguntou que mensagem gostariam de ter recebido sobre sexo quando eram mais jovens, mas não receberam, "tanto do sistema familiar quanto da sociedade como um todo".[37] Uma das respostas mais comuns era sobre a questão do prazer. Uma mulher de 20 anos resumiu de forma simples: "Eu gostaria que alguém me dissesse que é normal querer fazer sexo". O impacto dessa falta de mensagens pode perdurar por anos a fio, e muitas das participantes continuarão sentindo vergonha ou incerteza em relação ao seu próprio desejo sexual. O problema é que até mesmo os defensores da ferrenha educação de abstinência aceitam o fato de que a maioria das pessoas acabará fazendo sexo ao chegar à vida adulta, o que significa que, para ter uma vida sexual gratificante, as mensagens sobre perigo e imoralidade, promovidas de forma tão exaustiva na adolescência, devem ser de alguma forma *desaprendidas*, e isso não é fácil. É necessário que entendimentos inteiramente novos sejam construídos sobre alicerces inexistentes. As pesquisadoras Valerie Rubinsky e Angela Cooke-Jackson concluíram que "quanto aos pais, mães e educadores especialmente, o que eles não dizem sobre saúde sexual pode ser tão impactante quanto o que eles dizem".[38]

Trata-se de um problema fundamental que a estrutura da sexopositividade busca resolver. A mais importante ambição dessa estrutura é ajudar adolescentes (de todos os gêneros) a desenvolver um senso do que os psicólogos chamam de *bem-estar sexual*, que abrange quatro componentes, todos relevantes também na idade adulta.[39] O primeiro é a *autoestima sexual*, que inclui um senso geral de autoestima sobre si mesmo como uma pessoa sexual, um senso de que a pessoa é sexualmente atraente e um senso de orgulho sobre a forma como expressa seu comportamento e desejos sexuais. O segundo é a *autoeficácia sexual* ou *agência sexual*, conceito que se refere à convicção de uma pessoa em sua capacidade de afirmar suas preferências e desejos sexuais com um parceiro (em termos do que ela quer, mas também do que ela não quer) e a certeza de que pode tomar medidas para evitar resultados indesejados. O terceiro componente do bem-estar sexual é *vivenciar aspectos positivos do sexo*, incluindo excitação, prazer e satisfação – e reconhecer que tem direito a essas experiências. Por fim, o bem-estar sexual envolve a *liberdade de experiências negativas de sexo*, como dor, ansiedade ou outros sentimentos negativos relacionados à sexualidade. De acordo com uma estrutura de sexo-positividade, todos esses componentes podem e devem ser desenvolvidos gradualmente ao longo da adolescência.

A educação sexual começa em casa

Alguns pais e mães não conseguem ou não querem discutir sexo com seus filhos e filhas adolescentes porque em muitas culturas os tabus associados ao sexo têm raízes profundas e longevas. Porém, nos últimos anos, pesquisas na área da psicologia mostraram que *há* uma boa maneira de discutir sexo em casa – e isso foi realçado por um estudo de 2004 encabeçado pela socióloga Amy Schalet.[40] Ela realizou 130 entrevistas com pais e mães de adolescentes de 15 a 17 anos. Entre muitos tópicos que ela discutiu com os entrevistados estava a pergunta: "Você permitiria que [seu filho/filha adolescente] passasse a noite com uma namorada ou namorado no quarto em sua casa?". Metade dos pais e mães era dos Estados Unidos, onde as atitudes em relação ao sexo adolescente são em geral conservadoras, e metade era dos Países Baixos, país no qual o enfoque de saúde pública é que o sexo adolescente é algo inevitável e normal e que se deve fomentar o sexo seguro.

Essas atitudes nacionais se refletiram nas entrevistas: 90% dos pais e mães estadunidenses disseram que não permitiriam que o namorado/namorada do filho ou filha pernoitasse em sua casa; 90% dos pais e mães holandeses afirmaram que permitiriam.

Quando os pesquisadores solicitaram aos pais e mães estadunidenses que explicassem sua resposta, o arrazoado mais comum foi o de que a sexualidade adolescente era uma força avassaladora impulsionada por hormônios furiosos que os adolescentes não conseguiam controlar. Havia uma sensação de que os adolescentes ainda não desenvolveram plenamente a capacidade cognitiva ou emocional para gerenciar esses sentimentos. Pais e mães estadunidenses julgavam que os meninos são tão impelidos a fazer sexo que são incapazes de parar e pensar sobre a importância do sexo seguro, e que as meninas se apaixonam com extrema facilidade, fazem sexo para impressionar os namorados e se apegar a eles, e no fim da história saem de coração partido (e talvez grávidas) depois que o relacionamento inevitavelmente acaba. Nas palavras de Schalet: "Parece evidente [para os pais e mães estadunidenses] que cabe aos pais e mães ser vigilantes para garantir que seus filhos e filhas não sejam vítimas de um emaranhado relacional perigoso e prematuro. Permitir que o namorado ou namorada do filho ou filha pernoite em sua casa significaria, portanto, sancionar relacionamentos que a seu ver, filhos e filhas adolescentes ainda não têm condições de manejar com sucesso".[41] Alguns pais e mães aceitaram a ideia de que seus filhos e filhas poderiam fazer sexo de qualquer maneira, e alguns disseram que estariam dispostos a ajudá-los a ter acesso a anticoncepcionais se necessário, mas um fato quase universal foi julgarem que, ao permitir que isso acontecesse dentro de casa, efetivamente estariam endossando ou estimulando o comportamento. Um pai estadunidense declarou com todas as letras: "É como dar a eles uma licença para fazer o que quiserem, e não estou pronto para fazer isso".

Os pais e mães holandeses, por outro lado, estavam confiantes de que seus filhos adolescentes saberiam por si mesmos quando estivessem prontos para fazer sexo e confiavam neles para tomar essa decisão por conta própria. Na concepção desses pais e mães, o desenvolvimento sexual é algo gradual que acontece em estágios, e eles acreditavam que seus adolescentes seriam capazes de controlar seu próprio desenvolvimento à medida que se tornassem prontos para cada estágio. Fator decisivo é que os pais e mães holandeses confiavam que, quando seus filhos se sentissem prontos para sexo com penetração, arranjariam e usariam contraceptivos. Ao contrário dos pais e mães estadunidenses, os pais e mães holandeses raramente falavam sobre diferenças de gênero; em vez disso, viam meninos e meninas como agentes sexuais capazes de se apaixonar e que gradativamente desejariam esquadrinhar sua sexualidade. Por fim, os pais e mães holandeses enfatizavam que a sexualidade adolescente é normal e natural – uma parte do desenvolvimento saudável. Não precisa causar estragos emocionais tampouco conflitos entre adolescentes e pais e mães. Como resultado, não precisa ser um segredo – e isso significa que se pode permitir que aconteça dentro de casa.

Ambos os grupos de pais e mães se sentiam até certo ponto desconfortáveis sobre seus filhos e filhas adolescentes fazerem sexo – a diferença crucial é a maneira como lidavam com esses sentimentos. No dizer de Schalet:

> Pelo menos alguns pais e mães holandeses, assim como seus análogos estadunidenses, sentem desconforto ao pensar no envolvimento sexual de seus filhos e filhas. Mas enquanto os pais e mães estadunidenses pegam esse desconforto e o dramatizam – ou seja, fazem dele uma base para a ação e o veem como indicativo da necessidade de drástica separação entre a esfera da sexualidade adolescente e a esfera do lar parental –, os pais e mães holandeses fazem algo diferente com esse desconforto. Eles o normalizam. Ou seja, buscam eliminar da sexualidade adolescente todos os componentes perturbadores do ponto de vista emocional e relacional, falando sobre esse tema como algo normal e cotidiano e que pode ser facilmente integrado à esfera doméstica do lar parental.

As taxas de gravidez e ISTs na adolescência são muito menores na Países Baixos do que nos Estados Unidos, o que sugere que os holandeses podem estar adotando um enfoque melhor.[42] Isso nos diz que é possível criar adolescentes capazes de lidar com sexo com segurança e responsabilidade. Porém, mais do que isso, e em consonância com a estrutura de sexo-positividade, também é possível que os adolescentes tenham relacionamentos sexuais que não sejam apenas seguros, mas também uma profunda fonte de significado e intimidade.

Pornografia

Indiscutivelmente, a educação sexual – em casa e na escola – é mais importante agora do que nunca. Isso ocorre porque, hoje, adultos que tentam ensinar adolescentes sobre sexo saudável enfrentam um oponente que desencadeou uma enxurrada de conteúdo sexual entre essa faixa etária: a pornografia online. Levando-se em consideração sua ubiquidade e o fato de que esses vídeos podem ser acessados em smartphones pessoais por meio de alguns poucos toques, não é surpresa que adolescentes curiosos sobre sexo às vezes assistam a esse conteúdo, intencionalmente ou não (por exemplo, clicando em um link errado online ou recebendo algo enviado por um amigo).[43] Embora existam muitas preocupações morais e legais em torno da indústria da pornografia, sobretudo em relação às meninas e mulheres envolvidas – sua idade, se estão sendo sexualmente exploradas, se consentiram que o vídeo fosse veiculado online –, a principal preocupação com os espectadores adolescentes é quanto ao tipo de sexo que é retratado e o que isso pode estar ensinando aos jovens. O sexo na pornografia é muitas vezes violento, mesmo que pareça consensual; raramente envolve preservativos; e tende a priorizar e enfocar a satisfação sexual dos homens e não das mulheres. A preocupação é que tais vídeos ensinam aos adolescentes que essa versão de sexo é a norma, com óbvias implicações possíveis para a forma como se comportam quando fazem sexo no mundo real.

É difícil estabelecer, a partir das pesquisas, até que ponto essas preocupações são justificadas. Alguns estudos descobriram que adolescentes que assistem a conteúdo pornográfico são mais propensos a fazer sexo desprotegido e mais propensos a ter atitudes problemáticas e estereotipadas de gênero em relação ao sexo (por exemplo, a convicção de que as mulheres devem ser objetificadas).[44] Mas outros estudos encontraram resultados ambíguos, e em sua maior parte os que encontram uma relação entre o uso de pornografia e esses resultados ruins são transversais (ou seja, medindo tudo em um único ponto no tempo), o que torna difícil determinar se a pornografia contribui ativamente para comportamentos e atitudes problemáticos ou se os adolescentes que eram propensos a essas coisas de qualquer maneira são os que tendem a se interessar por consumir pornografia.[45] Mesmo quando se realiza uma pesquisa longitudinal – por exemplo, um estudo encontrou uma relação estatística positiva entre a visualização intencional de pornografia violenta em crianças de 10 a 15 anos e, posteriormente, comportamento sexual agressivo e coercitivo –, ainda não está claro se os adolescentes que procuram esse material violento já eram diferentes para começar ou se o material está deflagrando um comportamento que em outras circunstâncias nunca teria acontecido.[46]

A justificada preocupação em torno das implicações negativas da pornografia tende também a abafar a verdade mais sutil, respaldada pelas evidências, de que há uma enorme variação nos adolescentes em termos de aspectos como: se assistem a conteúdo pornográfico, por que assistem e o que fazem no mundo real. Portanto, inevitavelmente o impacto da pornografia dependerá do adolescente.[47] Há também a realidade, que muitos relutam em reconhecer, de que a pornografia pode ser útil para alguns adolescentes, sobretudo aqueles que ainda não têm a liberdade ou a capacidade para fazer sexo no mundo real. Referindo-se a adolescentes gays, lésbicas e bissexuais, os psicólogos Josh Grubbs e Shane Kraus escrevem que alguns adolescentes "podem achar que o uso da pornografia é uma das poucas atividades disponíveis para esmiuçar sua sexualidade em ambientes privados e sem julgamentos".[48] Para esses adolescentes, muitas vezes é o único lugar de que dispõem para aprender sobre como fazer sexo – embora isso seja na verdade um argumento para a descoberta de melhores meios, recursos e soluções de educação sexual para esses grupos, em vez de uma justificativa para o uso da pornografia.[49]

Tudo isso apresenta um considerável dilema para os educadores. Hoje em dia, muitos programas de educação sexual ensinam os jovens sobre pornografia – por exemplo, que o sexo retratado geralmente envolve atores e não é realista, ou que pode ser exploratório ou ilegal. Mas o problema é que, quando os adolescentes são oficialmente ensinados sobre tudo isso na escola, muitos deles já viram esses vídeos, o que significa que o dano talvez já tenha sido feito. A alternativa, no entanto, é ensinar os jovens sobre pornografia antes que eles a vejam ou mesmo ouçam falar dela – o que em termos realistas poderia significar ensinar as crianças sobre isso nas escolas de ensino fundamental. Não existem respostas fáceis aqui, mas o fato é que, assim como em todos os aspectos do sexo, os adolescentes acabarão vendo pornografia de qualquer maneira, quer sejam ensinados sobre isso ou não. Portanto, recai sobre os adultos a responsabilidade de serem pragmáticos quanto a como orientar os jovens em meio a esse novo e inevitável aspecto da educação sexual. Por meio de uma estrutura realista e positiva em relação ao sexo, a esperança é que os adolescentes sejam capazes de aprender sobre pornografia, mantendo atitudes e comportamentos saudáveis em relação ao sexo no mundo real.

Um exemplo de bom sexo adolescente

Os adolescentes de hoje estão aprendendo sobre sexo em um cenário muito mais complicado, mas, em última análise, sua tarefa nesse domínio é a mesma de sempre. E *é* possível tirar proveito do comportamento sexual na adolescência de uma forma gradual, saudável e satisfatória. Neil, que hoje tem 53 anos, é casado e tem dois filhos adolescentes. Na adolescência, ele frequentou uma escola de ensino médio exclusiva para meninos. Convenientemente, havia uma escola só para meninas adjacente – "literalmente bem ao lado" –, e foi nessa escola que ele, aos 15 anos, Neil conheceu sua namorada, Sam:

> Eu me lembro da festa em que nos beijamos pela primeira vez e tenho a lembrança de que foi uma sensação maravilhosa. Estávamos sentados no chão numa festa. E demos uns amassos e depois demos as mãos. Veja bem, todos esses anos depois, talvez eu esteja romantizando um pouco, mas me lembro de ser algo muito especial desde o início e de reconhecer isso. A festa em que nos beijamos foi em um sábado, e eu ia trabalhar no domingo. Meu emprego era numa loja. E a Sam foi à loja no domingo, só para me dizer oi, me lembro disso. Aí, mais ou

menos um mês depois, era o aniversário de 16 anos dela, e me lembro de estar na porta da casa dela e das palavras "Estou me apaixonando por você" saindo da minha boca. Ela não disse isso imediatamente, mas retribuiu logo depois. E nasceu um relacionamento muito terno, especial e amoroso.

Durante a adolescência de Neil, sua mãe adoeceu gravemente com o que ele descreve como "doença misteriosa" – que só foi diagnosticada e tratada muitos anos depois. Em inúmeras ocasiões ela não conseguia falar e se comunicava com a família escrevendo bilhetes. Foram muitos os diagnósticos equivocados, cada um preocupante à sua maneira. Durante todo o tempo, Neil, sua irmã mais velha e seu pai não dialogavam sobre como a doença estava impactando a família. "Falava-se sobre isso, mas não de uma forma aberta. As emoções nunca eram tema de conversas. E ainda assim [a doença dela] tocou tudo", ele me disse. De forma previsível, ele se lembra de períodos em que se sentia muito chateado – e a solidão e a dificuldade de lidar com o que estava acontecendo em casa tornaram ainda mais intenso seu relacionamento com Sam:

> Acho que, naquele contexto, estar em um relacionamento amoroso – ser parte de uma unidade, uma unidade amorosa, e ter um senso de pertencimento e ser parte de um relacionamento que me surpreendeu – foi muito importante. Acho que antes de conhecer a Sam eu tinha uma autoestima muito baixa e então, quando ela se apaixonou por mim, tive a sensação de que era quase como um presente. Acho que, de certa forma, pensei, "Por que mereço isso?". Antes dela, eu questionava meu próprio valor. Então foi incrível fazer parte de algo assim. Ela foi como um bote salva-vidas. Se eu não estivesse em um relacionamento que era tão amoroso, que me dava tamanho senso de pertencimento, que parecia tão perfeito... Não sei como teria sobrevivido a alguns daqueles anos.

Foi no contexto desse relacionamento amoroso, que deu a Neil confiança, conforto e autodescoberta em um momento tão crucial, que ele e Sam começaram a fazer sexo, mas não imediatamente:

Antes da Sam, eu tive um caso por alguns meses com outra garota, meio que a minha primeira namorada. Esse primeiro relacionamento breve foi bem apaixonado, sexual, experimental, brincalhão. Eu tive uma tentativa inicial de fazer sexo [com penetração] com ela. Meu pai e minha mãe saíram numa viagem de alguns dias com minha irmã e me deixaram sozinho em casa. Então a minha namorada e eu pensamos em tomar uma garrafa de vinho cada um, seria uma boa maneira de fazer. Mas aí, obviamente, nós dois ficamos muito bêbados. Dificuldades para colocar a camisinha, e talvez não fosse a melhor posição sexual para perder a virgindade... você sabe, esse tipo de coisa. Foi surpreendente, de certa forma, que eu tenha passado disso para esperar com a Sam. Com a Sam, nós esperamos talvez um ano e pouco para fazer sexo.

Nós tivemos um relacionamento sexual inicial por um tempo antes de fazermos sexo de verdade. Tínhamos uma vida sexual, mas ela foi construída com base na ideia de esperar um pouco antes de fazer sexo [com penetração]. Eu não tinha muita experiência com mulheres ou corpos de mulheres, então para mim foi uma espécie de aprendizagem. Nós nos excitávamos um com o outro e fomos descobrindo como dar prazer um ao outro, todas essas coisas, estávamos tendo boas experiências sexuais.

Não me lembro de alguma vez ter pensado, sabe, "E aí, quando é que vou poder entrar em você?". Foi iniciativa dela. Eu me lembro apenas que ela disse, "Eu vou ao médico". Tínhamos 16 anos. Ela simplesmente marcou uma consulta no clínico geral, foi sozinha e começou a tomar pílula. Eu nem sequer tinha pensado nisso. Eu não era ingênuo, mas era apenas um menino, na verdade. E então ela disse, "Já estou tomando pílula há tempo suficiente, podemos fazer sexo". Então perdemos a virgindade um com o outro no meu pequeno quarto de infância, acima de onde meus pais estavam, no andar de baixo. Naquele dia eles tinham convidado alguns amigos para jantar, eu me lembro.

Os pesquisadores se referem a adolescentes que estão prontos para fazer sexo como "sexualmente competentes". Em geral isso significa que, quando fazem sexo pela primeira vez, os jovens atendem a quatro critérios: usam contraceptivos; há igual disposição de ambos os indivíduos para fazer sexo (ou seja, ambos consentem igualmente e sem coerção); eles sentem subjetivamente que é o momento certo; e fazem sexo porque intrinsecamente querem, e não por razões externas, a exemplo de pressão dos pares.[50] Se algum desses critérios não for atendido, é provável que o adolescente não esteja pronto. De acordo com essa definição, fica claro que, quando Neil e Sam fizerem sexo pela primeira vez, ambos estavam prontos. Aos olhos da lei britânica, é claro, todos os adolescentes são capazes de consentir com o sexo no dia em que completam 16 anos, e nem um dia antes, mas pesquisas sugerem que as pessoas chegam à competência sexual em idades diferentes. Para alguns adolescentes, levará muitos meses ou anos além dessa data antes que sejam sexualmente competentes; da mesma forma, alguns adolescentes podem estar prontos para fazer sexo já aos 15 anos.[51] No entanto, é consenso universal entre acadêmicos e formuladores de políticas públicas que, em âmbito global, adolescentes com 14 anos ou menos são sempre jovens demais para fazer sexo seguro.[52] Nas palavras da socióloga Ruth Dixon-Mueller, isso ocorre porque adolescentes dessa idade "não têm maturidade fisiológica e cognitiva, tampouco informação, habilidades e agência para proteger sua saúde e direitos".[53] O limite de 16 anos como idade de consentimento sexual é, portanto, um julgamento pragmático, em vez de uma regra rígida e rápida – uma estimativa imperfeita da idade em que alguém provavelmente será capaz de ter relacionamentos sexuais consensuais e seguros.

    Curiosamente, Neil teve essa experiência sexual positiva apesar de não ter recebido dos adultos quase nenhuma informação sobre sexo. Ele me contou que seu pai e sua mãe nunca falaram com ele a respeito de sexo ou contracepção – "o que, suponho, não seja surpresa nenhuma, considerando o que estava acontecendo com minha mãe" –, mas ele tampouco aprendeu sobre sexo na escola, a não ser pela revista pornográfica que comprou de um outro aluno. Ele lamenta a falta de educação sexual formal, mas na prática recebeu a melhor educação possível: ele aprendeu sobre sexo gradualmente no contexto de um relacionamento amoroso. Em última análise, as escolas, pais e mães podem ensinar aos adolescentes princípios importantes sobre consentimento, respeito, contracepção e a noção de sentir-se pronto, mas além disso a questão está fora de suas mãos: o restante da educação sexual deve acontecer a portas fechadas. Por mais que os pais e mães possam não gostar da ideia de filhos e filhas adolescentes terem um relacionamento sexual excitante e cheio de descobertas, como o de Neil e Sam, na verdade é uma das melhores experiências adolescentes possíveis, pois é provável que os prepare para ter relacionamentos sexuais prazerosos e respeitosos para o resto da vida.

Caras mais velhos

O que também pode ter contribuído para a experiência positiva de Neil é o fato de ele e Sam terem a mesma idade. Muitos adolescentes têm experiências sexuais ruins com parceiros da mesma idade, mas, como vimos no caso de Keira, as meninas adolescentes que fazem sexo com homens mais velhos são especialmente propensas a ter primeiras experiências sexuais das quais se arrependem. Em comparação com colegas que têm parceiros sexuais da mesma idade, elas também são mais propensas a contrair uma infecção sexualmente transmissível, provavelmente porque são estimuladas ou coagidas a fazer sexo desprotegido.[54, 55] Se a menina tem 15 anos ou menos, o homem está infringindo a lei, mas mesmo se ela tiver 16 anos ou mais, o desequilíbrio de poder inerente entre um homem adulto e uma adolescente significa que há potencial para manipulação. E ainda assim esse fenômeno é generalizado; então, por que as adolescentes querem namorar homens mais velhos, e por que os homens mais velhos querem namorar adolescentes?

Para as adolescentes, namorar meninos mais velhos ou homens feitos propicia uma série de benefícios em relação aos garotos da sua idade. Elas terão mais independência: pode ser que dirijam um carro ou tenham sua própria casa. Pode ser que tenham mais dinheiro, o que significa mais presentes ou mais oportunidades de fazer coisas interessantes. Pode ser que tenham mais experiência sexual. Talvez adquiram mais experiência de vida e pareçam mais maduras, o que as tornará mais interessantes e divertidas. Além disso, elas terão superado a fase muitas vezes estranha da puberdade: os meninos mais velhos e homens feitos são mais altos, têm mais pelos faciais, mais massa muscular.

Por tudo isso, garotas adolescentes e suas amigas acham que é legal namorar garotos mais velhos e homens adultos.

No capítulo 5, vimos que Lauren foi condenada ao ostracismo por seu grupo de amigos quando beijou dois garotos em sua nova escola. Mais tarde, no entanto, ela começou a namorar um homem mais velho – ela estava com 15 anos; ele, 23 –, e isso teve o efeito oposto:

> Ele era uma pessoa de quem eu gostava havia muito tempo. Fazia parte de um grupo de jovens com quem eu costumava andar, então já o conhecia por meio dessas pessoas. Sempre gostei dele e simplesmente não consegui acreditar quando demonstrou interesse por mim. E o status de poder voltar pro meu internato e dizer: "Vocês não fazem nem ideia, estou saindo com um cara", sabe? Isso era visto como algo muito legal. E depois o fato de eu e ele termos começado um relacionamento sexual um pouco mais tarde, e de novo poder dizer para as meninas: "Nós fizemos sexo", e todas elas reagiram tipo: "Meu Deus!". Elas ficaram chocadas, sabe? Elas ainda não estavam fazendo isso, e era visto como algo muito excitante.

Como Keira nos mostrou no início deste capítulo, fazer sexo rende prestígio e respeito porque é um dos principais comportamentos pseudomaduros. Pela mesma lógica, a coisa mais adulta de todas não é apenas fazer sexo, mas fazer sexo *com um adulto*. Para meninas que são atraídas por correr riscos, o fato de pais e mães e professores provavelmente desaprovarem só aumenta a atração.

As razões pelas quais alguns homens namoram meninas adolescentes e fazem sexo com elas devem ser óbvias. Meninas adolescentes podem até ter o corpo de mulheres adultas, mas ainda não têm uma mente adulta. Para um homem adulto que é incapaz de manter relacionamentos com mulheres da sua idade (ou não quer lidar com esse tipo de relacionamento), meninas adolescentes são uma ótima oportunidade: de parecer maduro, de ter mais autoridade e de ser bajulado. Levando-se em conta os benefícios percebidos para ambas as partes, não é surpresa nenhuma que meninas adolescentes e homens adultos acabem em relacionamentos sexuais entre si. Mas há boas razões pelas quais relacionamentos como esses são e devem ser fortemente desestimulados, mesmo que do ponto de vista técnico sejam sancionados pela lei (muitos não são).

Fay, agora com 34 anos, cresceu em um vilarejo no sudoeste da Inglaterra e estudou em uma escola de ensino médio pública. Ela morava com o pai, a mãe e uma irmã mais velha e tinha bons amigos na escola. Assim como seu pai, estava interessada em tocar violão. Aos 12 anos, começou a ter aulas com o professor de violão do pai, um homem chamado Olly, que na época tinha 22 anos.

> No começo ele era meu professor de violão, e eu ia até a casa dele para fazer as aulas. O começo, acho, é bem clássico. Ele era um cara mais velho e bonitão por quem eu tinha uma queda. Acho que o fascínio talvez fosse apenas a ideia romantizada disso. Era como um enredo de romance clássico ou de novela, aquele tipo de cara de quem você não deveria ir atrás. "É tão errado que parece muito certo", tipo assim. O drama da coisa.
>
> Eu não estava fazendo isso para ferrar meus pais. Acho que estava apenas tentando obter um pouco de agito, de estímulo – tipo, "Todo mundo fala sobre isso, mas vou fazer isso de verdade". Como se estivesse realmente vivendo aquela vida. E me lembro de pensar que era uma coisa sensacional. Realmente me empenhei, me lancei ao encalço do relacionamento, achava que era a coisa mais sexy do mundo. Como se estivesse vivendo uma peça de teatro.

O relacionamento "gradualmente extrapolou os limites", Fay disse, quando ela estava com 15 anos e Olly, com 25. No começo, ela saía furtivamente de casa e o encontrava no carro dele, em geral entre meia-noite e quatro da manhã. Mais tarde, passou a ir à casa de Olly, onde ele morava com o irmão. Os dois não fizeram sexo com penetração até ela completar 16 anos: ela se lembra de que ele dizia que só se sentiria "confortável" fazendo isso quando Fay tivesse 16 anos. O relacionamento e as escapadas às escondidas continuaram por cerca de um ano ou mais – até que a mãe dela leu seu diário e descobriu tudo.

O pai e a mãe de Fay eram rígidos, e Fay tinha a convicção de que eles a castigariam e proibiriam o relacionamento. Mas eles fizeram exatamente o oposto: recuaram e permitiram que o relacionamento acontecesse. "Conversando com minha mãe sobre isso mais tarde, ela me disse que a lógica deles foi a seguinte: 'Se tentássemos impor restrições ou intervir, teria sido mais empolgante, e você teria desejado mais. E pelo menos sabíamos da existência do relacionamento. Tipo, se você quisesse fazer, você faria'." Isso pode soar como uma tática das mais controversas, negligente até, mas funcionou. Parte do apelo de namorar homens mais velhos é a natureza proibida disso – então, tão logo o pai e a mãe de Fay aceitaram, perdeu o fascínio:

> Daquele ponto em diante, a verdade é que deixou de ser empolgante para de repente ser um pouco meio... era estranho que tivesse sido legitimado, sabe? E então simplesmente não estava mais tão interessada. E tinha acabado de começar o curso preparatório para a universidade, e havia todos os universitários, e estava mais interessada neles. E meu pai e a minha mãe perceberam isso. Houve um momento horrível em que meu pai me disse: "Bem, vai ter que terminar com ele, então. Você tem que fazer isso agora mesmo". E me entregou o telefone. Foi realmente horrível. Tive que ligar para ele e terminar tudo, na frente do meu pai. Foi muito bizarro. Mas foi o fim. Depois disso nunca mais o vi.

O que é mais interessante no relacionamento de Fay, no entanto, é como ela reflete sobre isso agora. Na época, não era um relacionamento em que ela era obviamente coagida ou manipulada, mas agora ela encara as coisas de forma diferente, sobretudo no que tange ao relacionamento sexual deles:

> Eu me sentia de fato no controle do relacionamento. Ele estava mais a fim de mim do que eu dele, e isso significava – eu pensava – que eu estava na posição de poder. Eu me sentia tipo, "Oh, todas as decisões são minhas". Mas agora, pensando bem, na época eu ainda tinha 15 anos. Eu me sentia muito empoderada, como se *eu* estivesse fazendo sozinha as escolhas. Mas acho que

houve um montão de coisas sexuais que eu não teria feito de outra forma. E acho que fui... Eu não acho que "traída" seja a palavra certa... Fui enganada, talvez. A parte com a qual mais pelejei para perceber: "Oh, isso é exatamente o que ele gostaria que você pensasse". Ele gostaria que você pensasse: "Oh, isso é tudo escolha sua, e isso significa que não sou o vilão da história".

Isso chega ao cerne do porquê esses relacionamentos com diferença de idade são tão problemáticos. Mesmo quando as adolescentes não estão sendo pressionadas ou forçadas contra a sua vontade a se envolver em atividades sexuais, ainda está em jogo uma forma mais sutil de exploração. Garotas como Fay acreditam que têm liberdade para tomar suas próprias decisões sexuais com homens como Olly – elas desejam sexualmente esses homens e consentem em fazer sexo com eles (e tecnicamente Fay estava acima da idade legal de consentimento quando fez sexo com Olly e, portanto, capaz de dar esse consentimento) –, então elas podem de fato ser sexualmente competentes; porém, em última análise ainda são adolescentes, portanto ainda não têm o cérebro ou a mente de um adulto. Invariavelmente, o que elas estão vivenciando é uma fantasia adolescente – uma experiência impulsionada por seus desejos adolescentes por romance, busca por sensações e comportamento pseudomaduro – e é somente depois de crescerem que elas serão capazes de ver a realidade:

> Pensei muito sobre isso ao longo dos anos. E senti coisas muito diferentes sobre isso em diferentes fases. Em alguns momentos, fiquei com a sensação de que foi uma coisa muito positiva: "Ah, eu era tão independente, tão livre". Outras vezes me senti realmente prejudicada pela história, pensando que foi algo terrível, tipo, "Como isso pôde acontecer comigo?". Sobretudo quando eu tinha 25 anos – a coisa realmente me incomodou quando cheguei à mesma idade que ele tinha quando o nosso relacionamento realmente começou. Eu trabalhava em um cinema [quando eu tinha 25 anos], e sempre havia umas crianças que tentavam entrar para ver um filme de classificação "para maiores de 18 anos" e sabia que deviam ter uns 15 ou 16 só. E eu tinha esse sentimento realmente intenso de repugnância,

porque para mim eles pareciam muito jovens. E pensava: "Ele tinha a mesma idade que eu tenho agora. Essa era a diferença exata de idade". E houve esse verdadeiro choque. Acho que para mim esse foi o momento mais difícil. Realmente me abriu os olhos, ver a coisas do outro lado e apenas pensar, "Oh, não, eu era jovem mesmo, era jovem demais". E de repente me pareceu muito nojento.

A partir do momento em que Fay chegou a essa compreensão, seu relacionamento com Olly deixou marcas duradouras e de longo alcance. Mudou a maneira de ela ver os homens e os relacionamentos em geral. Teve um "efeito realmente nocivo" em sua relação com o pai, pelo fato de ele não ter interrompido o namoro com Olly antes. E, como era de se esperar, teve um considerável impacto na experiência sexual de Fay:

Acho que fui muito irrealista com os namorados que tive depois. Isso me faz parecer uma pessoa horrível, mas estou apenas tentando ser sincera. Acho que isso me fez quase menosprezá-los, porque eu ficava tipo, "Ah, bem, por que você não quer fazer sexo deste jeito?" ou "Isso é tão imaturo" ou algo assim. E, na verdade, eles estavam agindo de maneira muito apropriada para a idade que tinham. A minha velocidade é que tinha sido modificada, acelerada. Então houve esse efeito colateral, que não apenas me impactou, mas teve um efeito cascata em outras pessoas. Mesmo com as minhas amigas eu ficava tipo, "Ah, vocês deram uns amassos e só isso, é? Ele não pediu para você ir morar com ele?". E claro que ele não pediu, o cara tinha 17 ou 18 anos.

Por algum tempo tive um bocado de experiências muito inapropriadas, depois que o relacionamento acabou. Porque acho que depois que senti tão cedo aquela empolgação e euforia e agitação, todas as coisas que as minhas amigas estavam fazendo pareciam muito banais. Eu ainda queria estar envolvida nessas coisas, mas sentia que já tinha feito isso. Quando se tratava de desenvolvimento sexual e a forma de me conectar romanticamente com as pessoas, acho que as coisas simplesmente saíram do controle por causa do que tinha acontecido.

> Isso teve um impacto negativo de verdade ao longo dos meus 20 e poucos anos, porque qualquer relacionamento que eu tivesse, qualquer coisa que tivesse a ver com sexo, era bem desequilibrado. Demorei um tempão para me recalibrar e encontrar alguém da minha idade que eu achasse que estava na mesma página que eu.

Ao ter um relacionamento sexual com um homem mais velho, Fay foi colocada em um caminho acelerado que a desconectou totalmente de seus pares, e levou anos para que ela aos poucos voltasse a se alinhar com eles. Para uma adolescente, este é amiúde o custo de fazer sexo com um homem mais velho: quando o relacionamento termina, como invariavelmente acontece, ela enfim se dá conta de que alguém tirou proveito dela, alguém que estava muito mais ciente de sua vulnerabilidade do que ela própria, e um doloroso processo de compreensão e reajuste deve ocorrer. Felizmente para Fay, mais cedo ou mais tarde isso acabou acontecendo:

> Estou muito feliz em dizer que agora cheguei lá, no mesmo patamar com alguém. Estou com meu parceiro atual há sete anos. Acho que, se eu não estivesse num relacionamento estável com ele, provavelmente continuaria naquela jornada. Foi necessário estar no relacionamento certo para fazer as pazes com as coisas. Agora que estou na casa dos 30 anos, ainda me sinto muito moldada por esse aquele relacionamento, mas enfim me sinto um pouco mais do outro lado dele. Eu me sinto mais em paz com isso. Talvez não ambivalente, mas apenas mais em paz com isso.

Neste livro, vimos muitos pontos e características em comum entre os adolescentes, os padrões que nos ajudam a entender os comportamentos típicos da adolescência. Mas é claro que cada adolescência é singular, constatação que talvez seja mais verdadeira quando se aplica ao sexo do que a todos os outros tópicos tratados neste livro. Alguns jovens passam pela adolescência sem fazer sexo (por exemplo, um estudo nos Estados Unidos descobriu que 26% dos homens e mulheres não fizeram sexo antes de completar 20 anos).[56] Isso incomoda alguns deles profundamente, ao passo que outros não dão a mínima (de fato, para 1% a 2% das pessoas que se identificam como assexuais, não fazer sexo será preferível).[57] Alguns adolescentes têm experiências sexuais excepcionalmente negativas, experiências que podem afetá-los por toda a vida – sobretudo quando fazem sexo antes de estarem prontos, quando o sexo é forçado ou quando o ato sexual resulta em gravidez ou doença. Nem todos se reconciliam com experiências difíceis como Fay fez. Mas, embora o sexo *possa ser* uma das piores experiências que um adolescente vem a ter, também pode ser uma das melhores: uma expressão de amor, uma profunda experiência de aprendizagem e uma fonte essencial de significado e prazer. No próximo capítulo, nós nos depararemos com uma contradição semelhante. Conheceremos adultos que passaram na adolescência por alguma experiência que não desejariam a ninguém, e ainda assim as maneiras pelas quais eles conseguem encontrar significado nessa experiência – e até tirar proveito dela – oferecem lições a todos nós.

Capítulo 7
Perda

Grace me contou sobre o dia em que, dez anos atrás, percebeu que sua mãe iria morrer. Ela acabara de fazer 15 anos e, cinco meses antes, sua mãe havia sido diagnosticada com glioblastoma, uma forma especialmente agressiva de câncer no cérebro. Ela me disse que os primeiros meses foram repletos de esperança, sua mãe determinada a ignorar as estatísticas segundo as quais apenas 15% das pessoas que recebem o diagnóstico de glioblastoma sobrevivem por dois ou mais anos. Naqueles primeiros meses, ela se lembra de ver a mãe planejando férias, pensando em um futuro que nunca chegaria. "Ela não conseguia conversar comigo sobre estar morrendo. Acho que era muito doloroso para ela ter que se despedir de três filhas, de mim e das minhas irmãs." Mas, no dia que Grace descreveu para mim em seu relato, ela disse que sua família não podia mais negar os fatos: "Nunca vou esquecer da cena de meu pai na cozinha naquele dezembro, chorando e me dizendo que o tumor tinha voltado, ainda maior do que antes. Que na verdade todo mundo sabia que ela não iria se recuperar. Em retrospecto, acho que foi o dia em que minha infância acabou".

A mãe de Grace morreu cinco meses depois, na sala de estar, rodeada por pessoas que a amavam: o pai de Grace abraçando a esposa, a tia e a avó de Grace ao lado da cama, um vizinho próximo a abraçando. Era tarde da noite, e as duas irmãs mais novas de Grace dormiam ao lado dela no sofá. Ela me contou que se sente grata por estar acordada quando aconteceu, grata por estar lá para testemunhar a mãe dando seus últimos suspiros. "Eu me lembro do silêncio após o último suspiro dela. E me lembro do gosto do curry de frango que comemos no dia seguinte. E me lembro da tristeza nos meses seguintes, foi sufocante."

Muitas experiências adolescentes envolvem perdas: o fim de uma amizade, um rompimento romântico, o divórcio do pai e da mãe. Em alguns aspectos, a adolescência é um contínuo processo de perda, de repetidamente nos livrarmos das camadas de inocência e ingenuidade que protegem nosso eu infantil. Mas, neste capítulo, vamos nos concentrar em uma forma de perda específica: o que acontece quando um adolescente vivencia a morte de alguém a quem ama. Isso ocorre porque, talvez surpreendentemente, vivenciar o luto nessa idade é bastante comum. Se incluirmos parentes de segundo grau (avós, por exemplo), a maioria dos jovens terá perdido alguém aos 16 anos[1]. (Até mesmo perder o pai ou a mãe não é tão raro quanto se poderia esperar: cerca de 4% de todas as crianças vivenciam a morte do pai ou da mãe antes de completar 18 anos.)[2] Além de ser importante em seus próprios termos, o desconsolo do luto também é uma maneira útil de examinar o que acontece quando o desenrolar típico do desenvolvimento adolescente é interrompido ou, em alguns casos, totalmente atrapalhado. Também é uma maneira de mostrar na prática o quanto os adolescentes podem ser resilientes.

O que é luto?

Por muitas décadas, psicólogos vêm estudando como as pessoas tendem a pensar, sentir e se comportar após o desalento do luto, com o objetivo de entender a melhor forma de apoiar as pessoas num momento que pode ser uma experiência terrível. Em termos específicos, houve tentativas de entender o que exatamente leva à angústia extrema, que é uma característica comum do luto. Um modelo útil é a "teoria do luto multidimensional", proposta com base em uma concepção da psicóloga Julie Kaplow e colegas que identifica três aspectos principais da angústia.[3] O primeiro é a *angústia da separação*: a intensa tristeza associada ao caráter definitivo da morte, o anseio e a ânsia de se reunir com a pessoa que se perdeu. O segundo componente é a *angústia existencial/identitária*, que se concentra na dificuldade do indivíduo de entender quem é e o propósito da sua existência, uma vez que a pessoa querida que faleceu não está mais em sua vida. Além dessas questões filosóficas maiores, também está em jogo lidar com os desarranjos diários – as mudanças na rotina e nos planos de vida, lidar com mudanças financeiras e dificuldades e assumir novos papéis e responsabilidades, sobretudo aqueles outrora desempenhados pelo falecido. Por fim, há a *angústia relacionada às circunstâncias*: angústia que se concentra em *como* a pessoa morreu, em vez do *fato de que ela morreu*. Como se pode imaginar, esse componente de sofrimento é especialmente potente e difícil quando a morte envolve aspectos traumáticos – por exemplo, se a pessoa foi assassinada ou cometeu suicídio ou perdeu a vida em um acidente. Mas há circunstâncias profundamente angustiantes até mesmo nas formas mais comuns de morte: a dor de ver alguém vivenciar o sofrimento prolongado que vem com a doença, o choque de perder alguém repentinamente para um ataque cardíaco.

Essas três formas de sofrimento são comuns ao luto em geral, mas a forma como colidem com a adolescência é distinta. Para começar, do ponto de vista cognitivo e emocional, os adolescentes ainda não estão totalmente maduros, sobretudo nos primeiros anos da puberdade. Isso significa que estão menos bem aparelhados para lidar com qualquer uma das formas de sofrimento que acabei de descrever, todas as quais são excepcionalmente exigentes até mesmo para adultos. Além do mais, à medida que os adolescentes vão ficando mais velhos, desenvolvem progressivamente mais recursos cognitivos e emocionais, o que significa que, toda vez que retornarem à morte em sua mente, eles a entenderão e interpretarão repetidamente de uma nova maneira.[4] De qualquer modo, os jovens também são mais propensos que os adultos a passar por extremos de humor, altos e baixos, e isso pode exacerbar a angústia que sentem.[5] E há o fato de que as principais tarefas do crescimento que estamos examinando neste livro – ou seja, o adolescente entender a si mesmo e se encaixar com seus amigos – devem continuar a acontecer.

A adolescência acontecendo em paralelo

O desenvolvimento biológico de um adolescente não para quando alguém morre, tampouco cessa a vida dos amigos ao redor deles. Juntamente com sua tristeza, muitos adolescentes continuam a sentir os desejos adolescentes totalmente normais de experimentar, socializar e se divertir. Nas semanas e meses após a morte de sua mãe, Grace me relatou que continuou participando de muitas atividades sociais com os amigos, e o conflito interno que isso causou:

> Eu estava saindo para beber álcool pela primeira vez, indo a festas, falando sobre garotos e pessoas por quem tínhamos uma quedinha, falando sobre moda, tudo. E esportes, sempre fiz parte de clubes esportivos, e todas essas coisas. Ainda era capaz de participar de coisas normais de adolescentes. Mas era algo com que tive de pelejar. Imediatamente após a morte da minha mãe, me lembro de que foi difícil seguir com a vida e pensava: "Como posso ir a uma festa se a minha mãe morreu há apenas duas ou três semanas?". Foi difícil, foi bem difícil. Foi uma luta, e parecia estranho às vezes. Mas ao mesmo tempo eu também tinha medo de estar perdendo as coisas, não queria ficar de fora, ainda queria fazer parte de tudo. Então tudo acontecia junto, o luto e a vontade não querer perder nada.

O que Grace me descreveu é na verdade um aspecto muito comum (e importante) do luto em todas as idades. Pessoas enlutadas geralmente oscilam entre enfocar sua perda – sentir uma angústia desesperada, remoendo o que aconteceu, com saudade da pessoa que perderam – e enfocar as chamadas "atividades de restauração": planejar e fazer coisas que as ajudem a aceitar o que aconteceu e seguir em frente rumo a um novo futuro. Isso está no cerne do *modelo do processo dual do luto*, criado pelos psicólogos Margaret Stroebe e Henk Schut em 1999,[6] e que descreve a maneira como as pessoas lidam com o luto. Segundo os autores, essa oscilação entre o positivo e o negativo é "parte integrante do processo de enfrentamento". No caso de Grace, foi realmente uma coisa boa que o antigo medo adolescente de perder algo ainda pudesse pontuar sua dor: isso a levou a ir a festas, a se encontrar com os amigos, mesmo com a dor do luto a tiracolo. Muitas pessoas enlutadas (de todas as idades) se sentem em conflito e culpadas por se envolverem em qualquer coisa restauradora, por exemplo tomar atitudes para mudar de vida, fazer coisas novas ou se distrair de sua tristeza profunda – quando, na verdade, isso é totalmente saudável, comum e, de fato, necessário para que elas se adaptem à sua nova vida.

O que a história de Grace tem de mais tocante e esclarecedor não é simplesmente que havia experiências típicas de adolescentes a serem vividas, mas a maneira como seus amigos se comportaram diante de sua dor. Quando lhe perguntei sobre como seus pares reagiram ao que aconteceu, ela começou sua resposta me dizendo que, quando fala sobre esse tema, tende a ficar emocionada, e eu pude ouvir isso em sua voz. Primeiro, ela me contou sobre os colegas de classe que não sabiam o que fazer. "Eu me lembro de voltar à escola, e apenas da tensão na sala de aula, as pessoas olhando para mim, desviando o olhar e sem saber como lidar com a situação. E é compreensível. Muitas pessoas não sabiam como lidar com a dor", ela me disse. Mas em seguida ela falou sobre as pessoas que a ajudaram:

> Outras pessoas na escola que também tinham perdido o pai ou a mãe entraram em contato comigo. Mesmo que não ousassem falar pessoalmente, elas me enviaram algumas mensagens adoráveis. Teve um cara que entrou em contato comigo e disse: "Oi, Grace, perdi meu pai anos atrás, e só quero que saiba que estou pensando em você o tempo todo". Isso significou muito. E, nas primeiras semanas, lembro que tinha uma festa e eu não queria ir. Mas um dos meus amigos também tinha perdido a mãe dois anos antes e ele disse: "Grace, pare com isso, você precisa chorar, mas não pode chorar para sempre, então vamos lá, vem com a gente". E eu fui. E tinha pessoas ao meu redor que estavam me incentivando a simplesmente continuar participando das coisas.
>
> Eu me lembro de estar numa festa e ter tomado uma ou duas cervejas, e de ficar chorando no banheiro, minhas amigas me abraçando e dando tapinhas nas minhas costas. Com certeza era muito importante saber que podia chorar com elas. Também viajamos numa excursão da escola, apenas um mês depois que ela [sua mãe] morreu, ficamos fora por uma semana em Berlim. E uma noite simplesmente comecei a chorar, e num piscar de olhos havia três ou quatro garotas sentadas ao meu lado, e elas estavam mantendo todo mundo fora do quarto. Nas primeiras

semanas e meses, o que realmente me ajudou a segurar as pontas foi simplesmente saber que elas [minhas amigas] estavam lá e não iriam embora. Nos primeiros meses, nem me lembro de falar muito sobre isso com elas, porque era muito difícil. Eu não tinha palavras. Antes de ela morrer, eu sempre escrevi um diário. Nos primeiros três meses não fiz nem sequer uma única anotação no diário. Eu simplesmente não conseguia. Chorava o tempo todo. Então acho que era realmente uma questão de ter minhas amigas e saber que elas estavam por perto. Mas também de saber que eu poderia fazer coisas com elas que me ajudavam a não pensar nisso o tempo todo.

Grace e suas amigas tinham 15 anos. É a idade em que os adolescentes reclamam uns dos outros e fofocam uns sobre os outros, fazem julgamentos sobre a promiscuidade sexual uns dos outros e se intimidam e se excluem uns aos outros. Adolescentes dessa idade criam regras sociais e hierarquias e as policiam com crueldade e violência; são egocêntricos, temperamentais, imprudentes. E, no entanto, o que a história de Grace nos diz é que, quando é importante, os adolescentes podem agir. Pessoas que ainda nem sequer saíram direito da infância, muitas vezes com pouca ou nenhuma experiência pessoal de luto, sabem como ser um bom amigo. Ao incentivar Grace a ir a festas, ao criar condições para que ela se sentisse segura o suficiente para chorar, ao protegê-la dos que talvez não entendessem, esses impressionantes adolescentes a ajudaram a enfrentar os meses mais difíceis de sua vida.

Adolescência em pausa

Para alguns adolescentes, a devastação causada pela morte de um ente querido é tão substancial que o próprio desenvolvimento da adolescência é totalmente desarticulado, um abalo cujos efeitos são sentidos por toda a vida. Às vezes, a morte desencadeia sérios problemas de saúde mental, como depressão, transtorno de estresse pós-traumático e suicídio. Alguns adolescentes enlutados acabam descambando em comportamentos de risco, como Emma fez quando seu filho recém-nascido morreu: bebedeira, consumo de drogas, ausência das aulas, envolvimento em atividades criminosas. Como os adolescentes já são inclinados a correr riscos, o luto pode colocar mais lenha na fogueira.[7] Pesquisadores sugeriram muitas explicações possíveis para isso: a busca por sensações pode propiciar aos adolescentes enlutados distração ou conforto temporário; eles talvez estejam agindo de acordo com fantasias de retaliação; pode ser que as demandas cognitivas do luto interfiram em sua capacidade de regular as próprias emoções e controlar seu comportamento; ou eles podem ter uma sensação de niilismo como resultado da perda – uma atitude de "já não dou a mínima se vou viver ou morrer", uma vez que algo tão importante foi arrancado deles.[8] Tudo isso pode estar acontecendo em paralelo.

Quer tenham esse "comportamento impulsivo e voluntarioso" como um mecanismo de defesa ou não, há evidências de que adolescentes que vivenciam o luto têm maior probabilidade de apresentar pior desempenho acadêmico.[9] Isso é esperado: o luto ocupa enormes quantidades de recursos cognitivos e emocionais, o que tornará mais difícil concentrar-se na escola. Também pode haver novas responsabilidades práticas a serem enfrentadas, como ajudar a cuidar de irmãos mais novos após a morte do pai ou da mãe. O psicólogo Christopher Layne e colegas escreveram: "A perda de um ente querido pode evocar desafios existenciais ou relacionados à identidade que minam a perspectiva futura de um jovem, suas ambições de vida e sua motivação para a escola".[10] Em outras palavras, quando o mundo do adolescente vira de cabeça para baixo e o futuro parece completamente sombrio, pode ser difícil ver o sentido de fazer algo tão banal quanto o dever de casa. Como o sistema educacional segue um cronograma muito rápido e implacável, tudo isso pode resultar em resultados acadêmicos arruinados e ambições destruídas.

Nem todo adolescente enlutado segue esse caminho. Em alguns casos, o luto não afeta o desempenho escolar do adolescente; em outros, pode haver uma queda temporária nas notas, desempenho que depois se recupera nos anos subsequentes.[11] Também há uma enorme variabilidade em termos do impacto psicológico da morte; alguns adolescentes enlutados passam por dificuldades de saúde mental de longo prazo como resultado da dor do luto, ao passo que outros se mostram extremamente resilientes.[12] Assim sendo, o que permite que alguns adolescentes enfrentem a morte de uma pessoa querida e sigam em frente, enquanto outros sofrem consequências que alteram sua vida?

A importância do apoio social

O que parece ser especialmente importante para determinar se os adolescentes sentem na pele essas dificultosas consequências de longo prazo é que tipo de apoio social eles recebem após a morte de um ente querido – se são ou não guiados e reconfortados por seus familiares, amigos ou um profissional, se têm a oportunidade de destrinchar e discutir seus sentimentos, e se recebem ajuda prática e distrações amorosas. De fato, o apoio social é um fator-chave que prevê se uma pessoa passará por algo conhecido como luto "complicado" ou "desadaptativo".[13] Este termo se refere à minoria de casos de luto que continuam a causar enormes níveis de angústia e perturbação muitos meses ou anos após a morte. Alguns acadêmicos argumentam que esse tipo de luto deve ser considerado uma forma de doença ou transtorno mental devido ao grau com que interfere na vida do enlutado e o quanto ele se beneficiaria de ajuda externa, mas isso continua a ser uma questão de complexos debates.[14] O que está claro, porém, é que a minoria de indivíduos acometida dessa forma muito prolongada de luto tende a ser de pessoas que não receberam apoio social após a morte de um ente querido.

Normalmente, os adolescentes recorrem aos amigos em busca de apoio, mas nem todos reagirão como os amigos de Grace. A maioria não terá experiência de luto, e muitos não terão a maturidade cognitiva e emocional necessária para ser um amigo solidário. Em circunstâncias normais, os pais e mães são, naturalmente, uma fonte fundamental de apoio emocional e prático, mas, quando se trata de luto, isso não funciona. Pode ser que o pai ou mãe solidário, a mesma pessoa a quem um adolescente decerto recorreria para obter ajuda, seja a pessoa que morreu. O pai ou a mãe restante, por sua vez, pode estar às voltas com seu próprio luto, enquanto se ajusta de modo a se tornar um pai ou mãe solo, muitas vezes em meio a consideráveis mudanças financeiras, e, portanto, tem menos recursos emocionais disponíveis para apoiar os filhos. Pesquisas com adolescentes que ficaram enlutados entre as idades de 12 e 18 anos constataram que muitos deles estavam relutantes em compartilhar suas angústias com os membros restantes da família porque esses parentes já estavam pelejando com sua própria tristeza profunda por motivo da morte de alguém: muitos participantes relataram a sensação de uma necessidade de serem autossuficientes em vez de esperar apoio da família.[15]

Essa situação torna-se ainda mais aguda quando a pessoa que morreu é o irmão ou irmã do adolescente. De fato, perder um irmão na infância ou adolescência é amiúde chamado de "perda dupla", já que o indivíduo enlutado sofre a perda do irmão ou da irmã, mas também a capacidade do pai e da mãe de lhe oferecer apoio e plenos cuidados logo em seguida.[16]

Isabel, que agora está com 46 anos, cresceu em Devon. Ela mesma admite que sua família era disfuncional. Seu relacionamento com a mãe era dos mais complicados. "Ela era difícil e muito egocêntrica... Havia muita negligência emocional em jogo, e muitas vezes me via no papel de cuidadora", ela me contou. Seu pai se mudou quando ela estava com 15 anos e sua irmã, com 10. Foi nesse cenário já difícil que, dois anos depois, os médicos encontraram um tumor bem avançado no rim da irmã. Isabel me disse que a doença da irmã tornou as duas inseparáveis, e ela dividia com o pai e a mãe as tarefas de zelosa cuidadora da caçula, acompanhando-a em consultas médicas e tratamentos. Quando a irmã ficou internada no hospital, Isabel costumava passar a noite no quarto com ela. Isso durou onze meses. "De início, parecia que a quimioterapia e a cirurgia tiveram êxito, mas novos tumores se desenvolveram no pescoço dela, deixando-a paralisada pelos últimos três meses de vida. Após uma radioterapia malsucedida, ela morreu pouco antes do Natal, aos 13 anos, quando eu tinha 18."

Ao contrário de Grace, Isabel teve muito pouco apoio social durante ou depois dessa experiência dolorosa e não foi capaz de retomar nada nem sequer remotamente semelhante a uma vida normal. Sua unidade familiar, já fragmentada antes da doença da irmã, desmoronou. Compreensivelmente, ela fez das tripas coração para dar conta de seus trabalhos escolares enquanto cuidava da irmã; depois que ela morreu, a tristeza a impediu de retornar ao trabalho. Isabel me contou que sonhava em ser médica, mas isso se tornou impossível por causa do efeito que a morte da irmã teve em seus estudos. Isabel fazia parte de um sólido grupo de amigos, mas eles não tinham ideia de como apoiá-la, e ela se viu sozinha:

> A perda me separou dos meus pares de uma forma indescritível. Depois [da morte], eu me senti muito diferente deles. Pessoas da minha idade não sabiam nada sobre pessoas morrendo. Quero dizer, obviamente sabiam, mas de uma forma abstrata. Eu conhecia poucas, pouquíssimas pessoas da minha idade que eram capazes de se identificar de alguma forma com o que eu tinha passado. A maioria das pessoas da minha idade não tinha um ponto de referência em relação ao que havia acontecido, e poucas queriam falar sobre isso ou reconhecer o fato. Acho que isso me fez crescer no sentido de que eu sabia coisas sobre a vida que as pessoas da minha idade não sabiam. Isso me tornou bem séria, acho. Isso me deixou bem séria por muito tempo. Em muitos sentidos, tive que começar a vida novamente do zero.

Em um momento no qual experiências compartilhadas e interesses semelhantes são um meio essencial para promover um senso de pertencimento e de encaixe com os pares, Isabel nos transmite o quanto o luto na adolescência pode fomentar o isolamento e o afastamento. Normalmente, as pessoas que vivenciam uma morte significativa na adolescência têm de esperar até que sejam muito mais velhas, na casa dos 40 ou 50 anos, para que seus amigos vivenciem lutos equivalentes, mas a essa altura é claro que a oportunidade de que os amigos os ajudem a superar seu próprio luto já passou há muito tempo.

Para Isabel, naquele momento surgiu um lampejo de luz: ela conheceu seu namorado. Quando começaram a namorar, havia uma diferença de idade – ela estava com 17 anos e ele, com 23 –, mas vez por outra relacionamentos desse tipo dão certo, e foi o caso do namoro de Isabel: no fim das contas, eles se casaram. Na verdade, ela me contou, sua experiência de vida e maturidade adicionais deram provas de ser fundamentais. "De qualquer forma, não acho que um garoto de 17 anos teria sido capaz de lidar com isso [o luto dela]", Isabel me disse. Ela reconhece que estava vulnerável e admite que foi "por pura sorte" ele se mostrar um bom homem. Mas ele era de fato um bom homem, que ajudou Isabel a enfrentar uma experiência devastadora quando ela quase não tinha nenhum outro apoio – assim como a namorada de Neil no capítulo anterior foi um "bote salva-vidas" para ele durante a doença crônica de sua mãe. Verdade seja dita, o mesmo vale para adolescentes em todo o mundo e ao longo da história: parceiros românticos são uma inestimável fonte de apoio, qualquer que seja a gravidade do problema, uma das muitas razões pelas quais devemos levar esses relacionamentos tão a sério, sobretudo quando eles terminam.

Contudo, se por um lado o apoio social ameniza o sofrimento, os efeitos do luto não podem ser evitados por completo. Durante os primeiros anos de seu relacionamento com o namorado, Isabel estava extremamente ansiosa acerca da morte, e todo dia imaginava que seu namorado corria o risco de morrer no caminho para casa. Esse elevado senso de vulnerabilidade é comum em adolescentes que vivenciam o luto.[17] Na mente de Isabel, ela dizia: "A morte era uma possibilidade constante". Isabel teve três filhos, que agora são adolescentes, e a forma de criar os próprios filhos também foi afetada. Isso se deveu em parte à sua própria experiência com um pai e uma mãe negligentes, o que significava que ela precisou aprender, em suas próprias palavras, "uma melhor maneira de ser mãe". Para tanto, ela fez cursos de criação de filhos e leu livros sobre parentalidade e cuidados parentais, aprendendo gradualmente a se relacionar com seus filhos de uma maneira como seu pai e sua mãe nunca se relacionaram com ela. Mas a morte de sua irmã tomou proporções gigantescas e rondava, repetidamente, à medida que os filhos de Isabel atingiam diferentes e importantes etapas na vida:

> [A criação de filhos] foi especialmente difícil nos momentos em que eles tinham idades de alguma forma relacionadas a coisas que aconteceram comigo. E muito disso acontece em torno da minha irmã. Por exemplo, quando minha filha mais velha atingiu a idade que a minha irmã tinha quando adoeceu, e depois quando minha filha mais velha chegou à idade que eu tinha quando comecei a cuidar da minha irmã. Isso foi difícil. Eu vivia exausta o tempo todo. Sinto que havia um cansaço crônico que resultou daquele ano cuidando da minha irmã e por um longo

tempo simplesmente não me recuperei de tudo isso. Sentia uma espécie de fadiga crônica, uma paralisação emocional que me travou e desligou por completo, porque sinto as coisas com intensidade demais. Mas agora tenho a sensação de que estou emergindo do outro lado. Agora que meus filhos superaram esses pontos de gatilho da idade, é mais fácil. Nossa relação é muito boa, e eles estão indo bem. E todos nós sobrevivemos.

O mais importante é que Isabel finalmente conseguiu retornar a alguns aspectos de sua adolescência que, havia muito tempo, estavam em pausa.

Eu tive momentos de diversão [naqueles primeiros anos]. Mas estava mais feliz me aconchegando em casa e fazendo coisas bem sossegadas. Eu tinha chegado ao ponto de pensar que era uma introvertida e não precisava destas coisas: socialização, festas, atividades em grupo. Acho que também estava bastante dissociada do meu corpo, eu já não era tão ativa, não gostava de esportes nem nada. Mas lentamente percebi que, na verdade, gosto dessas coisas e preciso delas. Tenho praticado muitos esportes. Estou jogando tênis e netball e estou gostando muito. Tive tempo para recuperar algumas dessas coisas. Levei mais de vinte anos e muita terapia para tentar recuperar um pouco da diversão e da liberdade que perdi quando era mais jovem.

Resultados positivos do luto

A experiência de Isabel e um volumoso corpo de pesquisa psicológica demonstram como os efeitos negativos do luto adolescente podem perdurar por décadas. Mas também é verdade que o luto às vezes pode ter resultados positivos, mesmo quando ocorre em pessoas jovens. De fato, pesquisadores encontraram adolescentes que tiram lições positivas da perda de alguém a quem amam. Em um estudo publicado em 1991, o psicólogo e educador Kevin Oltjenbruns recrutou 93 adolescentes (de 16 a 22 anos) que haviam vivenciado o luto de um familiar ou amigo próximo nos últimos dois anos.[18] Pediu-se aos participantes que respondessem: "Quais resultados positivos, se houver, você acha que foram consequência de sua(s) experiência(s) de luto?" Eles receberam uma lista de sete diferentes resultados positivos possíveis, bem como a opção de dizer que não houve nenhum resultado positivo.

De todos os participantes de Oltjenbruns, 96% disseram ter vivenciado pelo menos um resultado positivo como consequência do luto. O relato mais comum era uma apreciação mais profunda da vida, seguida por maior cuidado com os entes queridos e fortalecimento dos laços emocionais. Os participantes mencionaram também maior empatia, melhores habilidades de comunicação e aprimoramento da capacidade de resolução de problemas. Quando receberam um espaço em branco para descrever quaisquer outros resultados positivos potenciais, os participantes citaram, em meio a uma variada gama de respostas, redução do medo da morte, um senso mais claro de suas prioridades, e sensação de maior independência. Oltjenbruns argumenta que pode ser realmente útil ensinar adolescentes, incluindo os que ainda não passaram pelo luto, sobre esses possíveis resultados positivos, de modo a ajudá-los a entender "que resultados que melhoram a vida podem, em última análise, fazer parte de sua experiência de luto".

Ben, que agora tem 35 anos, cresceu no interior rural da Escócia com o pai, a mãe a irmã mais velha. Certo dia, quando ele tinha 11 anos, seu pai teve um ataque cardíaco. Ben não acordou nem sequer quando os paramédicos chegaram tarde da noite e levaram o pai para o hospital e só descobriu quando desceu de manhã e sua mãe lhe contou o que tinha acontecido. Seu pai ficou por vários dias internado no hospital, ligado a aparelhos de respiração artificial. "No início, ela [a mãe de Ben] voltava para casa das visitas de forma bastante positiva, dizendo: 'Ele vai ficar bem'", Ben me contou. "Mas acho que ela sabia que ele não sobreviveria. E que, se sobrevivesse, haveria graves danos cerebrais." Uma semana após o ataque cardíaco, uma amiga da mãe de Ben veio cuidar dele e de sua irmã, enquanto ela ia ao hospital sozinha. Havia tomado a decisão de mandar desligar o aparelho de respiração artificial do marido antes de voltar para casa e contar às crianças que o pai havia morrido:

> A notícia nos atingiu quase que imediatamente. Você sabe que algumas pessoas dizem que sentem tristeza só mais tarde... para

minha irmã e para mim, eu diria que nos atingiu em cheio na hora. Tipo: aconteceu, e agora precisamos seguir em frente. Não me lembro de ter tido uma queda depois. Fiquei duas semanas, três semanas chorando constantemente. Nós três, como família, nos sentávamos e chorávamos juntos. E me lembro de que ficava muito choroso durante as aulas na escola e de ter momentos em que chorava sem parar. Mas então nós simplesmente… nós simplesmente seguimos em frente. Nós simplesmente seguimos em frente.

A solução da mãe dele foi manter um senso de normalidade o máximo possível. Ben foi para a escola no dia seguinte ao ataque cardíaco do pai e não se afastou das aulas depois que o pai morreu. Ele jogou uma partida de críquete que já estava marcada para aquele fim de semana. Logo depois, sua mãe voltou a trabalhar em tempo integral e criou sozinha Ben e a irmã. "Ela era uma heroína absoluta, a pessoa mais incrível do mundo por fazer isso", ele me contou. Os primeiros dias e meses após a morte de seu pai foram "horríveis", mas Ben me disse algo inesperado. "Eu diria, pensando em como estou agora, que apesar de perder meu pai… eu diria que foi uma experiência positiva no geral. É uma coisa bem estranha de se dizer. Mas estou muito mais forte por conta disso."

O pai de Ben vinha sofrendo de problemas de saúde mental e abuso de álcool. A bebida nunca o levou a ser violento ou abusivo – "Ele era apenas reservado, na dele", Ben me disse –, mas isso cobrava um preço enorme da família. Apesar de profundamente dolorosa, na verdade a morte do pai lhes ofereceu uma sensação de alívio.

Quando ele estava vivo, o fato é que era mais uma pessoa de quem a minha mãe tinha de cuidar, então a morte dele foi simplesmente… foi libertadora. Nós nos sentimos livres de novo, livres para ser uma família, para ir a todos os eventos. Havia muitas coisas que tínhamos que recusar porque ele tinha bebido naquele dia e não podíamos ir. Não podíamos planejar as coisas, nunca. Uma vez, quando saímos de férias, ele foi embora sem contar para ninguém. Só me lembro que ele sumiu e não voltou por dois dias. E minha mãe disse, "Ah, está tudo bem", nós apenas normalizávamos a coisa. Mas, olhando em retrospecto, agora eu penso, "Uau, isso foi bem estranho – ir até a França e seu pai simplesmente sumir e só voltar alguns dias depois". Então, sim, acho que alguns anos depois que ele morreu... houve um pouco de alívio como família.

O sentimento especial de alívio de Ben decorreu do contexto específico de sua família e do problema de álcool de seu pai, embora o alívio seja um aspecto comum do luto quando uma doença preexistente ou a morte em si foi prolongada ou quando cuidar da pessoa que morreu era uma tarefa das mais árduas.[19] De acordo com o relato do próprio Ben, ainda na adolescência, ele tirou proveito de outros benefícios também. Primeiro, ele me disse que o acontecimento o ajudou a crescer, a ser mais independente. Todos os dias depois da escola, ele tinha um tempinho para si mesmo: a mãe estava no trabalho, e a irmã estudava em uma escola numa cidade diferente, o que significava que sempre chegava em casa mais tarde do que ele. Sabendo que a mãe tinha uma tonelada de coisas a fazer, Ben começou a ajudar em casa. Essas horas solitárias o ensinaram a se sentir à vontade em sua própria companhia, ele me contou. Para alguns adolescentes, isso seria um fardo pesado demais – muitas responsabilidades adultas, muitas demandas esmagadoras para indivíduos que mal saíram da infância e ainda estão processando a dor do luto. Mas Ben descobriu que gostava disso. Quando chegou a hora de se mudar para a universidade, ele estava animado com a ideia de viver longe de casa, ao passo que outras pessoas pareciam temer essa perspectiva, despreparadas para viver de forma autônoma. Porém, mais importante do que tudo isso, a experiência de luto de Ben lhe ensinou uma lição de vida incrivelmente valiosa: a de que era capaz de lidar com o luto.

> Naquela época, era a pior coisa que poderia acontecer. Perder um membro imediato da família é a pior coisa que pode acontecer. Mas, a partir daí, olho para todas as coisas em comparação com isso, em termos de perspectiva. Quando passo por [...] uma situação complicada ou algo assim, reflito sobre [a morte do meu pai] e penso: "Meu Deus do céu, se

você superou isso, você consegue, você é capaz de lidar com as coisas". Sim, acho que é isso. Tem sido um bom critério para refletir sobre a vida.

Os psicólogos às vezes se referem a esse fenômeno como *inoculação de estresse*: quando eventos estressantes futuros irrompem, as pessoas que já passaram por situações de estresse – e no caso de Ben, em uma idade formativa – estão mais aptas a lidar com ele.[20] Há algumas evidências para essa teoria, mas com uma ressalva crucial: ela só se aplica a moderadas quantidades de estresse.[21] Quando os níveis de estresse se tornam muito altos, sobretudo quando esse estresse é impossível de controlar e se repete por um período prolongado, quase sempre são terríveis as consequências de longo prazo para a saúde física e mental da pessoa. Não é verdade que todos os indivíduos se beneficiam de experiências moderadamente estressantes na adolescência: alguns terão *sensibilização ao estresse* em vez de inoculação – ou seja, eventos difíceis as tornarão hipersensíveis, não dessensibilizadas, aos efeitos de qualquer episódio estressante posterior.[22] Alguns eventos são prejudiciais em demasia, e de tão danosos não servem para ensinar algo útil sobre enfrentamento; assim, alguns indivíduos que vivenciam o luto na adolescência aprendem apenas que *não são* capazes de lidar com a dor da perda de um ente querido, e não o contrário. Feitas essas importantes ressalvas, é uma verdade inegável que eventos difíceis na adolescência podem servir a uma função útil para algumas pessoas, e Ben é evidentemente uma delas. Perder o pai tornou-se o parâmetro em relação ao qual Ben passou a medir todas as dificuldades emocionais futuras e, assim que tomou consciência de que tinha sido capaz de superar o luto, ele adquiriu a confiança de que conseguiria lidar com a maior parte dos outros infortúnios que surgiriam em seu caminho.

Isso foi posto à prova apenas alguns anos depois, quando Ben lidou com a segunda morte súbita de alguém próximo. ("Parece que tive muito azar", ele me disse, o que me parece um tremendo eufemismo.) Aos 19 anos, ele cursava a universidade e foi passar o fim de semana na casa da mãe e marcou de se encontrar no pub com alguns velhos colegas dos tempos de escola, incluindo seu melhor amigo, Jamie.

A maioria deles não bebeu álcool, o que geralmente acontecia quando visitavam sua cidade natal: morar no interior rural da Escócia implicava a necessidade de dirigir para se encontrar, o que excluía a ideia de beber. No final da noite, eles seguiram caminhos separados em carros diferentes. Ben foi para casa e direto para a cama, mas despertou nas primeiras horas da manhã com o toque do telefone. Era a polícia, avisando que Jamie havia morrido em um acidente de carro a caminho de casa. Ben me contou que foi importantíssimo ter uma experiência anterior de perda:

> Na época, foi pior do que a morte do meu pai. Mas minha reação à morte do Jamie... todos os meus amigos, eu podia ver ao meu redor, ficaram absolutamente devastados. Claro, também fiquei absolutamente devastado. Mas foi tipo... Eu senti que podia cuidar deles, pensando: "Já passei por isto. Sei como é". Eu sabia que a gente só precisava passar pelas primeiras semanas e depois começava a melhorar. Era como se meu papel não fosse ficar triste, e sim ajudar meus amigos. Percebia que aquilo não me afetava tanto quanto muitas outras pessoas. Acho que é porque eu já tinha passado por isso e sabia que a gente precisa seguir em frente na vida. E obviamente lembrar das pessoas também, é claro. Mas acho que isso me fez perceber o quanto eu estava forte.

Em alguns aspectos, de acordo com Ben, a perda de seu pai no vértice da adolescência foi a formação dele. Ele não apenas sabia que encontraria uma maneira de lidar com a situação, como mostrou aos outros que eles também encontrariam uma maneira de superar a dor imediata e avassaladora. Esta é a essência da *resiliência*: a capacidade de manter ou recuperar a saúde mental ou o bem-estar, apesar de vivenciar adversidades ou traumas. Como era de se esperar, trata-se de um assunto de grande interesse para psicólogos, e os pesquisadores tentam entender por que algumas pessoas são mais propensas a ter resiliência diante de dificuldades e de que maneira podemos usar essas informações para aumentar a resiliência de todos. Embora ainda não tenhamos respostas, já temos algumas pistas.

O que sabemos até agora é que, até certo ponto, isso tem a ver com biologia: em parte devido à genética, algumas pessoas são muito reativas em termos fisiológicos a eventos difíceis, e outras são muito menos (o que ajuda a explicar os divergentes caminhos de sensibilização ao estresse e inoculação do estresse). Como vimos, o ambiente social também é importante: se o adolescente conta com uma rede de apoio de familiares e amigos. Mas o que também realmente importa – e isso está ligado a fatores biológicos e sociais – são as diferenças individuais na psicologia. Diante da perda de algum ente querido, os jovens variam consideravelmente em termos de como pensam e o que sentem em relação à morte. Com o passar dos anos, eles entendem o luto de maneiras muito diferentes. Em outras palavras, em parte o que prevê os resultados de longo prazo do luto é a história que os adolescentes contam a si mesmos sobre a perda.

Há muito tempo se reconhece que, nos meses e anos após a perda de um ente querido, os enlutados utilizam a narrativa para atribuir sentido ao que aconteceu a eles.[23] Ao relembrar a pessoa a quem amavam e de sua morte, os enlutados não apenas relatam fatos, mas impregnam esses fatos de significado. De fato, a história que uma pessoa conta sobre seu luto *é* seu luto: na definição dos psicólogos James Gillies e Robert Neimeyer, "o processo pelo qual os enlutados questionam e encontram seu luto e dão sentido a ele é central para a experiência do luto".[24] Aspecto crucial: para alguns enlutados, a história que contam a si mesmos é negativa: o que eles depreendem com a perda, muitas vezes de forma muito compreensível, é que a vida é injusta ou que o mundo é inseguro. A mensagem retumbante pode ser que nunca mais reencontrarão a felicidade, ou que os relacionamentos com os outros não valem a pena, porque estão sujeitos a desaparecer num piscar de olhos. Quando a morte é aparentemente tão aleatória e injusta, a própria vida de uma pessoa – e a vida em geral – pode de repente parecer sem sentido ou frágil de uma forma horrível e assustadora. Quando o luto acontece durante a adolescência, fase em que a pessoa está formando sua compreensão fundamental do mundo, a história pode permanecer com ela por toda a vida.

Da mesma forma, adolescentes que contam pelo menos uma história parcialmente positiva sobre seu luto podem descobrir que a dor da perda traz algum benefício para sua vida adulta. Para alguns, o elemento positivo tem a ver com uma mudança em sua própria identidade. Ao longo de muitos anos, suas histórias gradualmente realçam temas de si mesmos como indivíduos mais resilientes, mais confiantes e mais sábios, exatamente como vimos na história de Ben.[25] Para um jovem, pode ser uma maneira excepcionalmente útil de ver a si mesmo à medida que amadurece e lida com as dificuldades do mundo adulto. Para outros, o tema positivo tem a ver com a vida em si. Talvez de maneira contraintuitiva, sua experiência com a morte enriquece sua atitude em relação à vida. Foi o caso de Grace, a menina que conhecemos no início deste capítulo e que aos 15 anos perdeu a mãe para o câncer:

> Costumo dizer que não sabemos se estaremos vivos amanhã, porque a meu ver essa noção é útil. É um lembrete acerca da nossa vulnerabilidade. Acho muito útil estar ciente disso e ter em mente que todos nós vamos morrer um dia. E não sabemos quando. Talvez seja amanhã. Acho que tenho plena consciência sobre o quanto a vida é preciosa. Para mim, isso torna valioso cada dia que eu tenho e cada momento e todo o tempo que posso passar com entes queridos. Claro, às vezes me esqueço disso. Eu sou humana, e no meio da vida cotidiana e com a correria e meu estilo de vida agitado, acabo me esquecendo disso. Mas vejo pessoas ao meu redor agindo como se fossem viver para sempre e que se concentram em coisas que não acho que terão importância no final da vida. O que torna a vida significativa, pelo menos para mim, é me sentir conectada às pessoas e ao mundo. Estar ciente da minha própria vulnerabilidade e da vulnerabilidade do mundo me faz sentir mais grata pelas pessoas que estão aqui.
>
> Digo isso sem querer entrar em nenhuma positividade tóxica, ou mascarar a dor e a perda, ou diminuir o fato de como é ruim ter câncer e como é ruim perder alguém. Nada é capaz de tornar isso mais fácil. É horrível e é muito difícil viver com isso. Mas, ao mesmo tempo, pode fazer a gente se sentir mais grato e ver mais significado nas pessoas e nos relacionamentos que a gente tem. Sou muito grata pela vida que tenho agora,

e especialmente pelo meu marido. Costumamos dizer um ao outro que não sabemos quanto tempo temos, nunca sabemos quanto tempo temos um com o outro. Cada dia é um presente. E isso ajuda.

O início e o meio da história de Grace foram cheios de tristeza, mas o tom que ela escolhe para terminar é de gratidão. Uma experiência excepcionalmente dolorosa em uma idade frágil ensinou a ela que os relacionamentos são maravilhosos e merecem atenção, e isso molda a maneira de ela levar a vida todos os dias. É esse processo – essa capacidade de saber como terminar nossas histórias autodefinidoras, e como terminá-las bem – que guarda o segredo para a compreensão da adolescência, e isso vale para todo mundo.

Capítulo 8
O fim da história

Eu era um corredor de longa distância dos bons e sabia disso. Na verdade, quase todo mundo que convivia comigo sabia também. Nos meus dois primeiros anos no ensino médio, me destaquei no atletismo. Fui subindo na tabela de recordes, meu nome constava nas listas dos melhores, e vencia corrida após corrida. Eu adorava tudo aquilo. Todos diziam a mim, ao meu pai e à minha mãe que, graças ao meu desempenho, poderia ir para uma universidade. Não só isso, mas que as universidades de elite me disputariam a tapa – elas pagariam por mim. Quero dizer, contanto que eu continuasse correndo rápido e vencendo. Engoli esse papo, acreditei piamente e continuei correndo. Toda a minha identidade se resumia a ser um corredor. Eu mal me conhecia fora do universo das corridas, mas tudo bem, porque achava que aquilo me levaria ao sucesso. Sucesso era subir essa escada de ser extraordinário no meu esporte, entrar em uma universidade de elite, e fim de papo. Eu era definido pelos elogios que recebia, o que parece terrível, mas era a única coisa que eu conhecia.

Nicholas, que agora está com 21 anos, passou a adolescência na Área da Baía de São Francisco, na Califórnia: foi criado pelo pai e a mãe com a irmã no que ele descreve como uma "criação privilegiada" e tinha bons amigos na escola. Numa época em que a maioria dos adolescentes esmiuça suas identidades multifacetadas – sua personalidade, suas escolhas musicais, suas roupas, seus interesses amorosos –, Nicholas era definido pela velocidade com que conseguia correr. Correr ditava não apenas sua vida cotidiana, mas também seu futuro. O que parecia funcionar bem, até que sua saúde mental começou a se deteriorar, e tudo desmoronou. Em suas palavras, "meu mundo desabou".

A enorme pressão – para ser um atleta excepcional, e ao mesmo tempo ter excelente desempenho acadêmico e sacrificar todo o resto – estava consumindo Nicholas. Ele começou a se sentir extremamente ansioso em situações sociais e desenvolveu um transtorno alimentar; passou a se preocupar obsessivamente com o que comia e com a própria aparência. Correr, que antes era uma fonte de alegria, tornou-se uma forma de controlar meticulosamente seu peso – uma ferramenta, em outras palavras, para permitir seu transtorno alimentar. No primeiro ano do ensino médio, quando tinha 16 anos, ele tentou suicídio pela primeira vez. Duas outras tentativas se seguiram logo depois. Por causa do entra e sai dos hospitais, e por causa dos efeitos do distúrbio alimentar em seu corpo, Nicholas foi obrigado a desistir do atletismo. A característica definidora de sua vida se dissolveu, e caiu por terra a esperança de ir para uma instituição de elite com uma bolsa atleta.

Quando um aspecto da incipiente identidade de um indivíduo se avoluma a ponto de se tornar sua totalidade, como aconteceu com Nicholas, é devastador o momento em que a bolha estoura. Em geral, isso acontece com jovens atletas e esportistas: muitos adolescentes mostram talento excepcional, mas inevitavelmente apenas um punhado muito pequeno chega ao topo, deixando um rastro de esperançosos decepcionados. No Reino Unido, por exemplo, cerca de 3.500 meninos estão atualmente registrados em escolinhas de futebol vinculadas a clubes da Premier League.[1] A maioria foi observada por olheiros de clubes profissionais enquanto atuava em times locais menores. Nesse ponto, muitos dos jovens jogadores começam a sonhar – assim como pais, mães, professores e amigos. Surge uma identidade: a de superastro esportivo. Porém, mais de 99% dos que assinam a filiação a uma dessas escolinhas aos 9 anos nunca seguirão uma carreira no futebol. Milhares de jovens terão que repensar suas identidades: de potenciais superastros globais (e milionários) se tornarão algo completamente diferente – às vezes, podem ser até que não alcancem destaque em nada.

Nicholas teve de lidar com tudo isso quando ficou doente, mas, para ele, havia algo a mais borbulhando por baixo da superfície. Quando não pôde mais correr, Nicholas começou a perceber que fixar sua identidade na ideia de ser um atleta estava mascarando outra coisa muito importante. Em seus anos de ensino médio, enquanto ele tinha excelente desempenho acadêmico e quebrava recordes atléticos, Nicholas era uma menina. Mas, no fundo, sabia que isso não estava certo. Na verdade, ele se lembra de questionar sua identidade de gênero pela primeira vez por volta dos 10 ou 11 anos. Em seus anos de corredor, ele me disse, tentou se convencer de que era a garota magra e hétero que deveria ser e que todos esperavam que fosse: "Eu me aferrei a ela por muito tempo porque idolatrava o que representava, mas não ia dar certo nunca. Eu jamais poderia ser aquela garota, porque ela não era eu".

Nos primeiros anos do ensino médio, as garotas ao redor de Nicholas começaram a falar sobre gostar de garotos, mas ele não conseguia participar das conversas, porque percebeu que não sentia atração por meninos. A explicação lógica, ele pensou na ocasião, era o fato de ser lésbica. Aos 15 anos, Nicholas disse à sua psicóloga – com quem estava se consultando por causa de suas dificuldades de saúde mental – que era gay. Depois contou ao pai, à mãe e aos amigos, todos os quais o apoiaram. Ele teve um relacionamento com uma garota, em parte em segredo, porque o pai e a mãe da garota "não aceitavam" a orientação sexual dela. Para Nicholas, isso "parecia melhor do que ser uma garota hétero. Mas ainda não parecia certo. Portanto, minha identidade sempre foi algo com que pelejei, mas por um bom tempo não soube a resposta até depois do ensino médio".

A resposta – ele era uma pessoa transgênero – ocorreu a Nicholas pela primeira vez quando tinha 16 anos. Ele se viu atormentado por uma questão que se repetia sem trégua em sua mente, o tempo todo tendo a convicção de que era de fato um menino, para em seguida negar. Parecia mais fácil negar, por causa da pressão para ter um desempenho acadêmico e atlético formidável, e por conta de sua saúde mental precária. Nicholas me disse que havia muita coisa acontecendo naquela época. Mas aí ele se formou no ensino médio e, apesar de suas dificuldades de saúde mental, assegurou uma vaga em uma boa faculdade – embora sem a bolsa de estudos esportiva. Algumas das enormes pressões sobre ele que existiam nos tempos da escola começaram a diminuir, e sobrou mais espaço em sua cabeça para se concentrar em entender quem ele realmente era.

Seu primeiro passo, no verão antes de ingressar na universidade, foi começar a transição social, que teve início com uma mudança para o uso de pronomes elu/delu (agora usa *ele/dele*). Ele comunicou primeiro ao pai, depois à mãe. Eles o apoiaram, mas sua mãe ficou muito magoada por ele não lhe ter contado antes e disse que gostaria que tivesse se sentido capaz de se abrir com ela em primeiro lugar. No início a irmã de Nicholas também teve dificuldade para entender a notícia: ela ficou chateada e em choque, alegando que sentia que não tinha mais uma irmã, que o estava perdendo. "Mas eu disse a ela: 'Não, você não está me perdendo. Na verdade, é o contrário'". Nicholas estava finalmente mostrando a ela – e a todos – seu verdadeiro eu.

Em seguida, Nicholas começou a transição médica para ser um homem e começou a adotar seu novo nome. Como o número de pessoas a quem contar a novidade era muito grande, ele decidiu fazer um anúncio nas redes sociais, o que, ele mesmo me disse, foi "incrível e libertador e também muito assustador". A ordem em que ele revelou sua identidade de gênero é típica: pesquisas mostram que pessoas transgêneros e não binárias geralmente contam primeiro a um profissional de saúde (o que confere à resposta desses profissionais uma importância fundamental), depois aos amigos, em seguida aos familiares próximos, depois à família estendida, até que finalmente fazem uma divulgação em massa, em geral via redes sociais.[2] Todo o processo pode levar vários anos. Quando Nicholas escreveu sua postagem e pressionou o botão de enviar, ele desligou o celular e esperou, com muito medo de ver a reação. Mas, quando as pessoas começaram a entrar em contato, mostraram-se solidárias e generosas.

Para adolescentes transgêneros e não binários, a principal tarefa da adolescência – descobrir sua identidade, quem de fato são – pode ser muito mais difícil. Envolve encarar o fato de que precisarão passar por uma grande transformação social, e em alguns casos médica, tudo isso sabendo que correm o risco de ser transformados em alvo ou rejeitados. Para algumas pessoas, a exemplo de Nicholas, revelar-se transgênero é uma notícia recebida com compreensão e apoio, mas, para outras, revelar sua identidade de gênero é motivo de violência, assédio, rejeição ou condenação ao ostracismo.[3,4] Além disso, revelar-se transgênero ou não binário envolve usar um nome e pronomes novos, e às vezes outras pessoas podem simplesmente se recusar a atender a esse pedido. A acadêmica Breanne Fahs escreve que, para pessoas transgêneros e não binárias, "o processo de 'sair do armário' parece menos declarativo, e em vez disso é mais uma negociação para obter a aprovação de suas identidades e seus processos de transição".[5] Porém, pesquisas mostram que a alternativa – o processo de tentar repetidamente esconder ou negar a própria identidade de gênero – é, na melhor das hipóteses, estressante e exaustivo; na pior, significativamente nocivo à saúde mental de uma pessoa.[6,7] Muitas vezes, adolescentes transgêneros e não binários acabam sendo simultaneamente abertos e enrustidos, tomando decisões estratégicas para serem transparentes em relação à sua identidade de gênero apenas nos contextos em que se sentem seguros para fazer isso.[8] Na adolescência, quando todos querem apenas ser compreendidos e ter uma identidade coesa que seja reconhecida pelos outros, isso inevitavelmente cobra um considerável preço psicológico.

Nicholas, no entanto, agora é capaz de viver plenamente como um homem. Quando se mudou da Califórnia para o Reino Unido a fim de estudar durante um ano, ele enfim conseguiu se apresentar dessa forma:

> Ainda não é um final feliz, ainda passo por maus bocados com minha saúde mental. Mas é muito melhor do que costumava ser. Pela primeira vez na minha vida, estou animado para conhecer novas pessoas. Porque a pessoa que estou apresentando a elas, eu mesmo, é alguém com quem me sinto mais conectado e alinhado do que nunca antes na minha vida.

Ele também voltou a correr:

Comecei a correr porque gostava. Nos períodos do ensino médio em que não conseguia correr por causa dos problemas de saúde mental, sempre mantive a determinação de um dia recuperar essa alegria. Porque amo correr, independentemente de qualquer coisa. Então agora, pela primeira vez, depois de vários anos, estou tentando voltar a correr de forma competitiva. Tenho corrido sozinho, mas gosto de certos aspectos da competição, da camaradagem da equipe e coisas assim. Espero poder continuar fazendo isso, contanto que esteja fazendo pelos motivos certos. Porque correr sempre me trará alegria.

Encerramento

A transição que adolescentes transgêneros e não binários como Nicholas enfrentam é especialmente monumental. É um processo que leva muitos anos e envolve uma transformação não apenas na maneira de uma pessoa entender a si mesma, mas de ser entendida por outras pessoas em sua vida e na sociedade de forma mais ampla. Subverter ou renegociar as expectativas de gênero dessa forma, num contexto em que prevalecem consideráveis doses de preconceito e estigmatização, é sem dúvida a maior e mais difícil transição que qualquer adolescente tem que fazer e, pela qual, por definição, apenas um pequeno número de jovens passará. Mas a história de Nicholas pode nos oferecer pistas sobre o que está acontecendo na adolescência para todos os outros jovens. Em uma escala menor, o fato é que todos os adolescentes estão, o tempo todo, fazendo alguma forma de transição.

Em certo sentido, a adolescência em si é apenas um grande período de mudança, à medida que uma pessoa gradualmente se transforma de uma criança vulnerável em um adulto capaz e independente. Assim, no âmbito dessa mudança abrangente, há muitas outras modificações importantes: um jovem pode mudar de grupo de amigos, tornar-se sexualmente ativo ou alterar sua aparência física; pode sentir na pele as agruras de um rompimento romântico, desistir de um sonho esportivo ou perder um familiar amado. Todos os adolescentes começarão o ensino médio e passarão por diferentes estágios de educação e, em seguida, entrarão na universidade ou ingressarão no mundo do trabalho. A cada etapa e mudança, o jovem muda: aprende coisas novas, assume novos papéis, vê o mundo de uma maneira diferente. Vez por outra, essas mudanças acontecem sem grande impacto no senso de identidade de uma pessoa, mas às vezes – como na maioria das histórias que vimos neste livro – as transições adolescentes envolvem um acerto de contas fundamental com quem somos.

Nesses casos, cada conjuntura apresenta um desafio: para podermos passar para a próxima etapa, precisamos compreender ao nosso antigo eu. Precisamos descobrir por que nos sentimos ou nos comportamos como nos comportamos, por que outras pessoas nos trataram de certa maneira e por que as circunstâncias se desenrolaram daquele jeito ou de outro. Muitas pessoas não conseguem simplesmente esquecer que foram a pessoa que sofreu bullying na escola, ou a garota que foi abandonada, ou o adolescente que perdeu a mãe. Elas precisam formar uma narrativa lógica em torno disso antes de poderem seguir em frente; caso contrário, acabam sendo assombradas por seu antigo eu; a única forma de ficar à vontade nessa nova versão de nós mesmos é dar um fim de uma vez por todas ao eu anterior. Em geral, isso requer explicitamente que a pessoa seja deslocada no tempo ou no lugar, removida para longe das circunstâncias que outrora a definiram: é somente com o benefício do tempo que seremos capazes de compreender nossos anos de adolescência, somente depois de conhecermos todos os fatos, somente depois de sabermos o que mais tarde vivenciamos ou entendemos acerca de nós mesmos. Isso gira em torno, claro está, de contar histórias a nós mesmos, mas diz respeito a uma parte específica da história – o fim. Ao refletirem sobre as difíceis lembranças da adolescência, todas as pessoas precisam de um *encerramento*.

Sabemos, pela experiência de ler literatura ou ouvir música, o quanto é gratificante e satisfatório quando algo termina de uma forma que parece certa e faz sentido. O filósofo Noël Carroll escreve:

> A noção de *encerramento* se refere ao senso de término com o qual uma peça musical, um poema ou uma história se conclui. É a impressão de que o ponto exato em que a obra termina

é o ponto certo. Ir além desse ponto teria sido um erro... Mas parar antes também seria um erro. Seria abrupto demais. O encerramento é uma questão de concluir, em vez de simplesmente parar, cessar, parar ou interromper. Quando um artista efetua o encerramento, sentimos que ele não tem mais nada a fazer. Não há mais nada a ser feito que já não tenha sido extravasado. O encerramento produz uma sensação de completude. Quando o contador de histórias fecha seu livro, não resta mais nada a dizer, e nada que precisava ser dito ficou sem ser dito.[9]

Os escritores de ficção brincam com nosso desejo pela sensação de alívio e conclusão que acompanha um final satisfatório. Nas histórias que contamos sobre nossa própria vida, temos a mesma necessidade de resolução. Isso pode vir do mundo exterior: podemos enfim receber uma mensagem online daquele garoto que fazia bullying conosco na escola, por exemplo, ou dar de cara com um ex-namorado numa reunião de ex-alunos da nossa escola. Ou pode vir de retrabalharmos a história em nossa própria mente, como veremos. De qualquer forma, quando alcançamos o fechamento de uma determinada história, é menos provável que ela desperte em nós emoções fortes e difíceis.

As psicólogas Denise Beike e Erin Wirth-Beaumont examinaram essa questão em um estudo realizado em 2005.[10] Elas levaram alunos de graduação ao laboratório, pediram que escolhessem um evento do passado e escrevessem a respeito. À metade dos participantes solicitou-se que relembrassem um evento positivo, ao passo que a outra metade foi incumbida de recordar um acontecimento negativo. Na etapa seguinte, pediu-se que avaliassem sua concordância com afirmações como: "O evento é um 'livro fechado' para mim" e "Já superei o evento completamente". As pesquisadoras compararam o quanto as descrições escritas dos participantes mencionavam suas emoções (por exemplo, "Fiquei com muito medo quando aconteceu"). Elas constataram que os participantes que descreveram lembranças recorrendo a um número maior de emoções, e com mais intensidade, eram menos propensos a relatar uma sensação de encerramento em relação ao evento.

Aqui a relação temporal entre encerramento e ausência de emoções não é clara: pode ser que, tão logo alcançamos o encerramento, sentimos emoções menos fortes – ou pode ser que, uma vez que chegamos a um ponto de sentir emoções menos fortes sobre um evento, somos capazes de seguir em frente para alcançar o encerramento. De qualquer forma, isso nos diz algo bastante importante sobre a sensação de encontrar uma conclusão para uma história: quando encontramos algum tipo de significado nos eventos e entendemos por que tudo aconteceu, isso não desperta mais os sentimentos difíceis que antes despertava. Em nossa mente, o fim da história foi escrito, colocou-se o ponto-final.

Redenção

Muitas vezes, o encerramento ocorre quando sentimos (ou conseguimos nos persuadir a sentir) que algo de bom finalmente veio de um evento difícil. Os psicólogos se referem a isso como *redenção*. Em termos simples: histórias pessoais redentoras são aquelas em que "o mal é redimido, reparado, mitigado ou melhorado à luz do bem resultante", de acordo com Dan McAdams e colegas.[11] Alguns pesquisadores já argumentaram que o hábito de contar histórias redentoras sobre nós mesmos é tão arraigado que se trata essencialmente de uma *narrativa mestra* na sociedade ocidental contemporânea. Isso não significa que somos propensos de modo especial a ter experiências do tipo "da miséria à riqueza" ou "sair do lixo para o luxo" em comparação com outras culturas; significa apenas que somos estimulados a interpretar nossa experiência através dessa lente, a interpretar dessa maneira específica o que quer que tenha acontecido conosco. É importante ressaltar que, para que uma história seja redentora, o bom resultado não precisa necessariamente superar a consequência ruim, tampouco resultar em um final francamente feliz. Para que seja uma história redentora, precisa haver apenas *algum* resultado ou consequência positiva, qualquer que seja sua escala, permitindo-nos escolher *isso* como a nota na qual terminar a história.

Ao longo deste livro, vimos muitas histórias redentoras serem contadas. Georgia tomou a difícil decisão de se afastar de seu grupo de amigos, com quem era infeliz; posteriormente passou seis meses sozinha, sendo acossada pelas agressões de seus antigos amigos. No final encontrou novas amizades e hoje reflete sobre sua decisão de sair como a melhor que já tomou na vida. Da mesma forma, Vicky deixou um grupo de amigos que era errado para ela e encontrou um novo grupo, muito mais adequado, o que definiu como um "momento crucial" em sua vida. Beth passou a adolescência tentando desesperadamente mudar o cabelo, mas agora considera que foi por meio dessa experiência que percebeu que ela e os filhos são lindos do jeito que são. Freddie gostaria de nunca ter sofrido bullying, mas descreve ter transformado essa experiência em uma considerável habilidade para ajudar outras pessoas. Emma passou pela angustiante experiência de perder o filho na adolescência, mas agora utiliza em seu próprio trabalho essa experiência e conhecimento para apoiar adolescentes. Ben perdeu o pai, Grace perdeu a mãe, e ambos compartilharam as lições de afirmação da vida, aprendidas a duras penas, que o luto lhes ensinou.

Para deixar bem claro: isso não equivale a dizer que todas as experiências adolescentes podem ou devem ser vistas através de uma lente redentora. Alguns acontecimentos tristes e traumáticos nunca levam a nada de bom ou significativo. E encontrar redenção não é tão direto quanto simplesmente *escolher* ver seu passado de forma diferente. Traços de personalidade, hábitos de pensamento, problemas de saúde mental, experiências passadas e níveis de apoio social – sem mencionar a natureza específica do evento em si –, tudo isso determinará se somos capazes de ver episódios do nosso passado através de uma lente redentora. McAdams e colegas reconhecem isso com extremo cuidado:

> Em alguns casos, pode ser ingênuo, ou mesmo tolo, esperar que o sofrimento leve ao crescimento, à felicidade ou a qualquer outro resultado positivo. O sofrimento pode simplesmente gerar mais sofrimento... Algumas coisas que acontecem na vida são ruins demais para serem redimidas. E alguns narradores não conseguem encontrar em si mesmos a capacidade de extrair significados redentores do sofrimento que vivenciaram, não

importa o quanto sejam instigados a fazer isso por seus familiares e amigos, e pelas narrativas culturais que conhecem.[12]

Portanto, é importante ser realista e reconhecer que há outro tema que vem à tona nas histórias que contamos sobre nós mesmos: *contaminação*. O espelho sinistro da redenção, as histórias de contaminação são aquelas que começam com eventos ou sentimentos positivos e terminam negativamente, às vezes muito negativamente. O que de início era bom é minado ou até mesmo arruinado por aquilo que vem depois. Talvez o melhor exemplo desse tipo de história a constar das páginas deste livro seja o de Isabel. A morte de sua irmã aos 13 anos não significou apenas que ela perdeu um relacionamento muito importante e teve de enfrentar em tenra idade a angustiante realidade de uma doença grave, mas a perda também destroçou sua unidade familiar. Ao fim e ao cabo ela recebeu bastante apoio para processar a experiência, mas, para Isabel e tantos outros, a sugestão de que todo sofrimento e dificuldade vale a pena porque, em última análise, leva a um bem maior seria desrespeitosa e insultuosa.

Aceitação

Existe um meio-termo, um equilíbrio entre encontrar uma conclusão positiva para um acontecimento negativo e se resignar totalmente à tristeza ou ao horror do ocorrido. Aqui chegamos a um terceiro tema comum nas histórias de vida e uma forma comum de encerramento: *aceitação*. Grande parte das pesquisas sobre esse tema se concentrou em adultos mais velhos com cerca de 65 anos ou mais: a aceitação tende a surgir quando pessoas dessa faixa etária são instigadas a contar histórias sobre sua vida, possivelmente porque pessoas dessa idade têm a sabedoria e a experiência para reconhecer que a aceitação é uma avaliação mais generosa, útil e realista dos eventos do que as alternativas.[13] Mas adultos de qualquer idade podem fomentar um senso de aceitação, e certamente podem fazer isso ao se lembrar de episódios de sua adolescência. É importante ressaltar que encontrar uma história de aceitação não significa um indivíduo render-se às agruras da vida; tem mais a ver com um gracioso reconhecimento de suas imperfeições e até mesmo crueldade. Envolve reconhecer as restrições que a vida nos impõe e o papel que a sorte e a aleatoriedade desempenham na moldagem de nossa experiência, e exige disposição para mudar a perspectiva quando os fatos em si permanecem dolorosamente firmes. Envolve encontrar um final que pode até não ser feliz, mas que pelo menos faz sentido.

Vimos esse tema com Josie, que agora é mãe de dois filhos e reflete com clareza e franqueza sobre seus dias de uso de drogas sem o desejo de ser aquela pessoa novamente. Vimos isso com Tess: embora os efeitos do cruel relacionamento que teve na adolescência sejam sentidos ainda hoje como marcas indeléveis, uma reunião da escola permitiu que ela pelo menos visse sob uma nova luz o que tinha acontecido, de modo a vivenciar uma espécie de trégua com o homem que um dia a magoou. E vemos isso com Chloe, que na adolescência se expôs a inúmeros riscos com sua amiga Natalie. Quando Natalie tinha 27 anos, ela tirou a própria vida – um desfecho súbito e definitivo para sua história compartilhada – e isso desencadeou em Chloe um bocado de autoanálise e introspecção:

> Já faz três anos desde que Nat morreu. E acho que, agora que passamos pelo aniversário de três anos, consigo refletir sobre as coisas de forma muito mais positiva, agora que mais tempo passou. Refleti muito sobre [os riscos que corremos] nos primeiros dias, depois que ela morreu. Eu tinha uma porção de arrependimentos sobre muitas coisas que queria não ter feito, e com certeza agora sei que há muitas coisas que realmente não deveria ter feito, e se tivesse de voltar no tempo talvez não as fizesse. Coisas que acho que abriram a porta para decisões ruins que Nat tomou mais tarde.
>
> Às vezes fico imaginando... quando éramos mais jovens, se eu não tivesse pensado: "Vamos tomar todas as drogas e fazer sexo com todos os meninos", e em vez disso tivesse dito: "Bem, por que a gente não tenta fazer algo um pouco mais positivo?", então talvez as coisas pudessem ter sido diferentes. Nem sempre fui útil para impedir que as coisas piorassem. Mas agora não tenho os mesmos arrependimentos, depois que processei a dor associada a eles. Agora que sou adulta,

tento não guardar isso como um pesar, porque me vejo como uma pessoa jovem naquela época e não como a adulta que sou agora.

E eu amo algumas dessas lembranças. Com certeza não foram os melhores anos da nossa vida. Foram duros, foram tempos difíceis. Mas foram divertidos. Nós fazíamos tantas coisas divertidas. E não vou excluí-la de nenhuma das lembranças, sabe? E também não apagaria a dor que senti. Algumas das experiências mais traumáticas da minha vida aconteceram direta ou indiretamente por causa da Nat. Mas eu não a apagaria. Eu não me livraria da dor para me livrar dos bons momentos. Com certeza que não.

Chloe está demonstrando algo muito importante aqui. A pista está na seguinte declaração dela: "Agora que sou adulta, tento não guardar isso como um pesar, porque me vejo como uma pessoa jovem naquela época e não como a adulta que sou agora". Isso é algo que todos nós podemos fazer para chegar a um denominador comum com nossas próprias experiências adolescentes, razão pela qual escrevi este livro: se conseguirmos reconhecer melhor a mudança psicológica que ocorre durante esses anos de formação, podemos usar isso para entender quem éramos antes. Se essa pesquisa tivesse divulgação mais ampla, se houvesse um maior reconhecimento e valorização das diferenças fundamentais entre adolescentes e adultos, todos nós poderíamos ser mais amorosos e mais receptivos em relação aos nossos antigos eus.

O poder de entender a adolescência

Não existem dois adolescentes exatamente idênticos, mas, como vimos ao longo deste livro, há processos gerais de desenvolvimento que em boa medida impulsionam o comportamento adolescente. Na adolescência, nos importamos desesperadamente em desenvolver uma identidade independente e em nos encaixar com nossos pares, e isso afeta quase tudo o que fazemos, levando-nos a todos os tipos de comportamento autodestrutivo e, às vezes, cruel. Ao lidar com as consequências desses comportamentos, ter uma compreensão da psicologia geral da adolescência pode ajudar a explicar *por que* nos comportamos como nos comportamos, mesmo que isso não sirva para desculpar ou justificar essas ações. Ainda pode ser doloroso. Ainda pode ser imoral e injusto. Vamos sentir vergonha, raiva ou arrependimento em virtude das coisas que fizemos, ou por causa de como os outros nos trataram, e talvez possamos carregar esses sentimentos conosco para sempre. Contudo, se reconhecermos *por que* as coisas aconteceram, se encontrarmos uma maneira de atribuir *sentido* às coisas, então estamos no caminho para uma interpretação que nos trará paz.

De maneira decisiva, embora não seja possível mudar nosso passado, podemos mudar nossas histórias. Elas são baseadas em eventos reais, é claro, mas que são vistos através dos espelhos estilhaçados da memória, repetidamente remendados e requentados na mente ao longo de anos e décadas. Para quase qualquer evento, haverá múltiplos efeitos e consequências potenciais, alguns bons e alguns ruins, e, portanto, múltiplos aspectos diferentes do evento em que podemos nos concentrar. Da mesma forma, as motivações e intenções das pessoas são subjetivas e ambíguas e podem ser interpretadas de várias maneiras diferentes. Isso é uma coisa boa. Você não é *o que* aconteceu com você. Você é sua *interpretação* distorcida, desfigurada e meio verdadeira do que aconteceu com você – e, dentro dessa interpretação, sempre há espaço para mudanças. Em outras palavras, qualquer que tenha sido o acontecimento vivenciado, pode haver espaço para enquadrá-lo de uma maneira diferente. É isso que torna possível reescrevermos o livro da nossa própria adolescência, ou pelo menos partes dela.

Como a memória funciona

Na verdade, em sua maioria as lembranças não são estáticas; por sua própria natureza, estão sujeitas a um processo de mudança gradual e de longo prazo. A exceção a isso são algumas memórias derivadas de experiências traumáticas – na verdade, sua fixidez, juntamente com seu caráter abrangente, é parte do que as torna tão angustiantes.

Porém, de maneira geral, a memória pode ser surpreendentemente fluida. Quando você vivencia uma experiência da qual se lembra muitos anos depois, três processos ocorrem em seu cérebro. Primeiro, no momento da experiência em si, a memória é *codificada* – como se estivesse escrita em um pedaço de papel. Em seguida ela é *armazenada* em seu cérebro ao longo do tempo – é como colocar o pedaço de papel dentro de um arquivo de gavetas ou de pastas suspensas. Por fim, você *recupera* o arquivo mais tarde – você localiza o arquivo, folheia lembranças relacionadas e encontra e lê aquela que estava procurando. Acontece que não é exatamente assim, porque cada um desses três processos é fluido e sujeito a mudanças, permitindo que alguns aspectos da experiência sejam esquecidos por completo, ao passo que outros são adornados ou reinterpretados. Quando você codifica um evento – mesmo enquanto ele ainda está acontecendo –, o que você "escreve" não são os fatos objetivos do que ocorreu, mas sua interpretação subjetiva do ocorrido; conforme os pesquisadores demonstraram, nosso cérebro não se limita a receber e transcrever informações, mas está continuamente interpretando e construindo nossa experiência com base em suas próprias suposições e previsões, por sua vez derivadas da biologia, personalidade, humor, preconceitos e outros fatores específicos de cada um.[14] Nas palavras da psicóloga Robyn Fivush e colegas, o que é escrito em nossa memória "nunca é puro".[15]

Assim, durante o armazenamento, partes da memória enfraquecem ou desaparecem. Digamos que o arquivo de gavetas ou de pastas suspensas seja deixado aberto e os papéis com as anotações desbotem à luz do sol de uma janela próxima. Alguns detalhes se perdem completamente. Então, quando vai recuperar a lembrança, você a reformula mais uma vez através das lentes do seu eu presente, com todas as suas novas preocupações, experiências e preconceitos. A pessoa que abre o arquivo nunca é a mesma pessoa que escreveu a anotação, tampouco a mesma pessoa que o abriu da última vez, e isso afeta como ela interpreta as palavras desbotadas na página. Todavia, mais do que isso, é a nova interpretação da anotação que então é arquivada novamente, como se tivesse sido reescrita com tinta nova. Toda vez que recupera uma lembrança, você a recodifica ligeiramente, e a coisa fica ainda mais distorcida. Como dizem Fivush e colegas, a melhor maneira de conceituar o processo de lembrar é como um *contínuo relembrar*, porque, cada vez que uma pessoa relata algo, isso "altera o sistema de tal forma que futuras ações de recuperação da memória reconstruirão produtos um tanto diferentes".

Tudo isso deveria nos dar esperança. Desde o momento em que são codificadas, nossas lembranças não são gravações de experiências, mas interpretações de experiências: histórias que mudarão, quer gostemos ou não, no momento do relato. O que importa não é necessariamente o que aconteceu na sua adolescência, mas o que você *acha* que aconteceu na sua adolescência e como você reflete sobre isso agora – em outras palavras, como você narra novamente a história.

Muitas pessoas gradualmente reescrevem por conta própria suas histórias da adolescência, após muitos anos de processamento e reflexão sobre suas experiências. Quase sempre, essas histórias reescritas giram em torno de temas de redenção ou aceitação e dão às pessoas uma tranquila sensação de encerramento. Mas, para outras, lidar por conta própria com o processo de reescrita é muito difícil. Nesses casos, a ajuda está disponível na forma de terapia. Um terapeuta pode capacitar uma pessoa a reinterpretar eventos passados, ver as coisas de uma perspectiva diferente e questionar suposições inúteis acerca de si mesmas. A psicóloga Maya Benish-Weisman resumiu a questão quando escreveu que o objetivo da terapia era "compor finais novos para histórias infelizes".[16]

Para isso, um bom terapeuta deve fazer uma coisa acima de todas as outras: realmente *ouvir* a pessoa que conta sua história. Repetidamente, pesquisas têm mostrado que um fator-chave capaz de prever bons resultados da terapia, talvez mais do que o tipo de terapia, é a chamada "aliança terapêutica" entre o cliente e o terapeuta, e fundamental para isso é o cliente acreditar que o terapeuta está ouvindo.[17] Isso significa que o terapeuta deve fazer alguns gestos não verbais básicos – olhar para a pessoa, menear a cabeça –, mas também mostrar que entendeu com "expressões verbais de escuta": ecoando com suas próprias palavras de terapeuta a experiência do paciente, fazendo perguntas detalhadas. Na verdade, há evidências de que as pessoas são especialmente propensas a confiar nesses sinais verbais de que estão sendo ouvidas, provavelmente porque são muito mais difíceis de fingir.[18] Alguns acadêmicos refletiram sobre os bons terapeutas que não apenas fazem isso, mas realmente se envolvem em "escuta dupla": eles dão ouvidos à história explícita que o cliente está contando, mas, paralelamente, ouvem o subtexto, maneiras alternativas de entender os eventos, construindo mentalmente uma história alternativa e mais útil para compartilhar.[19]

Muitas das pessoas que figuram neste livro fizeram terapia relacionada à adolescência – a bem da verdade, eu diria que muitas delas se sentiram capazes de entrar em contato comigo para compartilhar suas experiências *porque* fizeram terapia relacionada a esses eventos. Certamente, muitas das histórias relatadas nas entrevistas deste livro são o produto final de muitos anos de reflexão, geralmente com a ajuda de um terapeuta. Ou pelo menos era o que eu pensava. Então, quando estava chegando ao fim da escrita do livro, algo inesperado aconteceu.

Antes de finalizar o manuscrito, entrei em contato com cada um dos meus entrevistados para lhes mostrar o que havia escrito sobre eles, a fim de lhes assegurar de que se tratava de um relato acurado e me certificar de que se sentiam à vontade com o retrato deles que aparece no livro. A resposta que me deram me surpreendeu e me emocionou muito. Repetidamente, eles disseram que ler minha reflexão sobre a história deles, em especial no contexto da pesquisa psicológica, os ajudou a entender sob uma nova luz o que lhes havia acontecido – e, portanto, quem eles são hoje. Um dos entrevistados me disse que, vinte anos depois, teve a sensação de que finalmente tirou um peso dos ombros. Outro afirmou que, pela primeira vez na vida, se sentiu capaz de falar com outras pessoas sobre o que havia acontecido. Vários ficaram comovidos até as lágrimas. Cada entrevistado me contou sua história com as próprias palavras, relatos que transcrevi fielmente. Mas, ao contar essas histórias de volta para eles, ao enquadrá-las, contextualizá-las e reinterpretá-las, cheguei a conclusões e encontrei novos finais que eles próprios não teriam visto – e isso ajudou.

Inspirada por meus entrevistados, tenho uma confissão a fazer. Nos estágios iniciais da escrita deste livro, pensei em compartilhar algumas das minhas próprias histórias de adolescência. Decidi não fazer isso, porque as histórias que encontrei em minhas entrevistas pareciam, no fim das contas, mais interessantes e mais potentes do que as minhas. Obviamente, isso é parte da verdade da adolescência: embora a adolescência de cada indivíduo seja singular, cada angústia, cada pesar, cada desgosto, cada decisão ruim, cada constrangimento aconteceu também, de alguma forma, com outra pessoa. Contudo, enquanto entrevistava outras pessoas sobre seus anos de adolescência e lia muitas pesquisas sobre esse tema, algo dentro de mim começou a mudar.

Como psicóloga acadêmica, passei mais de uma década estudando a adolescência; no entanto, foi somente ao escrever este livro que realmente comecei a entender o que havia acontecido na minha própria adolescência. Capítulos da minha vida que estavam escritos pela metade finalmente encontraram desfecho; livros que estavam abertos nos porões e bastidores da minha mente puderam enfim ser fechados. Há certas lembranças com as quais agora me sinto em paz pela primeira vez em vinte anos. Em outras palavras, escrevi este livro para mostrar que conhecer o desenvolvimento adolescente pode ajudar as pessoas a se entenderem melhor e, no processo, eu mesma acabei me entendendo melhor.

A sociedade adulta é construída sobre o alicerce de milhões de histórias de adolescentes. Cada um de nós se apoia sobre os ombros de nossos frágeis eus adolescentes. Na infância, estabelecemos o básico – em quem podemos confiar, quais ações levam a resultados bons e ruins, de que maneira devemos nos comportar. Mas é na adolescência que de fato ganhamos vida, que nossas experiências realmente começam a moldar a pessoa que nos tornamos. Saber disso mudou a minha forma de ver todas as pessoas.

Quando vejo grupos de adolescentes se arrastando de volta para casa em seus uniformes escolares, fico angustiada por eles. Reparo quando todos ostentam mochilas, sapatos ou penteados combinando. Noto quem se mantém ao lado do grupo, pairando no limite do verdadeiro pertencimento, e me ponho a imaginar qual é o tamanho da dificuldade que estão enfrentando. Observo com atenção as figuras solitárias que caminham sozinhas, com fones de ouvido, e me pergunto que tipo de música estão ouvindo e que assuntos ocupam sua mente. Talvez o fato mais importante: agora vejo os adultos de forma diferente também. Quando observo as pessoas em sua rotina, vivendo a própria vida, me pego imaginando quais delas carregam consigo uma lembrança persistente de seu primeiro amor; quais delas se lembram de algo que alguém lhes disse sobre sua aparência e que as afeta ainda hoje; e quais delas convivem com as consequências perpétuas do luto da adolescência. Vejo que todos nós já fomos adolescentes um dia, cada um de nós, e todos nós temos uma história para contar.

Agradecimentos

Antes de tudo, muito obrigada às 23 pessoas cujas entrevistas são o coração deste livro. Com honestidade e paciência, vocês compartilharam comigo suas lembranças pessoais, muitas vezes difíceis, e sou muito grata pelo tempo que dedicaram a mim. Escrever é um processo solitário, mas minhas conversas com todos vocês foram momentos bem-vindos de intimidade e conexão. Mais importante, suas histórias – juntamente com as muitas outras histórias que recebi, cheia de gratidão, pela internet – foram lembretes de por que poderia ser tão importante escrever este livro.

Obrigada a Will Francis da Janklow & Nesbit, por tirar esta ideia do papel no início de 2021 e por me propiciar excelente apoio desde então. Também sou muito grata a Will Hammond da The Bodley Head, por ser um editor excepcionalmente hábil e atencioso. De discussões de grande escopo sobre mensagens-chave até conversas por meio de comentários do Word sobre frases e palavras específicas, não tenho certeza se todos os escritores têm essa sorte, então, obrigada. Sei que oficialmente o livro é de minha autoria, mas também o vejo como seu livro.

Obrigada aos meus seis leitores sensíveis, que leram minuciosamente vários trechos deste livro e me ajudaram a pensar em algumas decisões complexas sobre como discutir tópicos específicos. Sou extremamente grata por sua consideração e ajuda, e por sua disposição em compartilhar sua experiência de vida ou conhecimento profissional.

Também quero reconhecer a importância de meus colegas acadêmicos que trabalham na área de desenvolvimento de adolescentes e que continuam a me ensinar muito sobre esse período formativo da vida. Agradecimentos especiais à professora Sarah-Jayne Blakemore, uma das primeiras a fomentar a noção de que a adolescência deveria ser estudada por si só, e que me ajudou a trilhar esse caminho quando eu era pesquisadora de pós-doutorado na University College London (UCL). Também sou grata ao dr. Jack Andrews, pelas discussões quase diárias sobre nosso trabalho nessa área, e à dra. Ola Demkowicz, por nossas frutíferas conversas sobre a adolescência feminina e pesquisas em geral. Por fim, obrigada ao meu adorável – e em eterna mudança – grupo de pesquisa na Universidade de Oxford, que continua a me inspirar e educar à medida que me afasto cada vez mais do meu público-alvo.

Em casa, sou muito grata a Mark, que sabia ficar longe sempre que eu fechava a porta para escrever, mas me ouvia com interesse convincente na hora do almoço e à noite, quando estava pronta para falar. Obrigada por dar a uma versão inicial do livro uma imparcial nota 10, a mais alta possível. À minha família e aos amigos, a quem estou ligada por minhas próprias histórias de adolescente: obrigada por se lembrarem de perguntar como esta obra estava indo. Por último, quero agradecer ao meu mini dachshund, Michael, que ficou sentado no meu colo por muitas horas enquanto eu escrevia: você não tem a menor ideia do que está acontecendo, mas mesmo assim oferece um excelente apoio emocional.

Notas

Introdução: O poder da adolescência

[1] Munawar K., Kuhn S. K., Haque S. "Understanding the reminiscence bump: A systematic review". *PLOS ONE*, 2018, 13(12): e0208595.

[2] Coleman J. *The adolescent society: The social life of the teenager and its impact on education*. Nova York: Free Press of Glencoe; 1961.

[3] Erikson E. H. *Identity, youth and crisis*. Nova York: W. W. Norton, 1968. [Ed. bras.: *Identidade, juventude e crise*. Tradução de Álvaro Cabral. Rio de Janeiro, Zahar, 1972.]

[4] McAdams D. P., Josselson R., Lieblich A. (Orgs.) *Identity and story: Creating self in narrative*. Washington, DC: Associação Norte-Americana de Psicologia, 2006.

[5] McAdams D. P. "Narrative identity: What is it? What does it do? How do you measure it?" *Imagin Cogn Pers*, 2018, 37(3), p. 359-372.

[6] Pinyerd B., Zipf W. B. "Puberty: timing is everything!". *J. Pediat. Nurs*, 2005, 20(2), p. 75-82.

[7] Lucien J. N., Ortega M. T., Shaw N. D. "Sleep and puberty". *Curr. Opin. Endocr. Metab. Res.*, 2021, 17, p. 1-7.

[8] Louzada F. "Adolescent sleep: A major public health issue". *Sleep Sci.*, 2019, 12(1), p. 1-7.

[9] Blakemore S., Burnett S., Dahl R. E. "The role of puberty in the developing adolescent brain". *Hum. Brain Mapp*, 2010, 31(6), p. 926-933.

[10] Larson R., Wilson S. "Adolescence across place and time: Globalisation and the changing pathways to adulthood". In: Lerner R. M., Steinberg L. (Orgs.) *Handbook of Adolescent Psychology*. Hoboken: Wiley, 2004, p. 297-330.

[11] Duell N., Steinberg L., Icenogle G., Chein J., Chaudhary N., Di Giunta L., *et al*. "Age patterns in risk taking across the world". *J. Youth Adolesc.*, 2018, 47(5), p. 1052-1072.

[12] Conway M. A., Wang Q., Hanyu K., Haque S. "A cross-cultural investigation of autobiographical memory: On the universality and cultural 196 References variation of the reminiscence bump". *J. Cross-Cult Psychol.*, 2005, 36(6), p. 739-49.

Capítulo 1. O paradoxo da popularidade

[1] Youniss J., McLellan J. A., Strouse D. "We're popular, but we're not snobs: Adolescents describe their crowds". In: Montemayor R., Adams G. R., Gullotta T. P. (Orgs.) *Personal Relationships During Adolescence*. Beverly Hills: Sage Publications, 1994, p. 101-122.

[2] Brown B. B., Klute C. "Friendships, cliques, and crowds". In: Adams G. R., Berzonsky M. D. (Orgs.) *Blackwell Handbook of Adolescence*. Malden: Blackwell Publishing, 2003, p. 330-348.

[3] Ibid.

[4] Laursen B., Veenstra R. "Toward understanding the functions of peer influence: A summary and synthesis of recent empirical research". *J. Res Adolesc.*, 2021, 31(4), p. 889-907.

[5] Mayeux L., Kleiser M. "A gender prototypicality theory of adolescente peer popularity". *Adolesc. Res. Rev.*, 2020, 5(3), p. 295-306.

[6] Ibid.

[7] Chu J. Y. "Adolescent boys' friendships and peer group culture". *New Dir. Child Adolesc. Dev.*, 2005, (107), p. 7-22.

[8] Horn S. S. "Adolescents' acceptance of same-sex peers based on sexual orientation and gender expression". *J. Youth Adolesc.*, 2007, 36(3), p. 363-371.

[9] Demkowicz O., Jefferson R., Nanda P., Foulkes L., Lam J., Pryjmachuk S., et al. "'Adolescent girls' explanations of high rates of low mood and anxiety in their population: A co-produced qualitative study". Disponível em: https://doi.org/10.21203/rs.3.rs-3780794/v1.

[10] Hartl A. C., Laursen B., Cantin S., Vitaro F. "A test of the bistrategic control hypothesis of adolescent popularity". *Child Dev.*, 2020, 91(3).

[11] Mayeux e Kleiser, op. cit.

[12] Rosen N. E., Lord C., Volkmar F. R. "The diagnosis of autism: From Kanner to DSM-III to DSM-5 and beyond". *J. Autism Dev. Disord*, 2021, 51(12), p. 4253-470.

[13] Deckers A., Muris P., Roelofs J. "Being on your own or feeling lonely? Loneliness and other social variables in youths with autism spectrum disorders". *Child Psychiatry Hum. Dev.*, 2017, 48(5), p. 828-839.

[14] Adreon D., Stella J. "Transition to middle and high school: Increasing the success of students with Asperger Syndrome". *Interv. Sch. Clin.*, 2001, 36(5), p. 266-271.

[15] Cook J., Hull L., Crane L., Mandy W. "Camouflaging in autism: A systematic review". *Clin. Psychol. Rev.*, 2021, 89, p. 102080.

[16] Wood-Downie H., Wong B., Kovshoff H., Mandy W., Hull L., Hadwin J. A. "Sex/gender differences in camouflaging in children and adolescents with autismo". *J. Autism Dev. Disord*, 2021, 51(4), p. 1353-1364.

[17] Bargiela S., Steward R., Mandy W. "The experiences of late-diagnosed women with autism spectrum conditions: An investigation of the female autism phenotype". *J. Autism Dev. Disord*, 2016, 46(10), p. 3281-3294.

[18] Humphrey N., Hebron J. "Bullying of children and adolescents with autism spectrum conditions: A 'state of the field' review". *Int. J. Incl. Educ.*, 2015, 19(8), p. 845-862.

[19] Fisher M. H., Taylor J. L. "Let's talk about it: Peer victimization experiences as reported by adolescents with autism spectrum disorder". *Autism*, 2016, 20(4), p. 402-411.

[20] Sosnowy C., Silverman C., Shattuck P., Garfield T. "Setbacks and successes: How young adults on the autism spectrum seek friendship". *Autism Adulthood*, 2019, 1(1), p. 44-51.

[21] Cooper R., Cooper K., Russell A. J., Smith L. G. E. "'I'm proud to be a little bit different': The effects of autistic individuals' perceptions of autism and autism social identity on their collective self-esteem". *J. Autism Dev. Disord*, 2021, 51(2), p. 704-714.

[22] Pellicano E., Houting J. "Annual Research Review: Shifting from "normal science" to neurodiversity in autism Science". *J. Child Psychol. Psychiatry*, 2022, 63(4): 381-96.

[23] Rose A. J., Swenson L. P., Waller E. M. "Overt and relational aggression and perceived popularity: Developmental differences in concurrent and prospective relations". *Dev. Psychol.*, 2004, 40(3), p. 378-387.

[24] Cillessen A. H. N., Rose A. J. "Understanding popularity in the peer system". *Curr. Dir. Psychol. Sci.*, 2005, 14(2), p. 102-105.

[25] Hartl, Laursen, Cantin e Vitaro, op. cit.

[26] Eder D. "The cycle of popularity: Interpersonal relations among female adolescents". *Sociol. of Educ.*, 1985, 58(3), p. 154-165.

[27] Ibid.

[28] Almquist Y. B., Brännström L. "Childhood peer status and the clustering of social, economic, and health-related circumstances in adulthood". *Soc. Sci. Med.*, 2014, 105, p. 67-75.

[29] Ibid.

[30] Arseneault L. "The long-term impact of bullying victimization on mental health". *World Psychiatry*, 2017, 16(1), p. 27-28.

[31] Mayeux L., Sandstrom M. J., Cillessen A. H. N. "Is being popular a risky proposition?". *J. Res. Adolesc.*, 2008, 18(1), p. 49-74.

[32] Allen J. P., Schad M. M., Oudekerk B., Chango J. "What ever happened to the 'cool' kids? Long-term sequelae of early adolescent pseudomature behavior". *Child Dev.*, 2014, 85(5), p. 1866-1880.

Capítulo 2. Imagem é tudo

[1] Ortmeyer D. H. "The we-self of identical twins". *Contemp. Psychoanal*, 1970, 6(2), p. 125-142.

[2] Twins Trust. "Multiple birth statistics" [internet]. Aldershot, Reino Unido, 2019. Disponível em: https://twinstrust.org/static/89af4d2a-49fe-4d23-bbcf8475f-099762f/5cdfb852-318c-4eb8-955ef8f6b8f5d6c0/Key-stats-and-facts.Pdf.

[3] Jones D. C., Crawford J. K. "The peer appearance culture during adolescence: Gender and body mass variations". *J. Youth Adolesc.*, 2006, 35(2), p. 243-255.

[4] Lowy A. S., Rodgers R. F., Franko D. L., Pluhar E., Webb J. B. "Body image and internalization of appearance ideals in Black women: An update and call for culturally-sensitive research". *Body Image*, 2021, 39, p. 313-327.

[5] Van Geel M., Vedder P., Tanilon J. "Are overweight and obese youths more often bullied by their peers? A meta-analysis on the relation between weight status and bullying". *Int. J. Obes.*, outubro de 2014, 38(10), p. 1263-1267.

[6] Kearney-Cooke A., Tieger D. "Body image disturbance and the development of eating disorders". In: Smolak L., Levine M. P. (Orgs.). *The Wiley Handbook of Eating Disorders*. Hoboken: Wiley, 2015, p. 283-296.

[7] Ahrberg M., Trojca D., Nasrawi N., Vocks S. "Body image disturbance in binge eating disorder: A review". *Eur .Eat Disorders Rev.*, 2011, 19(5), p. 375-381.

[8] Favaro A., Busetto P., Collantoni E., Santonastaso P. "The age of onset of eating disorders". In: De Girolamo G., McGorry P. D., Sartorius N. (Orgs.) *Age of Onset of Mental Disorders: Etiopathogenetic and Treatment Implications*. Cham: Springer, 2019, p. 203-216.

[9] Zipfel S., Giel K. E., Bulik C. M., Hay P., Schmidt U. "Anorexia nervosa: Aetiology, assessment, and treatment". *Lancet Psychiatry*, 2015, 2(12), p. 1099-1111.

[10] McGrath J. J., Al-Hamzawi A., Alonso J., Altwaijri Y., Andrade L. H., Bromet E. J., et al. "Age of onset and cumulative risk of mental disorders: A cross-national analysis of population surveys from 29 countries". *Lancet Psychiatry*, 2023, 10(9), p. 668-681.

[11] Giedd J. N., Keshavan M., Paus T. "Why do many psychiatric disorders emerge during adolescence?" *Nat. Rev. Neurosci*, 2008, 9(12), p. 947-957.

[12] Rapee R. M., Oar E. L., Johnco C. J., Forbes M. K., Fardouly J., Magson N. R., et al. "Adolescent development and risk for the onset of social-emotional disorders: A review and conceptual model". *Behav. Res. Ther.*, 2019, 123, p. 103501.

[13] Brook C. A., Schmidt L. "Social anxiety disorder: A review of environmental risk factors". *Neuropsychiatr Dis. Treat*, 2008, p. 123-143.

[14] Piacentini M., Mailer G. "Symbolic consumption in teenagers' clothing choices". *J. Consum Behav.*, 2004, 3(3), p. 251-262.

[15] Isaksen K. J., Roper S. "The impact of branding on low-income adolescents: A vicious cycle?" *Psychol. Mark*, 2008, 25(11), p. 1063-1087.

[16] Piacentini e Mailer, op. cit.

[17] Isaksen e Roper, op. cit.

[18] Piacentini e Mailer, op. cit.

[19] Isaksen e Roper, op. cit.

[20] Gal D. "Identity-Signaling Behavior". In: Norton M. I., Rucker D. D., Lamberton C. (Orgs.) *The Cambridge Handbook of Consumer Psychology*. Cambridge: Cambridge University Press, 2015, p. 257-281.

[21] Rowe P. "Becoming metal: Narrative reflections on the early formation and embodiment of heavy metal identities". *J. Youth Stud.*, 2017, 20(6), p. 713-731.

[22] McDermott M., Samson F. "White racial and ethnic identity in the United States". *Annu. Rev. Sociol.*, 2005, 31(1), p. 245-261.

Capítulo 3. Em defesa da exposição a riscos

[1] Martin L. "Ten years have passed: yet I'm still haunted by Leah's death". *The Observer* [internet], 2005, 30 de outubro. Disponível em: https://www.theguardian.com/society/2005/oct/30/drugsandalcohol.drugs

[2] Duell, Steinberg, Icenogle, Chein, Chaudhary, Di Giunta, *et al.*, op. cit.

[3] Ibid.

[4] Millstein S. G., Halpern-Felsher B. L. "Judgments about risk and perceived invulnerability in adolescents and young adults". *J. Res. Adolesc.*, 2002, 12(4), p. 399-422.

[5] Ibid.

[6] Ibid.

[7] Steinberg L., Albert D., Cauffman E., Banich M., Graham S., Woolard J. "Age differences in sensation seeking and impulsivity as indexed by behavior and self-report: Evidence for a dual systems model". *Dev. Psychol.*, 2008, 44(6), p. 1764-1778.

[8] Steinberg L. "A dual systems model of adolescent risk-taking". *Dev. Psychobiol.*, 2010, p. 216-224.

[9] Pfeifer J. H., Allen N. B. "Arrested development? Reconsidering dual-systems models of brain function in adolescence and disorders". *Trends Cogn. Sci.*, 2012, 16(6), p. 322-329.

[10] Maslowsky J., Owotomo O., Huntley E. D., Keating D. "Adolescent risk behavior: Differentiating reasoned and reactive risk-taking". *J. Youth Adolesc.*, 2019, 48(2), p. 243-255.

[11] Ibid.

[12] Gardner M., Steinberg L. "Peer influence on risk taking, risk preference, and risky decision making in adolescence and adulthood: An experimental study". *Dev. Psychol.*, 2005, 41(4), p. 625-635.

[13] Johnson S. B., Dariotis J. K., Wang C. "Adolescent risk taking under stressed and nonstressed conditions: Conservative, calculating, and impulsive types". *J. Adolesc. Health*, 2012, 51(2), p. 34-40.

[14] Blakemore S. J. "Avoiding social risk in adolescence". *Curr. Dir. Psychol. Sci.*, 2018, 27(2), p. 116-122.

[15] Ibid.

[16] Andrews J. L., Foulkes L. E., Bone J. K., Blakemore S. J. "Amplified concern for social risk in adolescence: Development and validation of a new measure". *Brain Sci.*, 2020, 10(6), p. 397-411.

[17] Ungar M. T. "The myth of peer pressure". *Adolescence*, 2000, 35(137), p. 167-180.

[18] Michell L., West P. "Peer pressure to smoke: The meaning depends on the method". *Health Educ. Res.*, 1996, (1), p. 39-49.

[19] Patrick M. E., Schulenberg J. E., Maggs J. L., Maslowsky J. "Substance use and peers during adolescence and the transition to adulthood: Selection, socialization, and development". In: Sher K. J., editor. *The Oxford Handbook of Substance Use and Substance Use Disorders*. Oxford: Oxford University Press, 2016, p.526-48.

[20] Henry D. B., Schoeny M. E., Deptula D. P., Slavick J. T. "Peer selection and socialization effects on adolescent intercourse without a condom and attitudes about the costs of sex". *Child Dev.*, 2007, 78(3), p. 825-838.

[21] Fortuin J., Van Geel M., Vedder P. "Peer influences on internalizing and externalizing problems among adolescents: A longitudinal social network analysis". *J. Youth Adolesc.*, 2015, 44(4), p. 887-897.

[22] Goodwin N. P., Mrug S., Borch C., Cillessen A. H. N. "Peer selection and socialization in adolescent depression: The role of school transitions". *J. Youth Adolesc.* 2012, 41(3), p. 320-332.

[23] Bentley K. H., Nock M. K., Barlow D. H. "The four-function model of non-suicidal self-injury: Key directions for future research". *Clin. Psychol. Sci.*, 2014, 2(5), p. 638-656.

[24] Gillies D., Christou M. A., Dixon A. C., Featherston O. J., Rapti I., Garcia-Anguita A., et al. "Prevalence and characteristics of self-harm in adolescents: Meta-analyses of community-based studies 1990-2015". *J. Am. Acad. Child Adolesc. Psychiatry*, 2018, 57(10), p. 733-741.

[25] Mars B., Heron J., Klonsky E. D., Moran P., O'Connor R. C., Tilling K., et al. "Predictors of future suicide attempt among adolescents with suicidal thoughts or non-suicidal self-harm: a population-based birth cohort study". *Lancet Psychiatry*, 2019, 6(4), p. 327-337.

[26] Crudgington H., Wilson E., Copeland M., Morgan C., Knowles G. "Peer-friendship networks and self-injurious thoughts and behaviors in adolescence: A systematic review of sociometric school-based studies that use social network analysis". *Adolesc. Res. Rev.*, 2023, 8(1), p. 21-43.

[27] Ibid.

[28] Bernasco E. L., Van Der Graaff J., Nelemans S. A., Kaufman T. M. L., Branje S. "Depression socialization in early adolescent friendships: The role of baseline depressive symptoms and autonomous functioning". *J. Youth Adolesc.*, 2023, 52(7), p. 1417-1432.

[29] Ibbetson C. "How many children have their own tech?" [internet]. Londres: YouGov UK, março de 2020. Disponível em: https://yougov.co.uk/topics/society/articles-reports/2020/03/13/what-age-do-kids-get-phones-tablet-laptops-.

[30] Disponível em bark.us.

[31] Lejuez C. W., Aklin W. M., Zvolensky M. J., Pedulla C. M. "Evaluation of the Balloon Analogue Risk Task (BART) as a predictor of adolescent real-world risk-taking behaviours". *J. Adolesc.*, 2003, 26(4), p. 475-479.

[32] Maner J. K., Richey J. A., Cromer K., Mallott M., Lejuez C. W., Joiner T. E., et al. "Dispositional anxiety and risk-avoidant decision-making". *Pers Individ. Diff*, 2007, 42(4), p. 665-675.

[33] Blumenthal H., Leen-Feldner E. W., Badour C. L., Babson K. A. "Anxiety psychopathology and alcohol use among adolescents: A critical review of the empirical literature and recommendations for future research". *J. of Exp Psychopathol.*, 2011, 2(3), p. 318-353.

[34] Kaczkurkin A. N., Foa E. B. "Cognitive-behavioral therapy for anxiety disorders: An update on the empirical evidence". *Dialogues Clin. Neurosci.*, 2015, 17(3), p. 337-346.

[35] Borkovec T. D., Hazlett-Stevens H., Diaz M. L. "The role of positive beliefs about worry in generalized anxiety disorder and its treatment". *Clin. Psychol. Psychother*, maio de 1999, 6(2), p. 126-138.

[36] Berenbaum H., Thompson R. J., Bredemeier K. "Perceived threat: Exploring its association with worry and its hypothesized antecedents". *Behaviour Research and Therapy*, outubro de 2007, 45(10), p. 2473-2482.

[37] Foulkes L., Andrews J. L. "Are mental health awareness efforts contributing to the rise in reported mental health problems? A call to test the prevalence inflation hypothesis". *New Ideas Psychol.*, 2023, 69, p. 101010.

Capítulo 4. A psicologia do bullying

[1] Wójcik M., Flak W. "Frenemy: A New Addition to the Bullying Circle". *J. Interpers Violence*, 2021, 36(19-20), p. 11131-11154.

[2] Pan B., Zhang L., Ji L., Garandeau C. F., Salmivalli C., Zhang W. "Classroom status hierarchy moderates the association between social dominance goals and bullying behavior in middle childhood and early adolescence". *J. Youth Adolesc.*, 2020, 49(11), p. 2285-2297.

[3] Hawkins D. L., Pepler D. J., Craig W. M. "Naturalistic observations of peer interventions in bullying". *Soc. Dev.*, 2001, 10(4), p. 512-527.

[4] Thomas H. J., Connor J. P., Scott J. G. "Why do children and adolescentes bully their peers? A critical review of key theoretical frameworks". *Soc. Psychiatry Psychiatr Epidemiol*, 2018, 53(5), p. 437-451.

[5] Bowen M. "The use of family theory in clinical practice". *Compr. Psychiatry*, 1966, 7(5), p. 345-374.

[6] Zych I., Ttofi M. M., Llorent V. J., Farrington D. P., Ribeaud D., Eisner M. P. "A longitudinal study on stability and transitions among bullying roles". *Child Dev.*, 2020, 91(2), p. 527-545.

[7] Zych I., Ttofi M. M., Farrington D. P. "Empathy and callous-unemotional traits in different bullying roles: A systematic review and meta-analysis". *Trauma Violence Abuse*, 2019, 20(1), p. 3-21.

[8] Ibid.

[9] Waller R., Hyde L. W., Baskin-Sommers A. R., Olson S. L. "Interactions between callous unemotional behaviors and executive function in early childhood predict later aggression and lower peer-liking in late-childhood". *J. Abnorm Child Psychol.*, 2017, 45(3), p. 597-609.

[10] Hyde L. W., Dotterer H. L. "The nature and nurture of callous-unemotional traits". *Curr. Dir. Psychol. Sci.*, 2022, 31(6), p. 546-555.

[11] Salmivalli C., Lagerspetz K., Björkqvist K., Österman K., Kaukiainen A. "Bullying as a group process: Participant roles and their relations to social status within the group". *Aggr. Behav.*, 1998, 22(1), p. 1-15.

[12] Salmivalli C. "Bullying and the peer group: A review". *Aggress Violent Behavior*, 2010, 15(2), p. 112-120.

[13] Ibid.

[14] Thornberg R., Delby H. "How do secondary school students explain bullying?" *Educ. Res.*, 2019, 61(2), p. 142-160.

[15] Gaffney H., Ttofi M. M., Farrington D. P. "What works in anti-bullying programs? Analysis of effective intervention componentes". *J. Sch Psychol.*, 2021, 85, p. 37-56.

[16] Pöyhönen V., Juvonen J., Salmivalli C. "What does it take to stand up for the victim of bullying? The interplay between personal and social factors". *Merrill-Palmer Q.*, 2010, 56(2), p. 143-163.

[17] Foulkes L., Leung J. T., Fuhrmann D., Knoll L. J., Blakemore S. J. "Age differences in the prosocial influence effect". *Dev. Sci.*, 2018, 21(6), p. e12666.

[18] Chierchia G., Piera Pi-Sunyer B., Blakemore S. J. "Prosocial influence and opportunistic conformity in adolescents and young adults". *Psychol. Sci.*, 2020, 31(12), p. 1585-1601.

[19] Busching R., Krahé B. "With a little help from their peers: The impact of classmates on adolescents' development of prosocial behavior". *J. Youth Adolesc.*, 2020, 49(9), p. 1849-1863.

[20] Brechwald W. A., Prinstein M. J. "Beyond homophily: A decade of advances in understanding peer influence processes". *J. Res. Adolesc.*, 2011, 21(1), p. 166-179.

[21] Ibid.

[22] Perkins H. W., Craig D. W., Perkins J. M. "Using social norms to reduce bullying: A research intervention among adolescents in five Middle schools". *Group Process Intergroup Relat*, 2011, 14(5), p. 703-722.

[23] Paluck E. L., Shepherd H., Aronow P. M. "Changing climates of conflict: A social network experiment in 56 schools". *Proc. Natl. Acad. Sci.*, USA, 2016, 113(3), p. 566-571.

[24] Gaffney H., Farrington D. P., Ttofi M. M. "Examining the effectiveness of school-bullying intervention programs globally: A meta-analysis". *Int. J. Bullying Prev.*, 2019, 1(1), p. 14-31.

[25] Koyanagi A., Oh H., Carvalho A. F., Smith L., Haro J. M., Vancampfort D., et al. "Bullying victimization and suicide attempt among adolescents aged 12-15 years from 48 countries". *J. Am. Acad. Child Adolesc. Psychiatry*, 2019, 58(9), p. 907-918.

[26] Arseneault L. "Annual Research Review: The persistent and pervasive impact of being bullied in childhood and adolescence: Implications for policy and practice". *J. Child Psychol. Psychiatry*, 2018, 59(4), p. 405-421.

Capítulo 5. Primeiro amor

[1] Rubin D. C., Berntsen D. "Life scripts help to maintain autobiographical memories of highly positive, but not highly negative, events". *Mem. Cogn.*, 2003, 31(1), p. 1-14.

[2] Brown B. B. "'You're going out with who?': Peer group influences on adolescent romantic relationships". In: Furman W., Brown B. B., Feiring C. (Orgs.) *The Development of Romantic Relationships in Adolescence*. Cambridge: Cambridge University Press, 1999, p. 291-232.

[3] Ibid.

[4] Erikson, op. cit.

[5] Stijelja S., Mishara B. L. "Psychosocial characteristics of involuntary celibates (incels): A review of empirical research and assessment of the potential implications of research on adult virginity and late sexual onset". *Sex Cult*, 2023, 27(2), p. 715-734.

[6] Donnelly D., Burgess E., Anderson S., Davis R., Dillard J. "Involuntary celibacy: A life course analysis". *J. Sex Res.*, 2001, 38(2), 159-169.

[7] Robertson M. A. "'How do I know I am gay?': Understanding sexual orientation, identity and behavior among adolescents in an LGBT youth center". *Sex Cult*, 2014, 18(2), p. 385-404.

[8] Escritório Nacional de Estatísticas. "Sexual orientation by age and sex, England and Wales: Census 2021" [internet]. Janeiro de 2023. (Censo 2021). Disponível

em: https://www.ons.gov.uk/peoplepopulationandcommunity/culturalidentity/sexuality/articles/sexualorientationageandsexenglandandwales/census2021.

[9] Robertson, op. cit.

[10] Alonzo D. J., Buttitta D. J. "Is 'coming out' still relevant? Social justice implications for LGB-Membered families". *J. Fam. Theory Rev.*, 2019, 11(3), p. 354-366.

[11] Kahle L. "Are Sexual Minorities More at Risk? Bullying Victimization Among Lesbian, Gay, Bisexual, and Questioning Youth". *J. Interpers Violence.* Novembro de 2020, 35(21-22), 4960-4978.

[12] Alonzo e Buttitta, op. cit.

[13] Epstein R., McKinney P., Fox S., Garcia C. "Support for a fluid-continuum model of sexual orientation: A large-scale internet study". *J. Homosex*, 2012, 59(10), p. 1356-81.

[14] Grafsky E. L. "Deciding to come out to parents: Toward a model of sexual orientation disclosure decisions". *Fam. Process*, 2018, 57(3), p. 783-799.

[15] Son D., Updegraff K. A. "Sexual minority adolescents' disclosure of sexual identity to family: A systematic review and conceptual framework". *Adolescent Res. Rev.*, 2023, 8, p. 75-95.

[16] Di Giacomo E., Krausz M., Colmegna F., Aspesi F., Clerici M. "Estimating the risk of attempted suicide among sexual minority youths: A systematic review and meta-analysis". *JAMA Pediatr.*, 2018, 172(12), p. 1145.

[17] McCormack M. "Issues in bisexual men's lives: Identity, health and relationships". *Curr. Opin. Psychol.*, 2023, 49, p. 101501.

[18] Borver J., Gurevich M., Mathieson C. "(Con)tested identities: Bisexual women reorient sexuality". *J. Bisex.*, 17 de outubro de 2001, 2(2- 3), p. 23-52.

[19] Bishop M. D., Fish J. N., Hammack P. L., Russell S. T. "Sexual identity development milestones in three generations of sexual minority people: A national probability sample". *Dev. Psychol.*, 2020, 56(11), p. 2177-2193.

[20] Formby E. "Limitations of focussing on homophobic, biphobic and transphobic 'bullying' to understand and address LGBT young people's experiences within and beyond school". *Sex Educ.*, 2015, 15(6), p. 626-640.

[21] Ibid.

[22] Connolly J., McIsaac C. "Adolescents' explanations for romantic dissolutions: A developmental perspective". *J. Adolesc.*, 2009, 32(5), p. 1209-1223.

[23] Bravo V., Connolly J., McIsaac C. "Why did it end? Breakup reasons of youth of different gender, dating stages, and ages". *Emerg. Adulthood*, 2017, 5(4), p. 230-240.

[24] Connolly e McIsaac, op. cit.

[25] Larson R. W., Clore G. L., Wood G. A. "The emotions of romantic relationships: Do they wreak havoc on adolescents?". In: *The Development of Romantic Relationships in Adolescence.* Cambridge: Cambridge University Press, 1999.

[26] Douglas B., Orpinas P. "Social misfit or normal development? Students who do not date". *J. Sch. Health*, 2019, 89(10), p. 783-790.

[27] Ibid.

Capítulo 6. Educação sexual

[1] Wellings K., Nanchahal K., Macdowall W., McManus S., Erens B., Mercer C. H., et al. "Sexual behaviour in Britain: Early heterosexual experience". *Lancet*, 2001, 358(9296), p. 1843-1850.

[2] Hawes Z. C., Wellings K., Stephenson J. "First heterosexual intercourse in the United Kingdom: A review of the literature". *J. Sex. Res.*, 2010, 47(2-3), p. 137-152.

[3] Sprecher S., O'Sullivan L. F., Drouin M., Verette-Lindenbaum J., Willetts M. C. "Perhaps it was too soon: College students' reflections on the timing of their sexual debut". *J. Sex. Res.*, 2022, 59(1), p. 39-52.

[4] Dickson N., Paul C., Herbison P., Silva P. "First sexual intercourse: Age, coercion, and later regrets reported by a birth cohort". *BMJ*, 1998, 316(7124), p. 29-33.

[5] Sprecher S., O'Sullivan L. F., Drouin M., Verette-Lindenbaum J., Willetts M. C. "The significance of sexual debut in women's lives". *Curr. Sex. Health Rep.*, 2019, 11(4), p. 265-273.

[6] Suleiman A. B., Deardorff J. "Multiple dimensions of peer influence in adolescent romantic and sexual relationships: A descriptive, qualitative perspective". *Arch. Sex. Behav.*, 2015, 44(3), p. 765-775.

[7] Fortenberry J. D. "Puberty and adolescent sexuality". *Horm. Behav.*, 2013, 64(2), p. 280-287.

[8] Larsson I., Svedin C. G. "Sexual experiences in childhood: Young adults' recollections". *Arch. Sex. Behav.*, 2002, 31(3), p. 263-273.

[9] Robbins C. L. "Prevalence, frequency, and associations of masturbation with partnered sexual behaviors among US adolescents". *Arch. Pediatr. Adolesc. Med.*, 2011, 165(12), p. 1087.

[10] Dawson L. H., Shih M. C., De Moor C., Shrier L. "Reasons why adolescentes and young adults have sex: Associations with psychological characteristics and sexual behavior". *J. Sex. Res.*, 2008, 45(3), p. 225-232.

[11] McCarthy F. P., O'Brien U., Kenny L. C. "The management of teenage pregnancy". *BMJ*, 2014, 349, p. 5887.

[12] Raatikainen K., Heiskanen N., Verkasalo P. K., Heinonen S. "Good outcome of teenage pregnancies in high-quality maternity care". *Eur. J. Public Health*, 2006, 16(2), p. 157-161.

[13] McCarthy, O'Brien e Kenny, op. cit.

[14] Amjad S., MacDonald I., Chambers T., Osornio-Vargas A., Chandra S., Voaklander D., et al. "Social determinants of health and adverse maternal and birth

outcomes in adolescent pregnancies: A systematic review and meta-analysis". *Paediatric Perinatal Epid*, 2019, 33(1), p. 88-99.

[15] Hofferth S. L., Reid L., Mott F. L. "The effects of early childbearing on schooling over time". *Fam Plann Perspect*, 2001, 33(6), p. 259-267.

[16] Corcoran J. "Consequences of adolescent pregnancy/parenting: A review of the literature". *Soc. Work Health Care*, 1998, 27(2), p. 49-67.

[17] Chernick L. S., Schnall R., Higgins T., Stockwell M. S., Castaño P. M., Santelli J., et al. "Barriers to and enablers of contraceptive use among adolescent females and their interest in an emergency department based intervention". *Contraception*, 2015, 91(3), p. 217-225.

[18] Chabbert-Buffet N., Jamin C., Lete I., Lobo P., Nappi R. E., Pintiaux A., et al. "Missed pills: Frequency, reasons, consequences and solutions". *Eur. J. Contracept Reprod. Health Care*, 2017, 22(3), p. 165-169.

[19] Dermen K. H., Cooper M. L. "Inhibition conflict and alcohol expectancy as moderators of alcohol's relationship to condom use". *Exp. and Clin. Psychopharmacol*, 2000, 8(2), p. 198-206.

[20] Braun V. "'Proper sex without annoying things': Anti-condom discourse and the 'nature' of (hetero)sex". *Sexualities*, 2013, 16(3-4), p. 361-382.

[21] Ariely D., Loewenstein G. "The heat of the moment: The effect of sexual arousal on sexual decision making". *J. Behav. Decis. Mak*, 2006, 19(2), p. 87-98.

[22] Peasant C., Parra G. R., Okwumabua T. M. "Condom negotiation: findings and future directions". *J. Sex. Res.* 2015, 52(4), p. 470-483.

[23] Ibid.

[24] Ibid.

[25] Hillier L., Harrison L., Warr D. "'When you carry condoms all the boys think you want it': Negotiating competing discourses about safe sex". *J. Adolesc.*, 1998, 21(1), p. 15-29.

[26] Kohler P. K., Manhart L. E., Lafferty W. E. "Abstinence-only and comprehensive sex education and the initiation of sexual activity and teen pregnancy". *J. Adolesc. Health*, 2008, 42(4), p. 344-351.

[27] Sedgh G., Finer L. B., Bankole A., Eilers M. A., Singh S. "Adolescent pregnancy, birth, and abortion rates across countries: Levels and recente trends". *J. Adolesc. Health*, 2015, 56(2), p. 223-230.

[28] Panchaud C., Singh S., Feivelson D., Darroch J. E. "Sexually transmitted diseases among adolescents in developed countries". *Fam. Plann Perspect*, 2000, 32(1), p. 24-32, 45.

[29] Harden K. P. "A sex-positive framework for research on adolescente sexuality". *Perspect Psychol. Sci.*, 2014, 9(5), p. 455-469.

[30] Ibid.

[31] Wiederman M. W. "The gendered nature of sexual scripts". *Fam. J.*, 2005, 13(4), p. 496-502.

32 Ibid.
33 Kim J. L., Lynn Sorsoli C., Collins K., Zylbergold B. A., Schooler D., Tolman D. L. "From Sex to sexuality: Exposing the heterosexual script on primetime network television". *J. Sex. Res.*, 2007, 44(2), p. 145-57.
34 Ibid.
35 Tolman D. L. "Dilemmas of desire: Teenage girls talk sexuality". Cambridge, Massachusetts: Harvard University Press, 2005.
36 Kaestle C. E., Allen K. R. "The role of masturbation in healthy sexual development: Perceptions of young adults". *Arch. Sex. Behav.*, 2011, 40(5), p. 983-994.
37 Rubinsky V., Cooke-Jackson A."'Tell me something other than to use a condom and sex is scary': Memorable messages women and gender minorities wish for and recall about sexual health". *Women's Stud Commun*, 2017, 40(4), p. 379-400.
38 Ibid.
39 Harden, op. cit.
40 Schalet A. "Must we fear adolescent sexuality?". *Med. Gen. Med.*, 2004, 6(4), p. 44.
41 Ibid.
42 Weaver H., Smith G., Kippax S. "School-based sex education policies and indicators of sexual health among young people: A comparison of the Netherlands, France, Australia and the United States". *Sex. Educ.*, 2005, 5(2), p. 171-188.
43 Peter J., Valkenburg P. M. "Adolescents and pornography: A review of 20 years of research". *J. Sex. Res.*, 2016, 53(4-5), p. 509-531.
44 Ibid.
45 Pathmendra P., Raggatt M., Lim M. S., Marino J. L., Skinner S. R. "Exposure to pornography and adolescent sexual behavior: Systematic review". *J. Med. Internet Res.*, 2023, 25, p. e43116.
46 Ybarra M. L., Mitchell K. J., Hamburger M., Diener-West M., Leaf P. J. "X-rated material and perpetration of sexually aggressive behavior among children and adolescents: Is there a link?". *Aggr. Behav.*, 2011, 37(1), p. 1-18.
47 Farré J. M., Montejo A. L., Agulló M., Granero R., Chiclana Actis C., Villena A., et al. "Pornography use in adolescents and its clinical implications". *J. Clin. Med.*, 2020, 9(11), p. 3625.
48 Grubbs J. B., Kraus S. W. "Pornography use and psychological science: A call for consideration". *Curr. Dir. Psychol. Sci.*, fevereiro de 2021, 30(1), p. 68-75.
49 Litsou K., Byron P., McKee A., Ingham R. "Learning from pornography: Results of a mixed methods systematic review". *Sex. Educ.*, 2021, 21(2), p. 236-52.
50 Palmer M. J., Clarke L., Ploubidis G. B., Mercer C. H., Gibson L. J., Johnson A. M., et al. "Is 'sexual competence' at first heterosexual intercourse associated with subsequent sexual health status?". *J. Sex. Res.*, 2017, 54(1), p. 91-104.

51. Ibid.
52. Dixon-Mueller R. "How young is 'too young'? Comparative perspectives on adolescent sexual, marital, and reproductive transitions". *Stud. Fam. Plan.*, 2008, 39(4), p. 247-62.
53. Ibid.
54. Mercer J. "Evidence of potentially harmful psychological treatments for children and adolescents". *Child Adolesc. Soc. Work J.*, 2017, 34(2), p. 107-125.
55. Staras S. A. S., Cook R. L., Clark D. B. "Sexual partner characteristics and sexually transmitted diseases among adolescents and young adults". *Sexually Transmitted Diseases*, 2009, 36(4), p. 232-238.
56. Finer L. B., Philbin J. M. "Sexual initiation, contraceptive use, and pregnancy among young adolescentes". *Pediatrics*, 2013, 131(5), p. 886-891.
57. Rothblum E. D., Krueger E. A., Kittle K. R., Meyer I. H. "Asexual and non-assexual respondents from a U.S. population-based study of sexual minorities". *Arch. Sex. Behav.*, 2020, 49(2), p. 757-767.

Capítulo 7. Perda

1. Harrison L., Harrington R. "Adolescents' bereavement experiences: Prevalence, association with depressive symptoms, and use of services". *J. Adolesc.*, 2001, 24(2), p. 159-169.
2. Berg L., Rostila M., Hjern A. "Parental death during childhood and depression in young adults: a national cohort study". *J. Child. Psychol. Psychiatr.*, 2016, 57(9), p. 1092-1098.
3. Kaplow J. B., Layne C. M., Saltzman W. R., Cozza S. J., Pynoos R. S. "Using multidimensional grief theory to explore the effects of deployment, reintegration, and death on military youth and families". *Clin. Child Fam. Psychol. Rev.*, 2013, 16(3), p. 322-340.
4. Robin L., Omar H. A. "Adolescent bereavement". In: Merrick J., Tenenbaum A., Omar H. A. (Orgs.). *School, Adolescence, and Health Issues*, Hauppauge: Nova Science Publishers, 2014, p. 97-108.
5. Larson R., Csikszentmihalyi M., Graef R. "Mood variability and the psychosocial adjustment of adolescentes". *J. Youth Adolesc.*, 1980, 9(6), 469-490.
6. Stroebe M., Schut H. "The dual process model of coping with bereavement: A decade on". *Omega* (Westport), 2010, 61(4), p. 273-289.
7. Layne C. M., Greeson J. K. P., Ostrowski S. A., Kim S., Reading S., Vivrette R. L., et al. "Cumulative trauma exposure and high risk behavior in adolescence: Findings from the National Child Traumatic Stress Network Core Data Set". *Psychol Trauma*, 2014, 6(Suppl 1), p. S40-49.
8. Ibid.

[9] Elsner T. L., Krysinska K., Andriessen K. "Bereavement and educational outcomes in children and young people: A systematic review". *Sch. Psychol. Int.*, 2022, 43(1), p. 55-70.

[10] Layne C. M., Kaplow J. B., Oosterhoff B., Hill R. M., Pynoos R. S. "The interplay between post-traumatic stress and grief reactions in traumatically bereaved adolescents: When trauma, bereavement, and adolescence converge". *Adolesc. Psychiatry*, 2018, 7(4), p. 266-285.

[11] Elsner, Krysinska e Andriessen, op. cit.

[12] Lin K. K., Sandler I. N., Ayers T. S., Wolchik S. A., Luecken L. J. "Resilience in parentally bereaved children and adolescents seeking preventive services". *J. Clin. Child. Adolesc. Psychol.*, 2004, 33(4), p. 673-683.

[13] Lobb E. A., Kristjanson L. J., Aoun S. M., Monterosso L., Halkett G. K. B., Davies A. "Predictors of complicated grief: A systematic review of empirical studies". *Death Studies*, 2010, 34(8), p. 673-698.

[14] Shear M. K., Simon N., Wall M., Zisook S., Neimeyer R., Duan N., et al. "Complicated grief and related bereavement issues for DSM-5". *Depress. Anxiety*, 2011, 28(2), p. 103-117.

[15] Andriessen K., Mowll J., Lobb E., Draper B., Dudley M., Mitchell P. B. "'Don't bother about me.' The grief and mental health of bereaved adolescentes". *Death Studies*, 2018, 42(10), p. 607-615.

[16] Rosen H., Cohen H. I. "Children's reaction to sibling loss". *Clin. Soc. Work J.* 1981, 9(3), p. 211-219.

[17] Rask K., Kaunonen M., Paunonen-Ilmonen M. "Adolescent coping with grief after the death of a loved one". *Int. J. Nurs Pract.*, 2002, 8(3), p. 137-142.

[18] Oltjenbruns K. A. "Positive outcomes of adolescents' experience with grief". *J. Adolesc Res.*, 1991, 6(1), p. 43-53. Keene J. R., Prokos A. H. "Widowhood and the end of spousal care-giving: Relief or wear and tear?". *Ageing and Society*, 2008, 28(4), p. 551-570.

[19] Keene J. R., Prokos A. H. "Widowhood and the end of spousal care-giving: Relief or wear and tear?". *Ageing and Society*, 2008, 28(4), p. 551-570.

[20] Romeo R. D. "Perspectives on stress resilience and adolescent neurobehavioral function". *Neurobiol Stress*, 2015, 1, p. 128-133.

[21] Seery M. D., Holman E. A., Silver R. C. "Whatever does not kill us: Cumulative lifetime adversity, vulnerability, and resilience". *J. Pers. Soc. Psychol.*, 2010, 99(6), p. 1025-1041.

[22] McLaughlin K. A., Koenen K. C., Bromet E. J., Karam E. G., Liu H., Petukhova M., et al. "Childhood adversities and post-traumatic stress disorder: Evidence for stress sensitisation in the World Mental Health Surveys". *Br. J. Psychiatry*, 2017, 211(5), p. 280-288.

[23] Gillies J., Neimeyer R. A. "Loss, grief, and the search for significance: Toward a model of meaning reconstruction in bereavement". *J. Constr Psychol.*, 2006, 19(1), p. 31-65.

[24] Ibid.
[25] Ibid.

Capítulo 8. O fim da história

[1] Segalov M. "'What if you don't make it?': Trent Alexander-Arnold on football's brutal talent machine". *The Guardian* [internet], 30 de abril de 2023. Disponível em: https://www.theguardian.com/football/2023/apr/30/liverpool-trent-alexander-arnold-on-football-academies-and-the-games-brutal-talent-machine.

[2] Haimson O. L., Veinot T. C. "Coming out to doctors, coming out to 'everyone': Understanding the average sequence of transgender identity disclosures using social media data". *Transgender Health*, 2020, 5(3), p. 158-165.

[3] Brumbaugh-Johnson S. M., Hull K. E. "Coming out as transgender: Navigating the social implications of a transgender identity". *J. Homosex.*, 2019, 66(8), p. 1148-1177.

[4] Galupo M. P., Krum T. E., Hagen D. B., Gonzalez K. A., Bauerband L. A. "Disclosure of transgender identity and status in the context of friendship". *J. LGBT Issues Couns*, 2014, 8(1), p. 25-42.

[5] Fahs B. "The coming out process for assigned-female-at-birth transgender and non-binary teenagers: Negotiating multiple identities, parental responses, and early transitions in three case studies". *J. LGBT Issues Couns*, 2021, 15(2), p. 146-167.

[6] Rood B. A., Maroney M. R., Puckett J. A., Berman A. K., Reisner S. L., Pantalone D. W. "Identity concealment in transgender adults: A qualitative assessment of minority stress and gender affirmation". *American Journal of Orthopsychiatry*, 2017, 87(6), p. 704-713.

[7] Testa R. J., Michaels M. S., Bliss W., Rogers M. L., Balsam K. F., Joiner T. "Suicidal ideation in transgender people: Gender minority stress and interpersonal theory factors". *J. Abnorm. Psychol.*, 2017, 126(1), p. 125-136.

[8] Brumbaugh-Johnson e Hull, op. cit.

[9] Carroll N. "Narrative closure". *Philos. Stud.*, 2007, 135(1), p. 1-15.

[10] Beike D., Wirth-Beaumont E. "Psychological closure as a memory phenomenon". *Memory*, 2005, 13(6), p. 574-593.

[11] McAdams D. P., Reynolds J., Lewis M., Patten A. H., Bowman P. J. "When bad things turn good and good things turn bad: Sequences of redemption and contamination in life narrative and their relation to psychosocial adaptation in midlife adults and in students". *Pers. Soc. Psychol. Bull.*, 2001, 27(4), p. 474-485.

[12] McAdams D. P., Logan R. L., Reischer H. N. "Beyond the redemptive self: Narratives of acceptance in later life (and in other contexts)". *J. Res. Pers.*, 2022, 100, p. 104286.

[13] Ibid.

[14] Seth A. K., Bayne T. "Theories of consciousness". *Nat. Rev. Neurosci.*, julho de 2022, 23(7), p. 439-452.

[15] Fivush R., Booker J. A., Graci M. E. "Ongoing narrative meaning-making within events and across the life span". *Imagin. Cogn. Pers.*, 2017, 37(2), p. 127-152.

[16] Benish-Weisman M. "Between trauma and redemption: Story form diferences in immigrant narratives of successful and nonsuccessful immigration". *J. Cross-Cult Psychol.*, 2009, 40(6), p. 953-968.

[17] Pinto R. Z., Ferreira M. L., Oliveira V. C., Franco M. R., Adams R., Maher C. G., *et al.* "Patient-centred communication is associated with positive therapeutic alliance: A systematic review". *J. Physiother.*, 2012, 58(2), p. 77-87.

[18] Collins H. K. "When listening is spoken". *Curr. Opin. Psychol.*, 2022, 47, p. 101402.

[19] Guilfoyle M. "Listening in narrative therapy: Double listening and empathic positioning". *S. Afr. J. Psychol.*, 2015, 45(1), p. 36-49.

Este livro foi composto com tipografia Adobe Garamond Pro
e impresso em papel Off-White 70g/m² na Formato Artes Gráficas.